《谦德国学文库》出版说明

　　人类进入二十一世纪以来，经济与科技超速发展，人们在体验经济繁荣和科技成果的同时，欲望的膨胀和内心的焦虑也日益放大。如何在物质繁荣的时代，让我们获得内心的满足和安详，从经典中获取智慧和慰藉，或许是我们不二的选择。

　　之所以要读经典，根本在于，我们应当更好地认识我们自己从何而来，去往何处。一个人如此，一个民族亦如此。一个爱读经典的人，其内心世界必定是丰富深邃的。而一个被经典浸润的民族，必定是一个思想丰赡、文化深厚的民族。因为，文化是民族之灵魂，一个民族如果不能认识其民族发展的精神源泉，必定就会失去其未来的生机。而一个民族的精神源泉，就保藏在经典之中。

　　今日，我们提倡复兴中华优秀传统文化，当自提倡重读经典始。然而，读经典之目的，绝不仅在徒增知识而已，应是古人所说的"变化气质"，进一步，是要引领我们进德修业。《易》曰："君子以多识前言往行，以蓄其德。"实乃读经典之要旨所在。

基于此理念，我们决定出版此套《谦德国学文库》，"谦德"，即本《周易》谦卦之精神。正如谦卦初六爻所言："谦谦君子，用涉大川"，我们期冀以谦虚恭敬之心，用今注今译的方式，让古圣先贤的教诲能够普及到每一个人。引导有心的读者，透过扫除古老经典的文字障碍，从而进入经典的智慧之海。

作为一套普及型的国学丛书，我们选择经典，不仅广泛选录以儒家文化为主的经、史、子、集，也将视野开拓到释、道的各种经典。一些大家所熟知的经典，基本全部收录。同时，有一些不太为人熟知，但有当代价值的经典，我们也选择性收录。整个丛书几乎囊括中国历史上哲学、史学、文学、宗教、科学、艺术等各领域的基本经典。

在注译工作方面，版本上我们主要以主流学界公认的权威版本为底本，在此基础上参考古今学者的研究成果，使整套丛书的注译既能博采众长而又独具一格。今文白话不求字字对应，只在保证文意准确的基础上进行了梳理，使译文更加通俗晓畅，更能贴合现代读者的阅读习惯。

古籍的注译，固然是现代读者进入经典的一条方便门径，然而这也仅仅是阅读经典的一个开端。要真正领悟经典的微言大义，我们提倡最好还是研读原本，因为再完美的白话语译，也不可能完全表达出文言经典的原有内涵，而这也正是中国经典的古典魅力所在吧。我们所做的工作，不过是打开阅读经典的一扇门而已。期望藉由此门，让更多读者能够领略经典的风采，走上领悟古人思想之路。进而在生活中体证，方能直趋圣贤之境，真得圣贤典籍之大用。

　　经典，是一代代的古圣先贤留给我们的恩泽与财富，是前辈先人的智慧精华。今日我们在享用这一份财富与恩泽时，更应对古人心存无尽的崇敬与感恩。我们虽恭敬从事，求备求全，然因学养所限、才力不及，舛误难免，恳请先贤原谅，读者海涵。期望这一套国学经典文库，能够为更多人打开博大精深之中华文化的大门。同时也期望得到各界人士的襄助和博雅君子的指正，让我们的工作能够做得更好！

团结出版社

2017年1月

前 言

《后汉书》是一部记载东汉一朝历史的纪传体史书，由南朝刘宋时的范晔所著，是继《史记》、《汉书》之后又一部私人撰写的重要史籍，与《史记》、《汉书》、《三国志》并称为"前四史"。书中分十纪、八十列传和八志，主要记述了上起东汉的汉光武帝建武元年（公元25年），下至汉献帝建安二十五年（公元220年），共196年的史事。

《后汉书》纪十卷和列传八十卷的作者是范晔，作者是综合当时流传的七部后汉史料，并参考袁宏所著的《后汉纪》而完成。内容简明周详，叙事生动，故可取代以前各家的后汉史。《后汉书》中的八志三十卷，是南朝梁刘昭从司马彪的《续汉书》中抽出来补进去的，才成为今天的《后汉书》

范晔，字蔚宗，南朝宋顺阳（今河南淅川东）人，出生在著名的士族家庭。官至左卫将军，太子詹事。宋文帝元嘉九年（432年），范晔因为"左迁宣城太守，不得志，乃删众家《后汉书》为一家之作"，开始撰写《后汉书》，至元嘉二十二年（445年）以谋反罪被杀止，写成十纪，八十列传。

范晔的家庭有着正宗的家学传统。其曾祖、祖、父都博学多通,著述丰厚。受到家庭的影响,范晔从小好学,再加上天资聪慧,因此尚未成年,便以博涉经史,善写文章而负盛名。他以之前官修的《东观汉记》为基本史料依据,参照华峤的《后汉书》,吸取其他各家书的长处,删繁补缺,整齐故事,超越众家,后来居上,使《后汉书》成为现在研究东汉历史的最基本的依据。

《后汉书》在体例上有所创新。范晔在《后汉书》中亦继承了前人的纪传体制(保留"纪"、"传"、"志"的体例,在人物传记中亦采用独传、合传、类传的形式),但又有所创建:凭着自己对史学的领悟,他在《后汉书》中取消了"表",以后史家竞相效法;在人物类传方面,除承袭《汉书》的《循吏》、《酷吏》、《儒林》等类传外,凭着对社会更进一步的剖析与理解,结合东汉社会的特点,他又创制了前代史书中所没有的《党锢》、《宦者》、《文苑》、《独行》、《逸民》、《方术》、《列女》等七种新的类传,而后六种类传被后世大多数纪传体史书承袭;在合传方面,范晔受类传编纂的影响,不拘时序,把有相似点的人物放在一起撰写(但又不同于类传),这使编者更易于编写,而读者更易于理解和把握所传的人物,这对后世史学编纂亦有很大影响。

除了体例上的创新,《后汉书》最显著的是观点鲜明,褒贬一语见地。如,不为那些无所作为的大官僚立传,而为许多"操行俱绝"的"一介之夫"写了《独行列传》,充分地表明了作者爱憎分明的态度。《党锢传》则正面歌颂了张俭、范滂和李膺等人刚强正直的风尚；《杨震传》多处歌颂了杨震及其子孙廉洁奉公的家风；《宦者传》赞扬了蔡伦等"一心王室"的忠介之士，对于侯览等人则直书其"凶家害国"。特别是《后汉书》的"论""赞"，以犀利的笔锋评判是非，表彰刚正，贬斥奸恶而嘲笑昏庸，更是一大优点。清代乾隆年间的邵晋涵评价《后汉书》创新之功，说："范氏所增《文苑》、《列女》诸传，诸史相沿，莫能刊削。盖时风众势日趋于文，而闺门为风教所系，当备书于简策，故有创而不废也。"

范晔著《后汉书》，着力探讨东汉社会问题，贯彻了"正一代得失"的宗旨。他探讨历史往往能抓住历史矛盾进行具体分析。一般论史的人大都对光武帝建国后不任用功臣表示不满，范晔则在中兴二十八将论中指出，这正是刘秀的深谋远虑。光武帝对功臣崇以爵禄，而将吏事委之吏职，既避免了像西汉初年那样的分裂动乱、诛杀功臣之弊，又为一般士人广开入仕之途，满足了封建国家对人才的需要，正是"至公均被"之举。

在文学价值方面，作者自认为是"精意深旨"，后人更推崇它有"奇情壮采"。《后汉书》的文学价值主要表现在人物塑造的一定程度上的典型化、语言运用的骈俪化与韵律感、行文中情感倾向的鲜明流露等三个方面上。正如《史记》可作传记文学来读一样，《后汉书》所传记的人物大多形象鲜明，个性突出，有一定的典型性。如：舍生取义的李膺、范滂，隐逸放达的严光、梁鸿，倜傥不羁的王符、仲长统,还有作威作福的外戚窦宪、梁冀,祸国殃民的宦官单超、张让,等等。《后汉书》传记人物时,基本上是叙其言行以显其性格,其中也大量运用塑造文学形象的艺术方法,有力地刻画了一个个鲜活的人物。

范晔对全书作了细致的整体规划,对史实进行了认真的剪裁。书中所述史实,规避得法,彼此间既有照应,又不重复繁冗,表现了出高超的史学技巧。通过作者的妙手剪裁,《后汉书》井井有条地叙述了东汉的历史兴亡大势,错落有致地描画出东汉的社会、民情与人物百态。

此次我们整理出版的《后汉书》,是以唐初著名谏官魏徵及褚亮、虞世南、萧德言等编纂的《群书治要》中的《后汉书治要》为底本,略有删节,原文中的小字是《群书治要》原有的小注,我们予以保留。为了方便读者阅读学习,我们还做了简要的注释和准确流畅的译文。其中有错讹之处,悉请广大读者批评指正。

目 录

光武帝纪 ………………………………………… 1

孝明皇帝纪 ……………………………………… 9

孝章皇帝纪 ……………………………………… 16

皇后纪序 ………………………………………… 26

明德马皇后 ……………………………………… 33

和熹邓皇后 ……………………………………… 42

冯异传 …………………………………………… 44

岑彭传 …………………………………………… 46

臧宫传 …………………………………………… 48

祭遵传 …………………………………………… 51

马武传 …………………………………………… 54

马援传 …………………………………………… 64

卓茂传 …………………………………… 78

鲁恭传 …………………………………… 81

宋弘传 …………………………………… 84

韦彪传 …………………………………… 88

杜林传 …………………………………… 93

桓谭传 …………………………………… 96

冯衍传 …………………………………… 101

申屠刚传 ………………………………… 111

郅恽传 …………………………………… 116

郭伋传 …………………………………… 118

樊宏传 …………………………………… 121

阴识传 …………………………………… 122

朱浮传 …………………………………… 125

陈元传 …………………………………… 131

桓荣传 …………………………………… 134

第五伦传 ………………………………… 136

钟离意传 ………………………………… 142

宋均传 …………………………………… 148

寒朗传 …………………………………… 151

东平王苍传 ……………………………… 155

朱晖传 ··· 160

袁安传 ··· 163

郭躬传 ··· 165

陈宠传 ··· 167

宠子忠传 ·· 170

杨终传 ··· 174

庞参传 ··· 178

崔骃传 ··· 180

杨震传 ··· 184

张皓传 ··· 203

李云传 ··· 219

刘瑜传 ··· 224

虞诩传 ··· 229

傅燮传 ··· 233

盖勋传 ··· 239

蔡邕传 ··· 244

左雄传 ··· 253

周举传 ··· 260

李固传 ··· 264

杜乔传 ··· 273

史弼传 …………………………………………………… 277
陈蕃传 …………………………………………………… 283
窦武传 …………………………………………………… 298

光武帝纪

【原文】世祖光武皇帝①,讳秀②,字文叔,南阳③人,高祖④九世孙也。更始⑤元年,遣世祖行大司马⑥事,北渡河,镇慰⑦州郡。进至邯郸⑧,故赵缪王子林⑨,以卜者王郎⑩为天子,都邯郸。二年,进围邯郸,拔⑪其城,诛王郎,收文书,得吏民与郎交关⑫谤毁者数千章。世祖为不省⑬,会诸将烧之,曰:"令反侧子⑭自安。"

【注释】①世祖光武皇帝:刘秀(公元前6年~公元57年2月),字文叔,西汉末年南阳郡人,汉高祖九世孙。庙号世祖,谥号光武。李贤注:"礼'祖有功而宗有德',光武中兴,故庙称世祖。"②讳秀:讳名,对皇帝尊长避免称其名,表示尊敬的心意。③南阳:郡名。包括河南省旧南阳府和湖北省旧襄阳府。④高祖:即汉高祖刘邦。⑤更始:地皇四年(公元23年)九月,王莽被赤眉军杀,新朝灭亡。同年二月绿林军拥立刘玄为帝,年号更始,仍然称汉。⑥大司马:官名,东汉初时与司徒、司空并称三公,兼握政务与军事重权的高官。⑦镇慰:安抚慰问。⑧邯郸:李贤注:"县名,属赵国,今洺州县也。"东汉时属冀州魏郡(今河北省邯郸市地区)。⑨赵缪王子林:赵缪王,谥曰"缪"。《后汉书集解》:缪王,景帝七代孙,名元。子林,赵缪王的儿子刘林。东观记曰:"林"作"临"字。⑩卜者王郎:生年不详,卒于公元24年,一作"王昌",新莽末邯郸人。本以卜相为业,后自称为汉成帝之子刘子舆,被西汉宗室刘林和大豪李育等立为汉帝,都邯郸。不久,世祖破邯郸,败死。⑪拔:攻取;攻伐。⑫交关:勾结;串通。胡三省曰:'关,通也。'王幼学曰:'交结关通也。'"⑬省:泛指观看;阅览。⑭反侧子:怀有二心的人。李贤注:"反侧,不安也。"

【译文】世祖光武皇帝,名秀,字文叔,南阳人,是汉高祖第九代孙。更始元年(公元前23年2月),更始帝刘玄派遣刘秀行使大司马的职权,向北渡过黄河,安抚慰问州郡的百姓,进军到了邯郸。原西汉赵缪王之子刘林,拥戴一个卜卦相士王郎(自称汉成帝之子)称帝,建都于邯郸。更始二年,刘秀进军包围邯郸,攻克该城,杀死了王郎,收缴其公文书信,得到官员民众与王郎勾结串通并有诽谤之语的信件上千封。世祖根本不看,会集将士们,当众烧毁了书信,说:"让那些参与做这些事而心里不安的人放心吧。"

【原文】更始立世祖为萧①王。世祖击铜马、高湖、重连②,悉破降之,封其渠帅③为列侯④。降者犹⑤不自安,世祖敕令⑥各归营勒兵⑦,乃自乘轻骑⑧,案行⑨部陈⑩。降者更相语曰:"萧王推赤心置人腹中⑪,安得不投死⑫乎?"由是皆服。

【注释】①萧:李贤注:"萧,县,属沛郡,今徐州县也。"②铜马、高湖、重连:起义军别号。③渠帅:首领。旧时称各地武装的首领或部落酋长。④列侯:列侯即彻侯也。爵位名。⑤犹:副词,还,仍。⑥敕令:诫令;命令。⑦勒兵:治军,操练或指挥军队。⑧轻骑:单骑,轻装。⑨案行:巡

2

视。⑩部陈：亦作"部阵"，军伍行阵。⑪推赤心置人腹中：谓以至诚待人，后成语"推心置腹"源于此。赤心，赤诚的心，丹心。⑫投死：犹效死。

【译文】更始帝封刘秀为萧王。刘秀攻打铜马、高湖、重连等起义军，全都攻破并使他们归降，封他们的首领为列侯。那些投降的人心中仍然不安，世祖便令他们各自回营操练队伍，自己轻装单骑，到降兵营中巡视军伍行阵。降者见此互相说道："萧王以赤诚的心对待我们，我们怎能不以死相报呢？"从此大家都对世祖心悦诚服。

【原文】即皇帝位，封功臣皆为列侯，大国四县，余各有差。博士①丁恭②等议曰："古帝王封诸侯③，不过百里，强干弱枝④，所以为治也，今封诸将四县，不合法制⑤。"帝曰："古之亡国者，皆以无道⑥，未尝闻封功臣地多而灭亡者也。"乃遣谒者⑦，即授印绶⑧。

【注释】①博士：专掌经学传授的学官。②丁恭：生卒不详，字子然，山阳东缗（今山东金乡县东）人，光武帝建武初年，为课议大夫、博士、封关内侯。十年迁少府，后拜侍中祭酒、骑都尉等，与侍中刘昆在光武帝左右，以备谘访。其为学，以儒家经典为主，尤重《公羊春秋》。时称大儒，卒于任上。③诸侯：古代中央政权所分封的各国国君的统称。周代分公、侯、伯、子、男五等，汉朝分王、侯二等。④强干弱枝：强化树干，削弱枝叶。比喻削减地方势力，加强中央权力。⑤法制：法令制度。⑥无道：不行正道；作坏事。多指暴君或权贵者的恶行。⑦谒者：官名，春秋战国时国君左右掌传达等事的近侍。秦、汉属郎中令（汉改光禄勋）。⑧印绶：印信和系印信的丝带。借指官爵。

【译文】世祖即位，功臣都被封为列侯，封给大诸侯国四县之地，其余大小各有不等。博士丁恭等人提议说："古时帝王分封诸侯土地，方圆不过百里，实行削减地方势力，加强中央权力的政策，因此天下才易于治理。现在封给诸将四县之地，是不符合法令制度的。"光武帝说："古代灭亡的国家，都是因为君王不行正道，从未听说给功臣封地多而导致灭亡的。"于是派遣谒者立即给功臣颁发了印绶。

【原文】建武①十三年，诏曰："往年已敕②郡国，异味③不得有所献御④，今犹未止，非徒⑤有豫养⑥导择⑦之劳，至乃⑧烦扰道上，疲费过所⑨，其令大官⑩勿复受。明敕宣下⑪，若远方口实⑫，可以荐⑬宗庙⑭，自如旧制。"时兵革既息，天下少事，文书调役⑮，务从简寡，至乃十存一焉。

【注释】①建武：光武帝刘秀的第一个年号，公元25年至公元56年，共计三十二年。②敕：古时自上告下之词。汉时凡尊长告诫后辈或下属皆称敕。③异味：异常的美味。④献御：指进献食物给皇上。⑤非徒：不但；不仅。⑥豫养：先行养育或预先教养。李贤注："豫养谓未至献时豫前养之。"⑦导择：精选稻米。李贤注："导亦择也。"⑧至乃：连词，提出突出事例，表示达到某种程度。犹言甚至，竟至。⑨疲费过所：疲费，谓折腾浪费。过所，古代过关津时所用的凭证，犹近代的通行证。⑩大官：古"大"同"太"，掌皇帝膳食及燕享之事的官员。⑪宣下：向下级宣布诏令。⑫口实：指食物。汉官仪曰："口实，膳羞之事也。"⑬荐：进献；祭献。⑭宗庙：古代帝王、诸侯祭祀祖宗的庙宇。⑮调役：调，征调，征发。役，徭役。

【译文】建武十三年，光武帝颁发诏书说："往年已敕命各郡国，不准向皇上进献奇珍异味，而到现在还未停止。这样做并不仅仅因为进献前有提前饲养、精挑细选之劳，甚至运送还会骚扰沿途百姓，并且劳民费时，每过一关口都要提供凭证方可入内，所以命令太官不要再接受。明确告诫下面，若有远方进献的食物，可用来宗庙祭祀，自应遵从前朝旧制办理。"当时战争停息，天下安定，很少有战事。公事文书及赋税徭役都从简从轻，甚至仅是过去的十分之一。

【原文】十七年，幸①章陵②，修园庙③，祠旧宅④，观田庐⑤，置酒作乐，赏赐焉。时宗室⑥诸母⑦，因酣悦⑧，相与语曰："文叔⑨少时谨信⑩，与人不款曲⑪，唯直柔⑫耳，今乃能如此！"帝闻之，大笑曰："吾治天下，亦欲以柔道⑬行之。"

【注释】①幸：帝王亲临。②章陵：指章陵县，光武帝故里，光武当皇帝后曾五次祭祖、省亲、修整墓园、巡视田园农舍、设宴招待亲友乡人。③园庙：帝王墓地所建的宗庙。④旧宅：指先人的茔墓。⑤田庐：田地和房屋。⑥宗室：同一祖宗的贵族，即国君或皇帝的宗族。中国又称皇族、帝宗、天潢。⑦诸母：称与父亲同辈或年龄相近的妇女。⑧酣悦：畅快喜悦。酣，谓饮酒尽兴；半醉。悦，欢乐，喜悦。⑨文叔：刘秀字文叔。⑩谨信：恭谨诚信。⑪款曲：殷勤酬应。⑫直柔：坦率温和。⑬柔道：多指温和安抚的治术或谋略。

【译文】建武十七年，光武帝亲临家乡章陵县，修缮宗庙，祭祀先人之墓,巡视田园农舍、设宴招待亲友乡人,颁发赏赐。当时宗室中的女性长辈,因酒喝得高兴而互相感叹道:"文叔小时候恭敬守信,跟人交往不会殷勤应酬,只是坦率温和,如今当了皇帝还能像过去一样!"光武帝听了大笑说:"我治理天下也想使用温和安抚的方针啊!"

【原文】二十一年,鄯善王①、车师王②等十六国,遣子入侍,愿请都护③。帝以中国初定④,未遑⑤外事,乃还其侍子⑥,厚加赏赐。

【注释】①鄯善王:西域古楼兰国国王,国都扜泥城(今中国新疆若羌附近)。②车师王:西域城郭国国王,西域城郭国属都护。③都护:古代官名,设在边疆地区的最高行政长官。④初定:谓国家方始平定。⑤未遑:没有时间顾及;来不及。⑥侍子:古代属国之王或诸侯遣子入朝陪侍天子,学习文化,所遣之子称侍子。

【译文】建武二十一年,鄯善王、车师王等十六国,派遣儿子入朝陪侍天子,并请求设置都护官监护西域。光武帝因中原刚刚平定,无暇顾及境外的事务,于是就送还他们的儿子,并给予优厚赏赐。

【原文】中元①二年,帝崩。遗诏曰:"朕无益百姓,皆如孝文皇帝②制度,务从约省。"初,帝在兵间久,厌武事,且知天下疲耗,思乐息肩③,自陇④、蜀⑤平后,非儆急⑥,未尝复言军旅⑦。皇太子尝问攻战之事,帝曰:"昔卫灵公问陈⑧,孔子不对，此非尔所及也。"每旦视朝，日晏⑨乃罢。数引公卿郎将，讲经论治，夜分⑩乃寐。皇太子见帝勤劳不怠，承间谏曰："陛下有禹、汤⑪之明，而失黄、老⑫养生之福⑬，愿颐养⑭精神，优游⑮自宁。"帝曰："我自乐此，不为疲也。"虽身济⑯大业⑰，兢兢⑱如不及。故能明慎⑲政体，总揽权纲，量时度力，举无过事。退功臣而进文吏，戢⑳弓矢㉑而散马牛。虽道未方古㉒，斯亦止戈之武㉓焉。

【注释】①中元：光武帝刘秀的第二个年号，公元56年至公元57年。②孝文皇帝：汉文帝刘恒，西汉第三位皇帝，以节俭著称。③息肩：让肩头得到休息。比喻卸载责任或免除劳乏，谓休养生息。④陇：古地名，在今中国甘肃省。⑤蜀：古族名、国名。分布在今四川西部。⑥徼急：紧急（事件）。一般指军情。徼，音井。⑦军旅：军事。⑧昔卫灵公问陈：卫灵公，姬姓，卫氏，名元，春秋时期卫国第二十八代国君。陈，同"阵"，军队作战时，布列的阵势。⑨日晏：天色已晚。⑩夜分：夜半。李贤注："分犹半也。"⑪禹汤：夏禹和商汤。为贤明君主的典范。⑫黄、老：黄帝和老子的并称，后世道家奉为始祖。⑬福：福气。⑭颐养：保养。⑮优游：生活得十分闲适，悠闲自得。⑯济：成功；成就。⑰大业：谓帝业。⑱兢兢：小心谨慎貌。⑲明慎：明察审慎。⑳戢：收敛，收藏。㉑弓矢：弓箭。㉒方古：与古代相媲美。㉓止戈之武："武"字是"止戈"两字合成的，所以要能止战，才是真正的成功。后也指不用武力而使对方屈服，才是真正的成功。《左传》曰："于文，止戈为武也。"

【译文】中元二年，光武帝驾崩，遗诏说："我没为天下百姓做什么事，死后丧事按照孝文皇帝那样，务求节俭。"当初，光武帝

在军中时间很长,厌恶战事征伐,并且深知天下百姓困顿贫耗,无不希望卸下重担,休养生息。自从陇、蜀平定之后,如不是紧急事件,就不再谈论军事。皇太子曾经问起攻战的事情,光武帝说:"过去卫灵公向孔子问作战的阵法,孔子不予回答。这也不是你该问及的事。"光武帝每天很早临朝听政,天色很晚才退朝。经常带领公卿、郎官、将领们讲学经论、研讨治国之道,深夜才休息。皇太子看到光武帝勤苦劳累从不懈怠,就趁闲暇时进谏说:"陛下具有夏禹、商汤的贤明,却有失黄帝、老子一样养生的福气,希望您能保养精神,悠闲自安。"光武帝说:"我自以此为乐,并不感到疲倦啊。"光武帝虽然成就了帝业,但仍小心谨慎唯恐有失。所以能明察为政要领,全面掌握朝政大权,审时度力,言行、举止没有过失。他谢退武功之臣而任用文职官吏,收藏起弓箭武器,放牛马回归民间,虽然治国之道还未能和古代相媲美,但也算是古人所称颂的"止戈之武"吧。

孝明皇帝纪

【原文】孝明皇帝①讳庄,世祖第四子也。永平②二年春,宗祀③光武皇帝于明堂④。礼毕,登灵台⑤,诏曰:"朕以暗陋⑥,奉承大业,亲执珪璧⑦,恭祀天地。仰惟先帝受命中兴,拨乱反正⑧,以宁天下,封泰山,建明堂,立辟雍⑨,起灵台⑩,恢弘⑪大道,被之八极⑫。而胤子⑬无成、康⑭之质,群臣无吕、旦⑮之谋,盥洗⑯进爵⑰,踧踖⑱惟惭。其令天下自殊死⑲以下,谋反大逆,皆赦除⑳之。"冬,幸辟雍,初行养老礼㉑,诏曰:"三老㉒李躬㉓,年耆㉔学明;五更㉕桓荣㉖,授朕《尚书》㉗。《诗》㉘曰:'无德不报。'其赐荣爵关内侯㉙,食邑㉚五千户。三老五更㉛,皆以二千石禄,养终厥㉜身。其赐天下三老,酒人一石,肉四十斤。有司其存㉝耆耋㉞、恤幼孤、惠鳏寡㉟,称朕意焉。"

【注释】①孝明皇帝:即刘庄(公元28年~公元75年),字子丽,汉光武帝第四子,母光烈阴皇后阴丽华。史称汉明帝,死后谥号"孝明皇帝"。②永平:孝明皇帝年号永平(公元58年~公元75年)。③宗祀:谓对祖宗的祭祀。④明堂:古代帝王宣明政教的地方。凡朝会、祭祀、庆赏、选士、养老、教学等大典,都在此举行。⑤灵台:古时帝王观察天文星象、妖祥灾异的建筑。⑥暗陋:愚昧鄙陋。⑦珪璧:古代祭祀朝聘等所用的玉器。古为瑞信之物。⑧拨乱反正:治理混乱的局面,使恢复正常。⑨辟雍:亦作"辟廱",辟,通"璧"。本为西周天子所设大学,校址圆形,围以水池,前门外有便桥。⑩灵台:学宫。⑪恢弘:亦作"恢宏"或"恢闳",发扬;扩大。⑫八极:八方极远之地。⑬胤子:后代,子嗣,嗣子。⑭成、康:周成王与周康王的并称。⑮吕、旦:吕,指吕尚,即姜子牙。旦,即周公,周文王姬昌第四子。⑯盥洗:盥,洗手洗爵。古代仪礼形式之一,用水使手及酒器洁净,以示恭敬。⑰进爵:犹敬酒。爵,酒器。⑱踧踖:恭敬而不安的样子。郑玄注:"论语云:'踧踖,敬恭貌。'"⑲殊死:指殊死刑(斩首的死刑)。⑳赦除:犹赦免。㉑养老礼:古代对年高德劭的老者按时饷以酒食而敬礼之礼节。㉒三老:指国三老,多以致仕三公任之。㉓李躬:人名。《后汉书集解》惠栋曰:"躬常山人见。"东观记胡注:"桓荣传及袁纪诏:'独言桓荣不及李躬,栋案不言李躬者省文也。'"㉔年耆:年老。古代年六十曰耆。㉕五更:古代乡官名。用以安置年老致仕的官员。㉖桓荣:字春卿。生于西汉成帝阳朔鸿嘉年间。谯国龙亢(今安徽省怀远县西龙亢镇北)人。东汉经学大师。㉗尚书:又称《书》《书经》,为一部多体裁文献汇编,是中国现存最早的史书。分为《虞书》《夏书》《商书》《周书》。㉘诗:指《诗经》。㉙关内侯:爵位名。秦汉时置,为二十等级之第十九级,位于彻(列)侯之次。有其号,无国邑。㉚食邑:指古代君主赐予臣下作为世禄的封地。㉛三老五更:古代设三老五更之位,天子以父兄之礼养之。㉜厥:代词,其,表示领属关系。㉝存:慰问,抚恤。㉞耆耋:指老人。《礼记》曰:六十曰耆,七十曰耋。㉟鳏寡:鳏,无妻或丧妻的男人,鳏夫。寡,指丧失配偶。引申指老弱孤苦者。

【译文】孝明皇帝,名庄,是光武帝第四个儿子。永平二年春,在明堂祭祀光武皇帝,祭礼结束,登上灵台,颁诏说:"朕以愚昧浅陋,继承帝业,亲自执掌珪璧,敬祭天地之神。敬思先帝受天命中兴汉室，拨乱反正，以求天下安宁。封禅泰山，修建宗庙明堂，设立大学，筑造学宫，弘扬正理大道，惠及八方极远之地。而我虽即位却没有周成王、周康王那样的资质，群臣没有吕尚、周公那样的谋略。净手洗爵，进奉醇酒，恭敬之余自感惭愧。诏令天下自犯死罪以下的，包括谋反、大逆不道之人，都予以赦免。"冬天，孝明皇帝驾临辟雍，初次举行养老礼。颁诏说："三老之一的李躬，年过六旬、学问精深。任五更的桓荣，教授朕学习《尚书》。《诗经》说：'没有施恩不报的。'赐予桓荣关内侯爵位，食邑五千户；三老、五更都为二千石的俸禄奉养终生；赐给天下的三老每人酒一石，肉四十斤。有关官员们要慰问六七十岁以上的老人，体恤幼童孤儿，善待鳏寡孤独之人，这样才合乎朕的心意啊！"

【原文】六年，诏曰："先帝诏书，禁民上事①言圣，而间者②章奏颇多浮辞③，自今若有过称虚誉④，尚书⑤皆宜抑而勿省，示不为谄子⑥嗤⑦也。"

【注释】①上事：向朝廷上书言事。②间者：近来。③浮辞：虚浮不实的话。④虚誉：不实的赞扬。⑤尚书：官名。或称掌书，尚即执掌之义。东汉时正式成为协助皇帝处理政务的官员。⑥谄子：逢迎拍马的人。⑦嗤：音吃，通"蚩"，欺侮。

【译文】永平六年，孝明皇帝颁布诏书说："先帝曾下诏书，禁止臣民上书称颂帝王，而近来所上的奏章仍有不少浮夸言辞。从现在起，如果今后还有虚夸溢美的奏章，尚书都应该加以制止，不要阅览，以示不被谄媚之人所欺骗。"

【原文】八年，日有蚀之，诏曰："朕以无德奉承①大业，而下贻②民怨，上动三光③。日蚀之变④，其灾尤大。永思厥咎⑤，在予一人。群司⑥勉修职事，极言⑦无讳⑧。"于是在位者，皆上封事各陈得失。帝览章，深自引咎⑨，乃以所上班示⑩百官。诏曰："群寮⑪所言，皆朕之过。人冤不能理，吏黠⑫不能禁，而轻用民力，缮⑬治室宇，出入无节，喜怒过差⑭。永览⑮前戒，竦然兢惧⑯。徒恐薄德，久而致怠耳。"

【注释】①奉承：继承。②贻：遗留；致使。③三光：日、月、星。④日蚀之变：日蚀又称日食，日面被月面遮掩而变暗甚至完全消失的现象。⑤永思厥咎：永思，长思；长念。厥，代词，其。咎，罪过，过失。⑥群司：百官。⑦极言：竭力陈说。⑧无讳：不要有所忌讳。⑨引咎：归过失于自己。⑩班示：犹颁示，谓颁布出来，使人知道。⑪寮：官吏，官员。后多作"僚"。⑫黠：狡猾。⑬缮：修补，整治。⑭过差：过分；失度。⑮永览：永，永久，永远。览，观看；考察。⑯竦然兢惧：竦然，惊惧貌。兢惧，戒慎恐惧，惶恐。

【译文】永平八年，发生日食，皇帝下诏自省道："朕因没有德行，继承了帝业，而对下使人民生怨，对上扰动日月星三光。日食异象，预示着其灾祸很大。长思这个严重的罪过，其责任在朕一人。群臣应尽忠职守，直言规劝不要有所隐讳。"于是，凡在职的官吏都上书各自陈述政务的得失。明帝看过奏章后深深自责，就把所上奏章展示给百官看。并下诏书说："群臣所言之事，都是朕的过失。百姓蒙冤而不能申诉，官吏狡诈未能制止，轻率动用民力，修补宫殿房舍，出入没有节制规律，喜怒失度无常。永察前朝的教训，就会戒慎恐惧。唯恐我这浅薄的德行，久而久之会使自己懈怠懒惰啊！"

【原文】十二年，诏曰："昔曾闵①奉亲，竭欢致养②；仲尼葬子，有棺无椁③。丧贵致哀，礼存宁俭④。今百姓送终之制，竟为奢靡。生者无担石⑤，而财力尽于坟土；伏腊⑥无糟糠⑦，而牲牢⑧兼于一奠。糜⑨破积世⑩之业，以供终朝⑪之费。子孙饥寒，终命于此，岂祖考⑫之意哉！又车服过制，恣⑬极耳目；田荒不耕，浮食⑭者众。有司⑮其申明科禁⑯宜于今者，宣下郡国。"

【注释】①曾、闵：曾参、闵子骞。②致养：奉养亲老。③椁：古代葬时套于棺外之木器，俗称套棺。④宁俭：宁可俭约。⑤担石：一担一石之粮。比喻微小。⑥伏腊：古代两种祭祀的名称。"伏"在夏季伏日，"腊"，在农历十二月。指伏祭和腊祭之日，或泛指节日。⑦糟糠：糟糠是指酒糟、米糠等粗劣食物，旧时穷人用来充饥的食物。⑧牲牢：犹牲畜。古代特指供宴飨祭祀用的牛、羊、猪。⑨糜：浪费。⑩积世：累代，世代。⑪终朝：早晨。⑫祖考：祖先。⑬恣：放纵；无拘束。⑭浮食：多谓不事耕作而食。⑮有司：官吏。古代设官分职，各有专司，故称。⑯科禁：戒律；禁令。

【译文】永平十二年，皇上颁诏曰："昔日曾参和闵子骞，竭力奉养父母，使其欢心；仲尼埋葬儿子孔鲤，有内棺而无外椁。办丧事贵在心存哀思，礼仪宁可省俭。现在老百姓办理丧事都竞相奢侈比阔。活着的人连一担一石的粮食都没有，却把财力全用在丧葬上。伏祭和腊祭等祭日连糟糠都吃不上，却把牲畜全用于祭奠。浪费世代积蓄的家业，来供应一个早晨的费用，子孙们受饥受寒，最终怕是要毙命在这件事上。这难道是祖先们的本意吗？再说丧葬的车与礼服，都超过了礼制，恣意放纵，只图耳目外观的体面，田地荒芜不去耕种，不劳而获的人日益增多。有关官吏应申明适合现状的禁令，并把它向各郡国宣布贯彻。"

【原文】十八年，帝崩。遗诏："无起寝庙①，藏主②于光烈皇后③更衣别室④。"帝遵奉建武制度，事无违者。后宫之家，不得封侯与政。馆陶公主⑤为子求郎⑥，不许，而赐钱千万，谓群臣曰："郎官上应列宿⑦，出宰⑧百里，有非其人，则民受其殃，是以难之。"故吏称其官，民安其业，远近肃服⑨，户口⑩滋殖⑪焉。

【注释】①寝庙：古代宗庙的正殿称庙，后殿称寝，合称寝庙。②藏主：藏，收藏，储藏。主，旧时为死者立的牌位。礼"藏主于庙"，既不起寝庙，故藏于后之易衣别室。③光烈皇后：即光武帝刘秀的第二任皇后阴丽华，明帝之母。谥号"光烈"，故称其为"光烈皇后"。④别室：正室以外的房间。⑤馆陶公主：李贤注："光武女"。因封邑而得名。⑥郎：官名。帝王侍从官的通称。⑦列宿：众星宿。特指二十八宿。⑧出宰：由京官外出任县官。⑨肃服：肃然服从。有安定之意。⑩户口：住户和人口的总称。计家为户，计人为口。⑪滋殖：增加；增长，增生。

【译文】永平十八年，明帝驾崩，遗诏："不要建造寝宫庙宇，将我的牌位放在母亲光烈皇后的更衣侧室。"明帝遵照奉行建武时期的制度，凡事没有违背的。后宫的家属，不得封侯参与政治。馆陶公主曾经为儿子请封为郎官，明帝没有允许，只是赐其钱千万。并告知群臣说："郎官与上天列宿相对应，外出为官就要管辖百里的地方，如果用人不当，老百姓就要受其灾殃，因此我没有准许公主的请求。"所以当时的官吏都各称其职，老百姓安居乐业，远近的民众肃然敬服，住户及人口大量增加！

【原文】论曰：明帝善刑理①，法令分明，日晏②坐朝，幽枉③必达。外内无幸曲④之私，在上无矜大⑤之色。断狱⑥得情，号居前世十二⑦。故后之言事者，莫不先建武、永平之政。

【注释】①刑理：刑法；法律。②日晏：天色已晚。③幽枉：犹冤屈。④幸曲：宠幸偏袒。⑤矜大：骄矜尊大。⑥断狱：审理和判决案件。⑦十二：十分之二。李贤注："十断其二，言少刑也。"

【译文】史官论赞说：明帝精通刑法政务，法令分明。天色很晚还坐朝理政，有冤屈之事必能通晓。朝廷内外没有宠幸偏袒的私行，身居上位没有骄矜尊大的情形。审理和断案合情合理，受刑的人仅仅是前代十分之二。所以后代向君王进谏言事之人，没有不尊崇建武、永平之政的。

孝章皇帝纪

【原文】孝章皇帝①讳炟，明帝第五子也。少宽容，好儒术②，显宗③器重之。建初元年，诏曰："朕以无德，奉承大业，夙夜④栗栗⑤，不敢荒宁⑥，而灾异仍见，与政相应。朕既不明，涉道日寡，又选举乖实⑦，俗吏⑧伤民，官职耗乱⑨，刑罚不中，可不忧与！昔仲弓⑩、季氏⑪之家臣，子游⑫、武城⑬之小宰⑭，孔子犹诲以贤才，问以得人⑮。明政之小大，以人为本；乡举里选，必累功劳。今刺史⑯、守相⑰，不明真伪，茂才⑱、孝廉，岁以百数，既非能显，而当授之政事，甚无谓也。每寻前世举人⑲贡士⑳，或起畎亩㉑，不系㉒阀阅㉓。敷奏㉔以言，则文章可采；明试以功，则治有异迹。文质斌斌㉕，朕甚嘉之。其令太傅㉖、三公㉗、中二千石㉘、二千石、郡国㉙守相，举贤良方正㉚能直言极谏之士各一人。"

【注释】①孝章皇帝：名炟，明帝第五子，公元75年至公元88年在位。谥号孝章，享年三十三岁。年号有建初、元和、章和。②儒术：儒家的原则、学说、思想。③显宗：汉明帝刘庄。④夙夜：朝夕，日夜。⑤栗栗：

畏惧貌。⑥荒宁：荒废懈怠，贪图安逸。荒，纵欲迷乱；逸乐过度。宁，安宁。孔安国注：尚书曰："不敢荒怠自安宁。"⑦乖实：名不副实；失实。⑧俗吏：才智凡庸的官吏。⑨耗乱：昏乱。⑩仲弓：春秋鲁国人，冉氏，名雍，字仲弓，也称子弓。孔子的学生，以德行著称。曾任季氏宰。⑪季氏：季桓子，即季孙斯，春秋时鲁国卿大夫。⑫子游：姓言，名偃，字子游，亦称"言游""叔氏"，春秋末吴国人，与子夏、子张齐名，孔夫子的弟子，"孔门十哲"之一。⑬武城：指武城县；位于鲁西北平原。现隶属山东省德州市。⑭小宰：邑宰，县邑的长官。⑮得人：谓得到德才兼备的人。亦谓用人得当。⑯刺史：官名。西汉武帝时，分全国为十三部（州），每部置刺史一人，以六条职权巡察所属郡县。⑰守相：郡守和诸侯王之相。⑱茂才：又作茂材，是汉代的另一种察举常科，西汉时原作秀才，到东汉时，因避汉光武帝名讳，改秀为茂。⑲举人：推举，选拔人才。亦指所举之人才。⑳贡士：旧指地方向朝廷荐举人才。㉑畎亩：畎同畎。本指田野，此引申指民间。㉒系：涉及；关系。㉓阀阅：泛指门第、家世。㉔敷奏：陈奏，向君上报告。㉕文质斌斌：亦作"文质彬彬"，文华质朴配合得宜，既有文彩，又很朴实。㉖太傅：官名。三公之一。㉗三公：西汉末至东汉初，以大司马、大司徒、大司空为三公。至汉光武帝建武二十七年，省大司马，又置太尉，以太仆赵熹为之，而与司徒、司空为三公。㉘中二千石：汉代官吏秩禄等级，中是满的意思，中二千石即俸禄实得二千石。㉙郡国：郡和国的并称。汉初，兼采封建及郡县之制，分天下为郡与国。郡直属中央，国分封诸王、侯，分别称为王国、侯国。㉚贤良方正：汉代选拔统治人才的科目之一。

【译文】孝章皇帝，名烜，是明帝的第五个儿子。少年时待人宽容，喜好儒家学说，明帝很器重他。建初元年，颁诏说："朕没有德行，继承帝业，日夜战战兢兢，不敢荒废懈怠，贪图安逸。但是异常的自然灾害仍然出现，说明治政还是不力。朕既不明智，经历治国之道的时间又少；加之所选官员名不符实，才智凡庸的官吏伤害百姓,官职混乱,我怎能不忧虑呢?从前仲弓是季氏的家臣,子游是武城的县官,孔子尚且教诲他们要任用贤才,询问是否用人得当。说明政事无论大小,以用人为根本。从乡里推荐选拔的人,必须要是多次立下功劳的。而如今的刺史、守相不明了其中真伪,推举的茂才、孝廉每年数以百计,他们并非是才能显著之人,却要授予他们政务,这样很没有意义。每考究前代选拔、举荐的人才,有的是被启用于田亩之间,不拘于出身门第。让他们各陈其言,那么他们的文章必然可以采纳;明白考验他们实际的功绩,那么从政方面定会有其过人之处。既有文采,又很朴实。朕非常喜欢这样的人才。命令太傅、三公、中二千石、二千石、郡国守相,推举贤良方正、能够直言极谏之士各一人。"

【原文】四年,诏于,是下太常①、将、大夫②、博士③、议郎④、郎官及诸生⑤、诸儒会白虎观⑥,讲议五经⑦同异,帝亲称制临决⑧焉。七年,诏曰:"车驾⑨行秋稼,观收获,因涉郡界,皆精骑轻行⑩,无他辎重⑪。不得辄修道桥,远离城郭⑫,遣吏逢迎,刺探⑬起居,出入前后,以为烦扰也。勤务省约,但患不能脱粟瓢饮⑭耳。所过欲令贫弱有利,无违诏书。"

【注释】①太常:掌管宗朝礼仪,兼掌选试博士的官职。②大夫:古职官名。周代在国君之下有卿、大夫、士三等;各等中又分上、中、下三级。后因以大夫为任官职者之称。③博士:古代学官名。汉文帝置一经博士,武帝时置"五经"博士,职责是教授、课试,或奉使、议政。④议郎:官名。汉代设置，为光禄勋所属郎官之一，掌顾问应对，无常事。⑤诸生：众有知识学问之士。⑥白虎观：汉代宫观名。在未央宫中。汉章帝建初四年（公元79年）会学者于此，讲五经同异，成《白虎通德论》书。⑦五经：指儒家的五经，即《周易》《尚书》《诗经》《礼记》《春秋》。⑧临决：谓亲自裁决。⑨车驾：帝王所乘的车。亦用为帝王的代称。⑩轻行：轻装疾行。⑪辎重：辎，音资，外出时携载的物资。⑫城郭：城墙。城指内城的墙，郭指外城的墙。⑬刺探：探听。⑭脱粟瓢饮：脱粟，粗米。瓢饮，用瓢喝水。形容生活俭朴或生活艰苦。李贤注："晏子相齐，食脱粟之饭。孔子曰，颜回一瓢饮。"

【译文】建初四年又颁诏，命令太常、将、大夫、博士、议郎、郎官和诸生、诸儒在白虎观集会，讲说商讨"五经"的异同，章帝亲自到场主持决断。建初七年，诏书说："皇帝巡视秋季的庄稼，考察收获情况，因而来到郡界。随从都是精骑，轻装疾行，没有辎重。不得擅自整修道路、桥梁；不准派官吏远离城郭来迎接，伺候起居，出入于朕前后，成为百姓的烦扰。出巡务必减省节约，只要粗食瓢饮就行了。所过之处希望有利于贫弱之民，不得违背诏书旨意。"

【原文】元和二年，诏曰："令①云：'民有产子者，复勿算三岁②。'今诸怀妊③者，赐胎养谷人三斛④，复其夫勿算一岁，著以为令。"又诏曰："方春生养，万物莩甲⑤，宜助萌阳⑥，以育时物⑦。其令有司，罪非殊死⑧，且勿案验⑨，及吏民条书⑩相告，不得听受，冀以息事宁民⑪，敬奉天气⑫。立秋如故。夫俗吏矫饰⑬外貌，似是而非，揆⑭之人事则悦耳，论之阴阳则伤化⑮，朕甚厌⑯之、甚苦之。安静⑰之吏，悃愊⑱无华，日计不足，月计有余。如襄城⑲令刘方⑳，吏民同声，谓之不烦，虽未有他异,斯亦殆㉑近之矣。间敕二千石,各尚宽明。而今富奸行赂于下,贪吏枉法于上,使有罪不论,而无过被刑,甚大逆也。夫以苛为察,以刻为明,以轻为德,以重为威,四者或兴,则下有怨心。吾诏书数下,冠盖㉒接道,而吏不加治,民或失职,其咎安在?勉思旧令,称朕意焉。"又诏曰:"律㉓,十二月立春,不以报囚㉔。《月令》㉕,冬至之后,有顺阳㉖助生之文,而无鞫狱㉗断刑之政。朕谘访㉘儒雅㉙,稽㉚之典籍,以为王者生杀,宜顺时气。其定律,无以十一月、十二月报囚。"

【注释】①令:胎养令。《章帝纪》论曰:"章帝长者感陈宠之议,除惨狱之科,深元元之爱,著胎养之令。"②民有产子者复,勿算三岁:复,谓免除徭役或赋税。算,征税。③怀妊:怀孕。④斛:音胡,量词,多用于量粮食,古代一斛为十斗,南宋末年改为五斗。⑤荦甲:犹萌芽。⑥萌阳:新生的阳气。我国古代谓宇宙间有阴阳二气,阴主衰落,而阳主新生。⑦时物:应时的作物。⑧殊死:指殊死刑。⑨案验:查询验证。⑩条书:分条书写。李贤注:"条,事条也。"⑪息事宁民:即息事宁人,谓不生事扰民。⑫天气:天命,气数。⑬矫饰:造作夸饰,掩盖真相。⑭揆:推测揣度。⑮伤化:损害教化。⑯厌:音燕。厌恶。⑰安静:谓沉静稳重。⑱悃愊:至诚;诚实。说文云:"悃愊,至诚也。"⑲襄城:春秋时期称"泛邑""泛城",公元前540年,东周春秋时期楚灵王在泛之西北筑新城,东周帝王周襄王避难曾居泛,故名"襄城"。⑳刘方:生卒不详,李贤注:"方字伯况,平原人。"㉑殆:大概,几乎。㉒冠盖:泛指官员的冠服和车乘。冠,礼帽;盖,车盖。此处特指使者。㉓律:法令。㉔报囚:判决囚犯。李贤注:"报犹论也。立春阳气至,可以施生,故不论囚。"㉕月令:《礼记》第六篇篇名,其内容与《吕氏春秋·十二纪》《淮南子·时则训》基本相同，主要记载了一年十二月的天象和农业生产的相关政令。㉖顺阳：谓顺从阳气，顺应天道。㉗鞫狱：审理案件。鞫，通"鞠"。㉘谘访：咨询访问。㉙儒雅：指博学的儒士或文人雅士。㉚稽：音基，考核，查考。

【译文】元和二年，皇帝下诏书说："胎养令上说：'老百姓有生孩子者免除徭役和赋税三年。'现在那些正怀孕的妇女，赐给她们胎养谷每人三斛，免除其丈夫徭役赋税一年，把这些写下来作为法令。"又颁诏说："当前正是春季生养时期，万物正在萌芽，应该帮助它萌发阳气，来培育当季作物。命主管官吏，若不是极刑死罪，暂时不要查案验审；并且官吏民众有分条列事上书相告者，也不得受理。希望以此息事宁人，敬奉天命。立秋以后恢复常例。那些才智平庸的官吏表面做作、掩盖真相，似是而非，以揣测人心来行事，政绩听起来很好，若以阴阳自然规律而论就有伤风化。朕非常厌恶这种现象，也很苦恼。那些安分稳重的官吏们，至诚不虚华，他们的功绩按日统计似乎不足，按月累计则有余。像襄城县令刘方，官吏和老百姓都异口同声说他无烦苛之政，虽然没有其它特别的功绩，这也接近称职的要求了。近来敕命各太守为政务求宽和明正。现在富豪奸佞在下行贿，贪官在上枉法，使得有罪者不被定罪，而无罪者却遭受刑罚，这是极为大逆的事。把苛刻看作明辨，把刻薄看作精明，把从轻处治作为恩德，以暴察重罚作为权威，这四种情况或有一种出现，都会使下民百姓生怨恨心。我多次颁发诏书，派出传递旨意的使者交接于道，而官吏们得不到整治，或有怠忽职守之人，其过失究竟在什么地方？还望大家认真省思往日的诏令，以达成我的心意！"又下诏说："颁布律令，规定十二月立春时，不准判决囚犯。《月令》中记载冬至以后，有顺从阳气而助生长的条文，而没有审理案件判刑之政。朕谘询访问文人雅士，考查典籍，认为实行王道者或生或杀，应当遵循时令节气。因而制定法律，不要在十一月、十二月判决囚犯。"

【原文】三年春，北巡狩①，敕侍御史②、司空③曰："方春，所过无得有所伐杀。车可引避④，引避之；骖⑤马可辍⑥解，辍解之。《诗》云：'敦彼行苇⑦，牛羊勿践履。'《礼》⑧，人君伐一草木不时⑨，谓之不孝。俗知顺人，莫知顺天。其明称朕意。"

【注释】①巡狩：意为天子巡行视察郡国所守疆土。②侍御史：官名。受命于御史中丞，接受公卿奏事，举劾非法。③司空：官名。即冬官大司空，掌管工程。汉改御史大夫为大司空，与大司马、大司徒并列为三公，后去大字为司空，历代因之，明废。④引避：让路；躲避。⑤骖：古代驾车的马，在中间的叫服，在两旁的叫骖，也叫驷。李贤注："夹辕者为服马，服马外为骖马。"⑥辍：撤除。⑦行苇：路旁的芦苇。⑧礼：五经之中的《礼记》。《礼记》："孔子曰：'伐一树，杀一兽，不以其时，非孝也。'"⑨不时：不适时；不合时。李贤注："不时谓不合于时也。"

【译文】元和三年春，皇帝到北方视察邦国州郡，命令侍御史、司空说："当前正值春天，所过之处不得有砍伐杀戮的行为。车驾可以让路的，就绕道而行；驾车的骖马可以解开不用的，就解开它们。《诗经》说：'芦苇丛生在道旁，别放牛羊来踩踏。'《礼记》也说：'君王砍伐一草一木不合时令，便叫做不孝。'一般人只知道顺人行事，却不知道遵循天道。当显明此意，以符合朕的心意。"

【原文】论曰：魏文帝①称："明帝察察②，章帝长者。"章帝素知民厌明帝苛切③，事从宽厚。感陈宠④之议，除惨之狱科；深元元⑤之爱，著胎养之令。割裂名都，以崇建周亲⑥；平徭简赋⑦，而民赖其庆⑧。又体之以忠恕⑨，文之以礼乐。故乃蕃辅⑩克谐⑪，群后⑫德让。谓之长者，不亦宜乎！在位十三年，郡国所上符瑞⑬，合于图书者，数百千所。呜呼懋⑭哉！

【注释】①魏文帝：曹魏的开国皇帝曹丕。②察察：苛察；烦细。③苛切：苛刻严峻。④陈宠：沛国洨县（今安徽固镇）人。先祖世习律令，宠传其家业。初为州郡吏，后辟司徒府，掌狱讼，断案公平。⑤元元：百姓，庶民。⑥周亲：至亲。李贤注："周，至也。"⑦平徭简赋：平衡徭役而减少赋税。⑧庆：福泽。⑨忠恕：忠，谓尽心为人；恕，谓推己及人。⑩蕃辅：喻指诸侯，藩王。蕃，通藩。⑪克谐：能和谐。⑫群后：原指四方诸侯及九州牧伯。亦泛指公卿。⑬符瑞：吉祥的征兆。多指帝王受命的征兆。⑭懋：美好。

【译文】史官论赞说："魏文帝认为'明帝是苛察之人，章帝是德高望重的人。'章帝素来了解百姓厌恶明帝的苛刻严峻，因此凡事讲求宽厚。有感于陈宠的建议，废除了残酷的刑罚条目；深切关爱百姓，制定出养护胎孕的法令；划分出郡国名城，用来重建至亲的世系；平衡徭役减少赋税，因而百姓仰赖其福泽；又能以忠恕之道体恤臣民，用礼乐教化百姓。所以诸侯藩王能够和谐，公卿大臣互相礼让。所以称章帝为德高望重的君王，不是很恰当吗？他在位十三年，郡国出现吉祥的征兆，与河图洛书上相合者就有数百千件。真是太美好了！"

【原文】孝和皇帝讳肇①，章帝第四子也，在位十七年而崩。齐民②岁增，辟③土日广。每有灾异，辄延问④公卿，极言得失。前后符瑞八十一所，自称德薄，皆抑而不宣。旧南海⑤献⑥龙眼、荔支⑦，十里一置⑧，五里一候⑨，奔腾⑩阻险，死者继路⑪。时临武长⑫汝南唐羌⑬县接（旧无时临至县接十字，补之）南海，乃上书陈状。帝下诏曰："远国珍羞⑭，本以奉宗庙。苟有伤害，岂爱民之本耶? 其敕太官，勿复受献。"由是遂省。

【注释】①孝和皇帝讳肇：即汉和帝，为东汉第四代皇帝，名刘肇（公元79年～公元105年）。章帝第四子。章帝死后继位，在位十七年病死，终年二十七岁。②齐民：犹平民。③辟：开垦，开辟。④延问：请教询问。⑤南海：李贤注："南海，郡，秦置，今广州县也"。⑥献：奉献，进贡。指附属国奉献礼物。⑦龙眼荔支：两种水果，均生南方。龙眼，即桂圆；荔支，即荔枝。⑧置：驿站。李贤注："置谓驿也"。驿站，古代供传递文书、官员来往及运输等中途暂息、住宿的地方；旅店。⑨候：驿馆，驿站的客舍。⑩奔腾：飞奔急驰。⑪继路：不绝于路。⑫临武长：临武县令。李贤注："临武，县，属桂阳郡，今郴州县也。"历史上，临武又是楚南古驿，古代中原赴粤出海的必经之路。⑬唐羌：字伯游，东汉汝南（今河南汝南、平与县间）人，辟公府，补临武长。⑭珍羞：亦作"珍馐"，珍美的肴馔。

【译文】孝和皇帝，名肇，是章帝的第四子，在位十七年后去逝。他在位期间国家人口逐年增加，开拓的疆域日渐广阔。每当遇有自然灾害发生，则马上请教公卿，请他们大胆直言陈说朝政得失。各地前后出现吉祥的征兆有八十一处，而和帝还自称德行浅薄，都压下来不许宣扬。从前南海郡进贡龙眼、荔枝，每隔十里设一个驿站，五里设一驿馆，沿途道路艰险，使者飞奔急驰，累死者不绝于路。当时临武县县令汝南人唐羌，其县境与南海接壤，于是上书陈述这一情况。和帝下诏说："远方进贡的珍馐美味，本来是进献祀奉宗庙的，如果因此而伤害了百姓，这哪里是爱民的本意呢？敕令太官不要再接受这一贡物了。"从此取消了这一进贡。

皇后纪序

【原文】夏①、殷②以上，后妃③之制，其文略矣。《周礼》④王者立后，三夫人，九嫔⑤，二十七世妇⑥，八十一女御⑦，以备内职⑧焉。后正位宫闱⑨，同体⑩天王⑪。夫人⑫坐论妇礼⑬，九嫔⑭掌教四德⑮，世妇主知丧祭宾客，女御序于王之燕寝⑯。颁官分务⑰，各有典司。女史彤管⑲，记功书过⑳。居有保阿㉑之训，动有环佩㉒之响。进贤才以辅佐君子，哀㉓窈窕㉔而不淫其色。所以能述宣㉕阴化㉖，修成内则㉗，闺房肃雍㉘，险谒㉙不行者也。故康王㉚晚朝㉛，《关雎》㉜作讽㉝；宣后晏㉞起，姜氏㉟请愆㊱。及周室东迁㊲，礼序凋缺㊳，诸侯僭纵㊴，轨制无章㊵。齐桓㊶有如夫人㊷者六人。晋献㊸升戎女㊹为元妃㊺，终于五子作乱㊻，冢嗣㊼遘屯㊽。爰㊾逮战国，风宪㊿愈薄○51，适情○52任欲，颠倒衣裳，以至破国亡身，不可胜数。斯固轻礼弛防○54、先色后德者也。

【注释】①夏：即夏朝，由禹建立，后为商所灭。②殷：朝代名，即商朝。商王盘庚从奄（今山东曲阜）迁都殷，后世因称商为殷。③后妃：指皇后妃嫔。④周礼：西周时期的周公旦所著。⑤嫔：宫廷女官名，天子诸侯姬妾。⑥世妇：妃嫔称号，古代皇宫里的女官。⑦女御：宫中女官名，亦为帝王之妾。⑧内职：指嫔妃等在宫中所尽的职守。⑨宫闱：帝王的后宫，后妃的住所。亦指后妃。⑩同体：比喻无区别；一致。⑪天王：指天子。⑫夫人：帝王妃嫔。⑬妇礼：妇女的礼义威仪。⑭九嫔：指帝王之妾。位于后妃之下，在其他侍妾之上。⑮四德：李贤注："四德谓妇德、妇言、妇容、妇功也。"⑯燕寝：古代帝王居息的宫室。⑰颁官分务：颁官，赐授官位。分务，分配职务。⑱典司：主管，主持。⑲女史彤管：女史，古时候，专记王后私生活的吏官。彤管，古代女史用以记事的杆身漆朱的笔。李贤注："彤管，赤管笔也。"⑳记功书过：记功，记录功绩；书过，记载过失错误。㉑保阿：古代抚养教育贵族子女的妇女。㉒环佩：央有孔的圆形佩玉，亦作"环珮"。后多指女子所佩的玉饰。㉓哀：怜爱。㉔窈窕：娴静貌；美好貌。㉕述宣：继承和发扬。㉖阴化：古称妇女的教化。《周礼·内宰职》曰："以阴礼教六宫，以妇职之法教九御。"㉗内则：借指妇职、妇道。㉘闺房肃雍：闺房，小室；内室；常指女子的卧室。肃雍，原指行车之貌，后为称颂妇德之辞。李贤注："肃，敬也。雍，和也。"㉙险谒：指以私事相嘱托；走门路，通关节。㉚康王：即周康王姬钊，周成王之子，成王死后继位，在位二十六年，病死于镐京。㉛晚朝：谓君王未按时上朝听政。㉜关雎：《诗·周南》篇名。为全书首篇，也是十五国风的第一篇。㉝讽：用委婉的语言暗示、劝告或讥刺、指责。㉞晏：迟，晚。㉟姜氏：周宣王王后。㊱愆：罪过，过失。㊲周室东迁：指周朝的周平王将京都由镐京东迁到洛邑。㊳礼序凋缺：礼序，礼仪制度。凋缺，残缺；受损。㊴僭纵：越礼放纵。㊵轨制无章：轨制，法则制度。无章，没有次序。㊶齐桓：即齐桓公，名小白，春秋时期齐国的国君，"春秋五霸"之首。㊷如夫人：古代女子称谓。原意同于夫人，后即以称妾。㊸晋献：即晋献公，名诡诸。春秋时代的晋国君主。在位二十六年。㊹戎女：指骊姬，山西人，本是骊戎首领的女儿。㊺元妃：国君或诸侯的嫡妻（正妻）。㊻五子作乱：李贤注："桓公六夫人，生六子。桓公卒，立公子昭，于是公子无亏、公子元、公子潘、公子商人、公子雍等五公子皆求立，公子昭奔宋，是作乱也。”㊼冢嗣：嫡长子。李贤注：“冢，大也。”㊽遘屯：李贤注：“遘，遇也。屯，难也。晋献公受骊姬之谮，杀太子申生，故曰遇屯。”㊾爰逮：爰，及；到。逮，及；及至。㊿风宪：风纪法度。(51)薄：指人心、世道、纲纪等衰微。(52)适情：顺适性情。(53)颠倒衣裳：谓急促惶遽中不暇整衣。本意是讽刺朝廷兴居无节，号令不时，使小官吏忙忙碌碌，后多以比喻伦常失秩。(54)弛防：解除防备。

【译文】夏、商以前，皇后妃嫔的制度，这方面的文献很少。《周礼》记载，君王立皇后，设三夫人，九嫔，二十七世妇，八十一女御，以配备内宫职务。皇后是后宫正位，体制与天子一致。夫人负责讲论妇礼；九嫔掌管教授妇德、妇言、妇容、妇功四德；世妇主管丧祭和宾客之事；女御掌管皇上的食宿。赐授官位、分配职务，各有主管。女史官手执红管笔，专记后宫的功过。后妃们安居时有保阿的教诲；行动时有环佩叮当的响声。进献贤德女子以辅佐君王，怜爱娴静柔美的贤淑女子，而不贪图其美色。因此能够继承和发扬女德的教化，修成内宫的妇职、妇道，后妃们和顺恭敬，没有不正当的因私请托之行。因此当周康王不能按时上朝时，就有诗人作《关雎》一诗来劝谏后妃们谨守妇道，以勉君王。周宣王和嫔妃晚起，王后姜氏请求君王惩罚自己，使宣王惭愧改过。等到周平王向东迁都至洛邑后，周室的礼法制度就开始衰败丧失，诸侯们也违礼放纵自己，规范制度无法可依、无章可循。齐桓公宠爱的如夫人（小妾）就有六人，晋献公宠信骊戎小妾骊姬，竟然将她升为嫡夫人，最终导致齐国五公子作乱，晋国大公子申生遭骊姬陷害遇难。后来到了战国时期，风教纲纪更加衰微，人们任情纵欲，伦常失秩，最终导致破国亡家，这样的案例不可胜数。这都是由于轻视礼义教化、放松防备、重女色而轻道德所造成的啊！

【原文】秦并天下，多自骄大①，宫备七国②，爵列八品③。汉兴，因循④其号，而妇制莫厘⑤。高祖帷薄不修⑥，孝文衽席无辨⑦，然而选纳⑧尚简，饰玩少华。自武、元之后，世增淫费⑨，至乃掖庭⑩三千，增级十四，妖幸⑪毁政之符，外姻⑫乱邦之迹，前史载之详矣。及光武中兴，斫雕为朴⑬，六宫称号，唯皇后、贵人⑭。贵人（旧无贵人二字，补之）金印紫绶⑮，俸不过粟数十斛⑯。又置美人⑰、宫人⑱、采女⑲三等，并无爵秩⑳，岁时㉑赏赐充给而已。明帝聿㉒遵先旨，宫教㉓颇修，登建㉔嫔后，必先令德㉕，内无出阃㉖之言，权无私溺㉗之授，可谓矫其弊矣。虽御㉘已有度，而防闲㉙未笃㉚，故孝章以下，渐用色授，恩隆好合，遂忘淄蠹㉛。自古虽主幼时艰，王家多釁㉜，必委成冢宰㉝，简求㉞忠贤，未有专任妇人，断割重器㉟。唯秦芈㊱太后始摄政事，故穰侯㊲权重于昭王，家富于嬴国㊳。汉仍其谬，知患莫改。东京㊴皇统屡绝，权归女主，外立者四帝㊵，临朝者六后㊶，莫不定策帷帟㊷，委事父兄，贪孩童以久其政㊸，抑明贤以专其威。任重道悠，利深祸速。身犯雾露㊹于云台㊺之上，家婴缧绁㊻于圄犴㊼之下。湮灭连踵，倾辀㊽继路。而赴蹈㊾不息，焦烂㊿为期，终于陵夷㉛大运，沦亡神宝㊾。诗书㊿所叹，略同一揆㊿。故考列㊿行迹，以为皇后本纪云。

【注释】①骄大：骄傲自大。②宫备七国：史记曰："始皇破六国，写放其宫室，作之咸阳北坂上，南临渭水，殿屋复道，周阁相属，所得诸侯美人，以充入之。"并秦为七也。③爵列八品：秦汉时后宫爵位有八，故称"八品"。李贤注："《前书》曰：'汉兴因秦之称号，正嫡称皇后，妾皆称夫人，又有美人、良人、八子、七子、长使、少使之号。'"④因循：沿用。⑤厘：李贤注："厘，理"。整理，修定。⑥帷薄不修：帷薄，帐幔和帘子，古代用以障隔内外；修，整饬。⑦衽席无辨：衽席，泛指卧席。无辨，没有区别；混杂。李贤注："郑玄注礼记曰：'衽卧席也。'孝文幸慎夫人。每与皇后同坐是无辨也。"⑧选纳：选择纳娶。⑨淫费：过分花费；不正当的花费。⑩掖庭：掖，宫中官署名。掌后宫贵人采女事，以宦官为令丞。秦代名永巷，汉武帝太初元年改为掖廷。东汉分为二，设掖庭令、永巷令。⑪妖幸：指以姿色得幸于君的嫔妃美人。⑫外姻：由婚姻关系而结成的亲戚。⑬斫雕为朴：指去掉雕饰，崇尚质朴。亦指斫理雕弊之俗，使返朴实。⑭贵人：女官名。后汉光武帝始置，地位次于皇后，历代沿其名，而位尊卑不一。⑮金印紫绶：黄金印章和系印的紫色绶带。后代指高官显爵。⑯斛：古代斗量单位，见前注。⑰美人：妃嫔的称号。起于东汉，止于明朝。⑱宫人：妃嫔、宫女的通称。西汉成帝订的一项后宫制度。⑲采女：原为汉代六宫的一种称号，因其选自民家，故曰"采女"。后用作宫女的通称。⑳爵秩：犹爵禄。官爵和俸禄。㉑岁时：每年一定的季节或时间。㉒聿：循。㉓宫教：皇宫中的礼教。㉔登建：进立；升封。㉕令德：美德。㉖出阃：原谓男职官政，女职织纴，各有司事，不得互相干预。后以"出阃"指后宫越职参预官政。李贤注："阃，门限也。礼记曰：'外言不入于阃，内言不出于阃'也。"㉗私溺：偏爱。㉘御：控制；约束以为用。㉙防闲：防，堤也，用于制水；闲，圈栏也，用于制兽。引申为防备和禁阻。㉚笃：固；坚实。㉛淄蠹：音资度。污染侵蚀。李贤注："淄，黑也。蠹，食禾虫。以谕倾败也。"㉜疊：音信，同衅。祸患。㉝冢宰：周官名。为六卿之首,亦称太宰。㉞简求:拣选寻求。㉟重器:比喻天下,政权。㊱秦芈:秦指秦昭王时,芈,指芈八子,(芈姓乃楚国的国姓)。昭王时,芈八子被尊为太后,史称宣太后。㊲穰侯:本名魏冉,战国时秦国大臣。原为楚国人,秦昭襄王之舅舅,宣太后异父同母的大弟弟。㊳嬴国:指秦国。秦昭王,嬴姓。嬴,音迎。㊴东京:指洛阳。㊵四帝:指东汉(安、质、桓、灵)四帝。㊶六后:临朝者六后即章帝窦太后、和熹邓太后、安思阎太后、顺烈梁太后、桓思窦太后、灵思何太后。㊷帷帝:借指宫闱或后妃。帝,音扆。㊸贪孩童以久其政:周章傅曰:"邓太后以皇子胜瘤不可奉承宗庙,贪殇帝孩抱。养为己子,故言之。"㊹雾露:李贤注:"雾露谓疾病也。不可指言死,故假雾露以言之。"㊺云台:汉宫中高台名。汉光武帝时,用作召集群臣议事之所,后用以借指朝廷。㊻缧绁:李贤注:"缧,索也。绁,系也。"捆绑犯人的绳索。引申为牢狱。㊼圄犴:牢狱。李贤注:"图圉,周狱名也。乡亭之狱曰犴。"㊽倾辀:翻倒的车。比喻失败的前事。李贤注:"辀,车辕。"贾谊曰:"前车覆,后车诫。"㊾赴蹈:径直前行;勇往直前。㊿焦烂:崩溃灭亡。㉛陵夷:李贤注:"陵夷犹颓替。"由盛到衰。衰颓,衰落。㉜神宝:李贤注:"神宝,帝位也。"指天子之位。㉝诗书:指《诗经》和《尚书》。㉞一揆:谓同一道理;一个模样。㉟考列:考订编排。

【译文】秦始皇统一天下后,骄傲自大。后宫具有七国的美人,爵位列有八品。汉王朝创立,沿袭秦的称号,而后宫妇制没有整理。高祖内宫淫乱,孝文帝让慎夫人与皇后同席而坐,不分尊次。不过选择纳娶尚算得上简约,装饰、玩物不奢华。从武帝、元帝以后,奢侈过分的费用代代增加,甚至发展到后宫有三千人之多,级别增至十四种。妖冶受宠的嫔妃美人败坏朝政的征兆、外戚乱邦的事件,前朝史书的记载已很详尽了。到光武帝重振汉室,去掉华美雕饰,崇尚质朴,六宫的称号只有皇后、贵人。贵人只是得到黄金印章和系印的紫色绶带，俸禄不过粮食几十斛而已。另外设置美人、宫人和采女三个等级，但她们并没有爵位和俸禄，只是每年按时赏赐他们以满足其需要罢了。明帝遵照先帝旨意，对皇宫中的礼教进行了很大的修整，升封嫔妃、皇后，首先注重美德。后宫没有越职参与国政的言论，权力不依靠偏爱来授予，可以称得上是纠正了过去的弊端。虽然明帝对自己要求严格有度，但是防范还是做得不够扎实，所以从章帝以后，逐渐地按美色授权，只顾情投意合，却忘记了因此受污染而倾败的教训。自古常有因君主年幼而致时局艰难、王室多祸乱的事，所以一定是委托太宰挑选、访求忠诚贤能之士，没有专门任用妇女而中断皇统的。只有从秦昭王始，其母宣太后开始摄政，使得穰侯魏冉的权力比昭王还要大，家中财富比皇室还要富庶。汉朝仍在延续这种妇女摄政的错误做法，明知是弊病却不改变。东汉世代相传的皇室帝位屡遭断绝，政权归于女主，由外戚扶立的就有安、质、桓、灵四帝，临朝听政的皇后多达六位，国家政策没有不是出自后宫的，她们把国家大事委托给自己的父兄，贪立年幼的皇帝以便她们能长期专权，压制贤明的大臣使她们专擅威福。执掌朝政是一件任重道远之事，以此牟利越深广，灾祸来的就越快速。这些临朝的太后，大多身患疾病被幽禁于云台之上，父母兄弟也被关押于监狱之中；覆灭之事接连发生，翻车之祸不绝于路。虽然如此，但甘冒赴汤之险的人却从未止息，都以崩溃灭亡为终，最终使国运衰落，帝位沦亡。《诗经》《书经》所感叹的，大概都是同一个道理。因此考定编排皇后们的事迹，编成《皇后本纪》。

明德马皇后

【原文】明德马皇后①,伏波将军援②之小女也。永平③三年,立为皇后。既正位宫闱④,愈自谦肃⑤。能诵《易经》。好读《春秋》、《楚辞》⑥,尤善《周官》⑦。常衣大练⑧,裙不加缘⑨。诸姬⑩主朝请⑪,望见后袍衣疏粗⑫。反以为绮縠⑬,就视,乃笑。后辞⑭曰:"此缯⑮特宜染色,故用之耳。"六宫莫不叹息⑯。

【注释】①明德马皇后:公元39年至公元79年在世,是伏波将军马援的小女儿,为东汉一代贤后。②伏波将军援:指马援,东汉开国功臣之一,扶风茂陵人,因功累官伏波将军,封新息侯。以"老当益壮""马革裹尸"而闻名。③永平:东汉明帝年号。④宫闱:帝王的后宫,后妃的住所。⑤谦肃:谦恭庄敬。⑥楚辞:书名。亦作"楚词"。本为楚地的歌辞,西汉刘向辑,为骚体类文章的总集。⑦周官:李贤注:"周官,周礼也"。东汉末,郑玄为《周礼》作注。《周礼》使居《三礼》之首,成为儒家的大典之一。⑧大练:粗帛,粗糙厚实的丝织物。李贤注:"大练,大帛也。"⑨缘:饰边。衣服边上的镶绲;衣服的边。⑩姬:汉代宫中女官。汉应劭《汉官仪》卷下:"姬,内官也,秩比二千石,位次婕妤下,在八子上。"⑪朝请:汉律,诸侯春天朝

见皇帝叫朝，秋天朝见皇帝叫请。泛称朝见皇帝。⑫粗：粗糙；粗劣。⑬绮縠：绫绸绉纱之类，丝织品的总称。縠，音胡。⑭辞：告知，告诉。⑮缯：帛之厚者。⑯叹息：叹美；赞叹。

【译文】明德马皇后，是伏波将军马援的小女儿，永平三年，立为明帝的皇后。她在正式成为皇后后，越加谦恭庄敬。她能读诵《易经》，喜欢读《春秋》《楚辞》，尤其喜欢《周礼》。常穿粗厚丝帛做的衣服，裙子不饰花边。宫中姬妃朝见皇帝时，远远看到皇后衣袍粗疏，反而认为是好的绸缎，到跟前一看，就笑了。皇后说："这种粗厚丝帛特别适合染色，所以用它做衣服。"六宫没有人不赞叹的。

【原文】时楚狱①连年不断，囚相证引②，坐系③者甚众。后虑其多滥④，乘间⑤言及，恻然⑥。帝感之，多有所（旧无所字，补之）降宥⑦。每于侍执⑧之际，辄言及政事（旧无每于至政事十一字，皆补之）。多所毗补⑨，而未尝以家私干欲。宠敬日隆，始终无衰。

【注释】①楚狱：《后汉书·楚王英传》："楚狱遂至累年，其辞语相连，自京师亲戚诸侯州郡豪桀及考案吏，阿附相陷，坐死徙者以千数。"后因称冤狱为"楚狱"。②证引：谓举证和攀引他人。③坐系：获罪入狱。④滥：冤屈，冤枉。⑤乘间：利用机会；趁空子。⑥恻然：哀怜貌；悲伤貌。⑦降宥：减罪宽宥。宥，音又。⑧侍执："侍执巾栉"的省称。指拿着手巾、梳子伺候，形容妻妾服事夫君。⑨毗补：裨补。增益补阙。

【译文】当时刑狱连年不断（明帝弟楚王刘英被告谋反，牵连者皆入狱),囚犯互相举证牵连,获罪入狱的人很多。马皇后担心其中多有冤屈,找机会与明帝谈及此事,并流露出悲伤的神情。明帝很感动,对那些囚犯大多有所宽免。每当她服事皇帝时,常常谈到朝政之事,对皇帝执掌朝政有很多补益,但是她从不以自家私事干预朝政。明帝对她宠爱敬重日益加深,自始至终不衰。

【原文】自撰《显宗起居注》①,削去兄防参医药事②。帝请曰:"黄门③舅旦夕供养且一年,既无褒异,又不录勤劳④,无乃过乎?"太后曰:"吾不欲令后世闻先帝数亲后宫之家,故不著也。"帝欲封爵诸舅,太后不听。明年夏,大旱,言事⑤者以为不封外戚之故,有司因此上奏,宜依旧典⑥。太后诏曰:"凡言事者,皆欲媚朕以要福耳。昔王氏五侯⑦,同日俱封,其时黄雾四塞,不闻澍雨⑧之应。又田蚡⑨、窦婴⑩,宠贵横恣⑪,倾覆之祸,为世所传。故先帝防慎⑫舅氏,不令在枢机⑬之位。诸子之封,裁令半楚、淮阳⑭诸国。常谓:'我子不当与先帝子等。'今有司奈何欲以马氏⑮比阴氏⑯乎!吾为天下母,而身服大练,食不求甘,左右但着皂⑰布,无香薰之饰者,欲身率下⑱也。以为外亲见之,当伤心自敕⑲,但笑言太后素好俭。前过濯龙门⑳上,见外家问起居者,车如流水,马如游龙㉑,苍头㉒衣绿褠㉓,领袖正白,顾视御者不及远矣。故不加谴怒㉔,但绝岁用而已,冀以默愧㉕其心,而犹懈怠,无忧国忘家之虑。知臣莫若君,况亲属乎?吾岂可上负先帝之旨,下亏先人之德,重袭西京败亡之祸㉖哉!"固不许。

【注释】①显宗起居注：汉明德马皇后所编撰的书，是历史上最早的专门记录皇帝日常言行的著作。②防参医药事：防，指马防，明德马皇后兄长。参，参与。医药，《后汉书·章帝本纪》："明帝寝疾，马防为黄门郎，参侍医药。"③黄门：官名。本秦官，汉因之。因给事黄门，故名。④勤劳：指功劳。⑤言事：古代专指向君王进谏或议论政事。⑥旧典：李贤注："汉制，外戚以恩泽封侯，故曰旧典也"。⑦王氏五侯：汉成帝刘骜的舅父王凤有五个兄弟，因外戚关系晋升为五侯，即平阿侯王谭、成都侯王商、红阳侯王立、曲阳侯王根、高平侯王逢时，史称"王氏五侯"。⑧澍雨：时雨。⑨田蚡：西汉景帝皇后王娡同母异父弟，汉武帝的舅舅。被封武安侯，后任丞相。暴毙卒。⑩窦婴：西汉大臣，字王孙，观津（今河北衡水东）人，窦婴是窦太后侄。景帝时被封魏其侯。武帝初，任丞相，后因罪而被处死。⑪横恣：专横放肆。⑫防慎：谨慎防备。⑬枢机：指中央政权的机要部门或职位。⑭淮阳：淮阳国，辖境相当今河南省淮阳、太康、扶沟、柘城、鹿邑等县地。⑮马氏：外戚马氏。马，指明德马皇后。⑯阴氏：外戚阴氏。阴，指光武帝皇后阴丽华。⑰皂：《后汉书》原文作"帛"，今译文从此意。⑱率下：作下属表率。⑲自敕：敕同敕。告诫自己。⑳濯龙门：指位于东汉洛阳城西北的濯龙园，又名龙池。㉑车如流水，马如游龙：形容车马往来不绝，繁华热闹的景象。㉒苍头：指奴仆。㉓褠：指臂衣，古人用以套于臂上，犹今之袖套。㉔谴怒：犹谴责。㉕默愧：暗中羞愧。㉖西京败亡之祸：西汉都长安，东汉改都洛阳，因称洛阳为东京，长安为西京。

【译文】马皇后自撰《显宗起居注》，其中删减了她的哥哥马防参与侍奉医药的事。章帝问她说："黄门舅日夜供养服侍先帝将近一年，既不给他特殊褒奖，又不记载他的功劳，这不是太过分了吗？"马皇后说："我不想让后世人知道先帝多次亲近后宫的家属，所以不记载。"章帝打算给几位舅舅进封爵位，太后不准。第二年（建初二年）夏天，大旱，议事者认为这是没有封外戚的缘故，官吏因此上奏，应该依照先前的制度封侯外戚。太后颁诏说："凡是进言议事的人，都是想巴结我来求得好处罢了。以前，汉成帝在同一天加封了太后的弟弟王谭、王商等五位侯爵，当时黄色的雾气到处弥漫，却不见时雨的回应。再者田蚡、窦婴，尊荣显贵、专横放肆，颠覆之祸，为后世所传闻。所以先帝谨慎防备舅氏，不让他们居于朝廷机要之职。对几个儿子的封赏，仅仅让他们享有楚、淮阳等诸侯国一半的封地。先帝常说：'我的儿子不应当跟先帝的儿子等同。'现在有司为什么要拿马氏和阴氏相比呢？我身为天下母仪，之所以身穿粗帛，饮食不求甘美，左右侍从也只穿帛布，没有熏香之类装饰物，是想以身作则给下边做个表率。我以为外戚看到这些情况，应当反躬自问，但他们只是笑着说我平日喜爱节俭。我前段时间过濯龙园门上时，看到外家前来问候我生活起居，他们坐车如流水，御马似游龙，奴仆们都穿着绿色袖衣，衣领雪白，回头看一看为我驾车的御者，与他们相差太远了。我故意不加以谴责，只是停发他们每年的开支费用，希望能用这种办法使他们私下觉得羞愧，但是他们仍然懈怠如故，没有忧国忘家的思虑。了解臣下者莫过于君王，何况我是他们的亲属呢？我岂能上违先帝之旨意，下损先人之德行，重蹈西京外戚败亡之祸呢？"所以，马皇后坚决不同意加封外戚。

【原文】帝省①诏悲叹，复重请曰："汉兴舅氏之封侯，犹皇子之为王也。太后诚存谦虚,奈何令臣独不得加恩三舅②乎?且卫尉③年尊。两校尉④有大病,如令不讳,使臣长抱刻骨之恨。宜及吉时⑤,不可稽留⑥。"太后报曰:"吾反覆念之,思令两善⑦。岂徒欲获谦让之名,而使帝受不外施之嫌哉!昔窦太后⑧欲封王皇后之兄,丞相条侯⑨言,受高祖约,无军功,非刘氏不侯。今马氏无功于国,岂得与阴、郭⑩中兴之后等耶?常观富贵之家,禄位重叠,犹再实之木,其根必伤⑪。且人所以愿封侯者,欲上奉祭祀,下求温饱耳。今祭祀则受四方之珍,衣食则蒙御府⑫之余资,斯岂不足,而必当得一县乎?吾计之熟矣,勿有疑也。夫至孝之行,安亲为上。今数遭变异,谷价数倍,忧惶⑬昼夜,不安坐卧,而欲先营外封,违慈母之拳拳⑭乎!吾素刚急⑮,有胸中气,不可不顺也。若阴阳调和,边境清静,然后行子之志。吾但当含饴弄孙⑯,不能复关政⑰矣。"

【注释】①省:泛指观看;阅览。②三舅:指黄门卫尉马廖,另二舅马防、马光并任校尉。③卫尉:官名,始于秦,为九卿之一,汉朝沿袭,为统率卫士守卫宫禁之官。卫尉即卫将军。④校尉:军职名。其地位略次于将军,并各随其职务冠以各种名号。⑤吉时:指人健在之时。⑥稽留:延迟,停留。⑦两善:两者都好。胡三省曰:"两善,谓国家无滥恩,而外戚亦以安全也。"⑧窦太后:文帝后也。与汉文帝育有一女二男,长子刘启即后来的汉景帝。⑨条侯:李贤注:"条侯,周亚夫也"。⑩郭:指光武帝第一任皇后郭圣通。⑪再实之木,其根必伤:谓果树一年两次结实,根部定损伤。比喻福中寓祸,利害相互依伏。⑫御府:帝王的府库。⑬忧惶:亦作"忧皇",忧愁惶恐。⑭拳拳:勤勉貌。李贤注:"拳拳,犹勤勤也。"⑮刚急:刚厉褊急。⑯含饴弄孙：含着饴糖逗小孙子。形容老人自娱晚年，不问他事的乐趣。⑰关政：参与政事。

【译文】章帝看了太后的诏书而悲叹，又请示说："汉王朝创立，对舅氏的封侯，犹如封皇子做王一样。太后确实态度谦虚，但为何令儿臣唯独不得加恩于三位舅舅呢？再说卫尉廖舅年岁很高，两校尉防舅和光舅都重病在身，如有不测，定使儿臣长抱刻骨的遗憾。应该在他们在世时加封，不能再延迟了。"太后回报说："我曾经反复考虑过此事，总想做到两全其美。岂能只图获得谦让之名，而让皇帝遭受不施恩于外戚的嫌疑呢！昔日文帝之母窦太后打算加封景帝王皇后之兄，丞相条侯周亚夫说，受高祖盟约，没有军功，非刘氏者不得封侯。当今马氏对国家没有功劳，怎能和阴氏、郭氏中兴汉室的皇后相比呢？我常看到富贵之家，禄位重叠，犹如一年两次结果的树木，根部一定会损伤。再说人之所以想封侯，是想上可祭祀祖先，下可求得温饱罢了。如今外戚的祭祀可以收到四方进献的珍品，吃穿的开销来自于皇家府库的余资，这难道还不够，而一定要得到一县之封吗？我已经考虑成熟了，不要再有疑惑了。凡称得上至孝的行为，是要让父母安心。当今国家多次遭受灾异，谷价数倍增涨，我日夜忧愁惶恐，坐卧不宁，若是想着先加封外戚，这不是违背了慈母拳拳之心吗？我平日为人刚正性急，胸有郁气，不可不理顺啊！如果阴阳调和，边境清静，然后再按你的想法去办。那时我只当含饴弄孙，不再参与政事了。"

【原文】其外亲有谦素^①义行者，辄假借^②温言，赏以财位。

如有纤介③,则先见严恪④之色,然后加谴。其美车服⑤、不轨法度者,便绝属籍⑥,遣归田里。广平、巨鹿、乐成王⑦,车骑朴素,无金银之饰,太后即赐钱各五百万。于是内外从化⑧,被服如一,诸家惶恐,倍于永平世。乃置织室⑨,蚕于濯龙中,数往观视,以为娱乐。常与帝旦夕言道政事,及教授诸小王,论议经书,述叙⑩平生,雍和⑪终日。

【注释】①谦素:谦恭恬淡。②假借:凭借,借助。③纤介:指细小的嫌隙。④严恪:庄严恭敬。⑤车服:车与礼服。⑥属籍:指宗室谱籍。⑦广平、巨鹿、乐成王:古代封爵。明帝永平三年,封皇子羡为广平王,分巨鹿郡复置广平国。永平十五年,封皇子恭为巨鹿王,置巨鹿国。乐成王族的开基祖刘党(公元56年-公元94年),是汉明帝的第四个儿子。公元66年,被赐号重熹王,公元72年被封为乐成王,公元88年就国,定都乐成(今河北献县东南)。⑧从化:归化,归顺。⑨织室:汉代宫中掌管丝帛礼服等织造之机构。织室在未央宫,分设东、西织,织作文绣郊庙之服,有令、史,属少府。成帝时省东织,更名西织为织室。⑩述叙:犹叙述。⑪雍和:融洽,和睦。

【译文】凡外亲有谦恭恬淡、忠义行为的,太后总是借助温和的话语勉励,赏赐他们钱财与爵位。如果有人犯有细小的过错,太后先表现出严肃认真的神色,然后再进行批评教育。对于那些车服华美不遵守法度的,便取消他们宗室的谱籍,遣送回故乡。广平王、巨鹿王、乐成王的车骑朴素,没有金银的装饰,太后即赐钱各五百万。于是朝廷内外都受到教化,衣被车服规制划一,外戚们惶恐的程度,比明帝永平之世还要加倍。太后又设置织室,在濯龙园中养蚕,经常前往观视,当做一种娱乐活动。她平日常跟章帝谈论国家政事，并教授诸位幼年王子，议论研讨经书意旨，叙述平生往事，终日和乐融融。

【原文】天下丰稔①，方垂②无事，帝遂封三舅廖、防、光为列侯。并辞让，愿就关内侯③。太后闻之曰："圣人设教④，各有其方，知人情性莫能齐也。吾日夜惕厉⑤，思自降损⑥，居不求安，食不念饱，冀乘此道，不负先帝，所以化导兄弟，共同斯志，欲令瞑目之日，无所复恨，何意⑦老志复不从哉！"廖等不得已，受封爵而退位归第⑧焉。

【注释】①丰稔：庄稼成熟、丰收。富足。②方垂：边陲。垂，通"陲"。③关内侯：爵位名。秦汉时置，为二十等级之第十九级，位于彻（列）侯之次。有其号，无国邑。④设教：实施教化。⑤惕厉：亦作"惕励"，警惕谨慎，警惕激励。李贤注："惕，惧也。厉，危也。"⑥降损：谓谦恭自下。⑦何意：岂料。⑧归第：回家。

【译文】当时天下富足，边陲安宁无事，于是章帝加封三位舅父马廖、马防、马光为列侯，他们都谦逊推让，希望只做关内侯。太后听说了这件事，说："圣人实施教化，方式各不相同，是因为懂得人的性情是不同的。我日夜警惕谨慎，思索自己要谦恭自下，居不求安，食不思饱，希望能奉行此道，不负先帝。所以教化开导兄弟，共同有志于此，以求瞑目之日不再有什么遗憾。岂料人老了还是不能达成自己的志向啊！"马廖等人不得以，接受封爵后便退位还家了。

和熹邓皇后

【原文】和熹邓皇后①讳绥，太傅禹②之孙也。选入宫为贵人③，恭肃④小心，动有法度。帝深嘉爱焉。及后有疾，特令后母兄弟入亲医药，不限以日数。后言于帝曰："宫禁⑤至重，而使外舍⑥久在内省⑦，上令陛下有幸私⑧之讥⑨，下使贱妾获不知足之谤，上下交损，诚不愿也。"帝曰："人皆以数入为荣，贵人反以为忧，深自抑损⑩，诚难及也。"每有宴会⑪，诸姬贵人，竞自修整⑫，簪珥⑬光彩，袿裳⑭鲜明，而后独省(省作著)素⑮，装服无饰。阴后以巫蛊⑯事废，立为皇后。是时方国⑰贡献，竞求珍丽之物，自后即位，悉令禁绝，岁时但供纸墨而已。

【注释】①和熹邓皇后：东汉和帝皇后。名绥，谥熹。父训为护羌校尉，母阴氏，为光武帝皇后从弟之女。②禹：邓禹（公元2年至公元58年），字仲华，南阳新野（今河南省新野）人，东汉开国名将，"云台二十八将"之首。③贵人：皇帝妃嫔封号。东汉光武帝时始置，其位仅次于皇后。④恭肃：恭敬严肃。⑤宫禁：汉以后称皇帝居住、视政的地方。宫中禁卫森严，臣下不得任意出入，故称。⑥外舍：外戚。⑦内省：指宫中。⑧幸私：古谓帝王对人宠爱。⑨讥：讥刺，非议。⑩抑损：谦逊；谦让。⑪宴会：宾朋宴饮的集会。

⑫修整：修饰容貌。⑬簪珥：发簪和耳饰。古代多为高贵妇女的首饰。说文曰："簪，笄也。珥，瑱也，以玉充耳。"瑱是古时的一种耳饰，是有"华夏特色"的耳饰。⑭褂裳：即褂衣。释名曰："妇人上服曰褂。"⑮素：质朴无饰。⑯巫蛊：古代称巫师使用邪术加害于人为巫蛊。⑰方国：四方诸侯之国；四邻之国。

【译文】和熹邓皇后，名绥，是太傅邓禹的孙女。初选入宫中为贵人，为人恭肃谨慎，一举一动都合乎法度，深得和帝的嘉许和钟爱。她有病时，和帝特令她的母亲和兄弟入宫亲理医药，不限天数。她对和帝说："皇宫是圣上居住、处理政务之要地，臣下不得随意出入，而您让外戚久住宫中，上使陛下您容易蒙受宠爱私家之嘲讽，下会使贱妾落个不知礼的毁谤，这样上下都受到损伤，我实在不希望这样。"和帝说："人们都以能多次入宫为荣，贵人您反以此为忧，深自谦让，实在是难能可贵啊！"每当有宴会时，皇妃、贵人们都竞相装饰打扮，发簪、耳饰光彩靓丽，衣着华丽漂亮，而唯独她朴素无华，衣服不刻意修饰。阴皇后因巫蛊之事被废，立邓贵人为皇后。当时四方诸侯国为了进贡，竞相寻求珍贵华美之物。自从邓皇后即位后，命令全部禁绝，每年只供奉纸墨而已。

冯异传①

【原文】冯异②,字公孙,颍川③人也。建武二年,为征西大将军,大破赤眉④,屯兵上林苑⑤,威行关中⑥。六年,朝京师,帝谓公卿曰:"是我起兵时主簿⑦也,为吾披荆棘⑧、定关中。"既罢,使中黄门⑨赐以珍宝、衣服、钱帛。诏曰:"仓卒芜蒌亭豆粥,呼沱河麦饭⑩,厚意久不报。"异稽首⑪谢曰:"臣闻管仲⑫谓桓公⑬曰:'愿君无忘射钩⑭。臣无忘槛车⑮。'齐国赖之。臣今亦愿国家无忘河北之难,小臣不敢忘巾车之恩⑯。"

【注释】①传:列传。我国纪传体史书中列叙历史人物事迹的传记。②冯异:字公孙,颍川父城(今河南宝丰东)人。东汉开国名将,"云台二十八将"之一。③颍川:郡名,以颍水得名。④赤眉:指汉末以樊崇等为首的农民起义军。因以赤色涂眉为标志,故称。⑤上林苑:古宫苑名。秦旧苑,汉初荒废,至汉武帝时重新扩建。⑥关中:古人习惯上将函谷关以西地区称为关中。⑦主簿:官名。汉代中央及郡县官署多置之。其职责为主管文书,办理事务。⑧荆棘:李贤注:"荆棘,榛梗之谓,以喻纷乱。"⑨中黄门:在宫廷服役的太监。⑩仓卒芜蒌亭豆粥,呼沱河麦饭:王郎起,光武自蓟东南驰,晨夜草舍,至饶阳无蒌亭。时天寒烈,众皆饥疲,异上豆粥。明旦，光武谓诸将曰："昨得公孙豆粥，饥寒俱解。"及至南宫，遇大风雨，光武引车入道傍空舍，异抱薪，邓禹热火，光武对灶燎衣。异复复进麦饭菟肩。因复度滹沱河至信都，使异别收河间兵。仓卒，匆忙急迫。呼沱河，即滹沱河，在河北省西部。麦饭，磨碎的麦煮成的饭。⑪稽首：古时一种跪拜礼，叩头至地，是九拜中最恭敬者。⑫管仲：春秋时期齐国颍上（今安徽颍上）人，史称管子。春秋时期齐国著名的政治家、军事家。⑬桓公：齐桓公，春秋时期齐国的国君，"春秋五霸"之首。⑭射钩：齐襄公十二年（公元前686年），齐国动乱，逃亡在外的公子纠和小白，都力争尽快赶回国内夺取君位。管仲为使公子纠当上国君，埋伏中途欲射杀小白，箭射在小白的铜制衣带钩上。小白装死，在鲍叔牙的协助下抢先回国，登上君位。他就是历史上有名的齐桓公。桓公接受鲍叔牙建议，接管仲回国，不久即拜为相，主持政事。⑮槛车：囚车，用栅栏封闭的车，用于囚禁犯人或装载猛兽。⑯巾车之恩：谓汉光武帝于巾车乡（今河南宝丰东）擒获冯异，旋即赦而录用的故事。

【译文】冯异，字公孙，颍川郡人。建武二年，为征西大将军，大破赤眉军，屯兵于上林苑，威势影响到关中地区。建武六年，朝拜京师洛阳。光武帝向公卿们说："冯异是我起兵时的主薄，为我披荆斩棘，平定关中。"朝罢，命令太监以珍宝、衣服、钱帛赏赐冯异。颁诏说："过去兵荒马乱很是仓促，芜蒌亭的豆粥、滹沱河的麦饭，这种深情厚意永远无法报答啊！"冯异叩首谢恩说："臣听说管仲对齐桓公说：'愿君王别忘了我曾射中您衣带钩之罪，臣也不敢忘记您把我从囚车释放出来之恩。'齐国终于依赖管仲而称霸。臣今天也希望国家不要忘记在河北的困顿，小臣也不敢忘记陛下在巾车乡擒获我、又赦免而录用我的恩德。"

岑彭传

【原文】岑彭①，字君然，南阳人也。拜廷尉②（旧无拜廷尉三字，补之），行大将军事。与大司马吴汉③等，围洛阳数月，朱鲔④等坚守不肯下。帝以彭尝为鲔校尉，令往说之。鲔曰："大司徒⑤被害时，鲔与其谋。又谏更始，无遣萧王⑥北伐。诚自知罪深。"彭还，具言于帝。帝曰："夫建大事者，不忌小怨，鲔今若降，官爵可保，况诛罚乎？河水在此，吾不食言。"彭复往告鲔，鲔乃面缚⑦，与彭俱诣河阳⑧，帝即解其缚，拜鲔为平狄将军，封扶沟侯。建武八年，彭与吴汉围隗嚣⑨于西城⑩。公孙述⑪将李育⑫守上邽⑬，盖延⑭、耿弇⑮围之。敕彭曰："两城若下，便可将兵南击蜀虏。人苦不知足，既平陇，复望蜀⑯，每一发兵，头须为白。"

【注释】①岑彭：生年不详，卒于公元35年，字君然，南阳棘阳（今河南南阳新野）人，东汉中兴名将，"云台二十八将"之一。②廷尉：官名，秦置，为九卿之一。掌刑狱。③吴汉：生年不详，卒于公元44年，字子颜，南阳宛（今河南南阳）人，东汉中兴名将，"云台二十八将"位居第二。④朱鲔：生卒不详，西汉末年汉阳人。⑤大司徒：指刘秀之兄刘縯，字伯升。⑥萧王：指汉光武帝刘秀。⑦面缚：双手反绑于背而面向前。古代用以表示投降。⑧河阳：古县名。河阳即今吉利、孟州一带。⑨隗嚣：字季孟，天水成纪（今甘肃秦安）人。⑩西城：今甘肃天水市西南。⑪公孙述：生年不详，卒于公元36年，字子阳，扶风茂陵（今陕西兴平县）人。王莽末年，是时公孙述僭号于蜀，自称"白帝"。⑫李育：王莽时（天水郡改名镇戎郡）镇戎郡守将，后为公孙述的部将。⑬上邽：古县名。本邽戎地，在今甘肃天水市。⑭盖延：生年不详，卒于公元39年，字巨卿，渔阳要阳人。东汉大将，"云台二十八将"之一。⑮耿弇：字伯昭，扶风茂陵（今陕西兴平东北）人，东汉开国名将。⑯平陇复望蜀：谓已取得陇右（甘肃一带），又想攻取西蜀（四川一带）。后来既有成语，"获陇望蜀"或"得陇望蜀"。比喻贪得无厌。

【译文】岑彭，字君然，南阳郡人。光武帝任命他为廷尉，摄行大将军的职事。与大司马吴汉等，围攻洛阳数月，朱鲔等坚守不肯投降。光武帝因岑彭曾经给朱鲔当过校尉，命令他前往劝降。朱鲔对岑彭说："大司徒刘伯升遇难时，我曾经参与过谋划；还曾劝谏更始，不要派遣萧王北伐，我确实知道自己的罪大。"岑彭回来，向光武帝详细禀报了这些情况。光武帝说："成就大事的人不记恨小怨，朱鲔今天如果投降，可保全他的官爵，又何谈诛罚他呢？今有黄河水在此作证，我绝不食言。"岑彭又回去告诉朱鲔，朱鲔于是自己反绑双手，和岑彭一块到河阳，光武帝当即为他解去捆缚，授予朱鲔平狄将军，封为扶沟侯。建武八年，岑彭与吴汉包围隗嚣于西城。当时公孙述的大将李育驻守在上邽，被盖延、耿弇包围，光武帝下令岑彭："西城、上邽两城如果能攻下，便可带兵向南攻打蜀地。人苦于不知足，既已平定了陇地，又想着攻取西蜀，每发一次兵，头发、胡须都白了许多。"

臧宫传

【原文】臧宫①,字君翁,颍川人也。匈奴饥疫②,自相分争,帝以问宫,宫曰:"愿得五千骑以立功。"帝笑曰:"常胜之家,难与虑敌,吾方③自思之。"建武二十七年,宫与杨虚侯马武④上书曰:"匈奴人畜疫死,旱蝗赤地⑤,疫困之力,不当中国一郡。万里死命,悬在陛下,福不再来,时或易失,岂宜固守文德⑥,而堕⑦武事乎?"诏报曰:"《黄石公记》⑧曰:'柔能制刚,弱能制强。'柔⑨者,德也;刚⑩者,贼⑪也。弱者,仁之助也;强者,怨之归也。舍近谋远者,劳而无功;舍远谋近者,逸而有终。逸政⑫多忠臣,劳政⑬多乱民。故曰:务广地者荒,务广德者强;有其有者安,贪人有者残。残灭之政,虽成必败。今国无善政⑭,灾变不息,百姓惊惶,人不自保,而复欲远事边外乎?孔子曰:'吾恐季孙⑮之忧,不在颛臾⑯。'且传闻之事,恒多失实。苟非(非旧作无,改之)其时,不如息民⑰。"自是诸将,莫敢复言兵事者。

【注释】①臧宫:生年不详,卒于公元58年,字君翁,颍川郏(今属河南)人。东汉中兴名将,"云台二十八将"之一。②饥疫:饥饿无粮并患疫病。③方:将,将要。④马武:公元前16年至公元61年在世,字子张,南阳湖阳(今河南唐河湖阳镇)人,东汉大将,"云台二十八将"之一。⑤赤地:空无所有的地面。指遭受严重旱灾、虫灾后庄稼颗粒无收的景象。李贤注:"赤地,言在地之物皆尽。"⑥文德:文治,德教,与"武功"相对。⑦堕:荒废;废弃。⑧黄石公记:又名《黄石公三略》。相传为周初太公姜尚所著,全书以太公与文王、武王对话的方式编成。⑨柔:怀柔,安抚。⑩刚:肃杀,坚硬。⑪贼:祸害。⑫逸政:人民安居乐业的政治。⑬劳政:谓劳役繁重之政。⑭善政:清明的政治;良好的政令。《左传》曰:"国无善政,则自取谪于日月之灾。"⑮季孙:生卒不详,姬姓,季氏,名斯。谥桓,史称"季桓子"。春秋战国时,鲁国大夫,卿家贵族。⑯颛臾:春秋国名。风姓,相传为伏羲之后。故址在今山东省费城西北。⑰息民:谓使人民得到休养生息。

【译文】臧宫,字君翁,颍川人也。匈奴因饥荒瘟疫,各部落自相分争,光武帝问臧宫如何看待此事,臧宫说:"我愿带五千骑兵去征伐匈奴,建立功业。"光武帝笑着说:"常胜将军,是很难和他讨论如何御敌的,还是我自己再想一想这件事情吧。"建武二十七年,臧宫和杨虚侯马武上书说:"匈奴此时因遭瘟疫,人畜死亡严重,旱灾和蝗灾使得庄稼颗粒无收,为瘟疫、虫害所困,其国力抵不上中原的一个郡。万里效命远征,就等陛下您发一句话了。福运不会二次再来,时机常常容易错过,怎能只图固守文治而废弃武事呢?"诏书回复说:"《黄石公记》中说:'柔能克刚,弱能制强'。怀柔是德行的表现,强硬会招致祸害;弱者能得仁义的辅助,强者则会遭受人们的怨恨;舍近求远,会劳而无功;舍远求近,则安闲而有善终;使人民安居乐业的政治多出忠臣,而烦劳扰民的政治则多生乱民。所以说:'致力于扩大土地者政治会荒废,而致力于扩大德行者国家会富强。满足已有的,则人心安定;不知足而贪图别人所有的,则会使人心残暴。残酷暴虐的政治,即使成功也注定要失败。'现在国家还没有清明的政治,灾害不断发生,百姓惊惶,人人不能自保,这种情况下还要远征塞外吗?孔子说:'我担心季孙氏的忧患,不在颛臾。'况且关于匈奴的传闻,常有许多不合事实之处。如果不得其时,还不如让百姓得到休养生息为好。"从此以后,诸将领没有谁再敢提战争之事了。

祭遵传

【原文】祭遵①,字弟孙,颍川人也。从征河北,为军市令②。世祖舍中③儿犯法,遵格杀之。世祖怒,命收遵。时主簿陈副谏曰:"明公常欲众军整齐,今遵奉法不避,是教令行也。"世祖乃贳④之,以为刺奸将军⑤,谓诸将曰:"当备祭遵!吾舍中儿犯令尚杀之,必不私诸卿也。"河北平,拜征虏将军。遵为人廉约小心,克己奉公,赏赐辄尽与士卒,家无私财,身衣韦袴⑥、布被⑦,夫人裳不加缘。帝以是重焉。及卒,愍悼⑧之尤甚。遵丧至河南县,诏遣百官,先会丧所,车驾素服⑨临之,望哭哀恸⑩。还幸⑪城门,过其车骑,涕泣不能已。丧礼成,复亲祠⑫以太牢⑬,如宣帝临霍光⑭故事。至葬,车驾复临,赠以将军、侯印绶,朱轮容车⑮,介士⑯军陈⑰送葬,谥⑱曰成侯。既葬,车驾复临其坟,存见⑲夫人室家。其后朝会,帝每叹曰:"安得忧国奉公之臣,如祭征虏者乎?"遵之见思若此。

【注释】①祭遵:字弟孙,东汉初年颍川颍阳人。②军市令:古代军中交易场所的主管。③舍中:犹家中。④贳:音士。宽纵,赦免。⑤刺奸将军：督察奸吏。后为行使此种职责的官名。⑥韦裤：韦，熟皮做的裤子，形容生活节俭。去毛熟治的兽皮。裤，同裤。⑦布被：布制的被子。多以状生活清苦。⑧愍悼：哀悼；哀怜。⑨素服：本色或白色的衣服。居丧或遭遇凶事时所穿。⑩恸：极其悲伤。⑪幸：皇帝亲临。⑫亲祠：谓帝王亲自致祭。⑬太牢：古代帝王祭祀社稷时，牛、羊、豕（猪）三牲全备为"太牢"。⑭霍光：字子孟，河东平阳（今山西临汾）人。是汉昭帝的辅政大臣，执掌汉室最高权力近二十年。⑮朱轮容车：朱轮，古代王侯显贵所乘的车子。因用朱红漆轮，故称。容车，送葬时载运死者衣冠、画像之车。⑯介士：甲士（披甲的战士）。⑰军陈：指军队的阵法或军伍的列行。⑱谥：古代帝王、贵族、大臣、士大夫或其他有地位的人死后，据其生前业迹评定的带有褒贬意义的称号。⑲存见：探望慰问。

【译文】祭遵，字弟孙，颖川郡人。随从光武帝征讨黄河以北，任军市令。光武帝族人中的一个年轻人犯了法，被祭遵依法处死。光武帝大怒，下令将祭遵收监。当时主簿陈副劝谏说："明公您常想让众军纪律严明，现在祭遵执法不避权贵，这是为了政令得以施行啊。"光武帝随即赦免了祭遵，还将他封为刺奸将军，并向诸将说："应当效法祭遵！我家中小儿犯法尚且要被他杀，那必然不会循私于诸卿了。"河北平定后，拜祭遵为征虏将军。祭遵为人廉洁简约，谨慎小心，克己奉公，凡受到的赏赐，全部分给士兵，他家中没有私财，身穿简朴的皮裤，盖着布制的被子，他的夫人衣裳也不加花边。光武帝为此非常器重他。等他去世时，光武帝特别哀痛。祭遵的灵枢要到河南县时，光武帝诏命百官先行会集到丧葬礼仪的处所，随后身穿素服亲自前来吊唁，望灵痛哭，极其悲伤。返回时亲临城门，看见祭遵曾经的战车战马，又痛哭不已。丧礼完毕，又亲自以太牢祭祀,就像当年汉宣帝亲临霍光将军丧礼的旧例;到安葬时,光武帝再次亲临,赐赠将军、侯的印绶;并以朱轮容车以及全副武装的士兵列成军阵为其送葬,赠谥号为"成侯"。安葬完毕,皇帝又到祭遵的坟墓上,探望慰问他的夫人及家人。其后每逢朝会,光武帝常感叹地说:"怎么能够得到像征虏将军祭遵这样忧国奉公的大臣啊?"皇上思念祭遵竟达到这种地步。

马武传

【原文】马武①,字子张,南阳人也,封为扬虚侯。为人嗜酒,阔达敢言②,时醉在御前,面折③同列④,言其短长,无所避忌。帝故纵之,以为笑乐。帝虽制御功臣,而每能回容⑤,宥⑥其小失。远方贡珍甘⑦,必先遍列侯,而大官⑧无余。有功辄增邑赏⑨,不任以吏职,故皆保其福禄,终无诛谴⑩者。

【注释】①马武:生年不详,卒于公元61年,字子张,南阳湖阳(今河南唐河湖阳镇)人。东汉大将,"云台二十八将"之一。②阔达敢言:李贤注:"阔达,大度也。敢言谓果敢于言,无所隐也。"③面折:当面批评、指责。④同列:犹同僚。⑤回容:曲法宽容。李贤注:"回,曲也,曲法以容也。"⑥宥:宽恕;赦免。⑦珍甘:指珍贵甘美的食品。⑧大官:太官。⑨邑赏:封地和赏赐。⑩诛谴:亦作"诛遣",诛杀贬谪。

【译文】马武,字子张,南阳郡人,被封为杨虚侯。马武为人喜欢喝酒,豁达、敢于直言,有时醉酒后,在皇帝面前当面批评同僚,说出他们的优点缺点,无所顾忌。光武帝有意放纵他这样做,当作玩乐。皇帝虽然驾御功臣,但往往能够包容宽恕他们的小过。远方进贡的珍美食品,必先逐一赐给列侯们,而掌管皇帝膳食的太官处则所剩无几了。列侯有功，就增加其封地和赏赐，而不任以官职，因此功臣们都能保有其福禄，最终没有遭诛杀、降职或流放的人。

【原文】论①曰：光武中兴二十八将，前世以为上应二十八宿②，未之详。然咸能感会③风云，奋其智勇，称为佐命④，亦各志能之士也。议者多非光武不以功臣任职，至使英姿茂绩⑤，委⑥而勿用。然原夫深图远筹⑦，固将有以⑧焉尔。若乃⑨王道⑩既衰，降及霸德⑪，犹能授受惟庸⑫，勋贤⑬兼序⑭，如管、隰⑮之迭升⑯桓世，先、赵⑰之同列文朝，可谓兼通⑱矣。

【注释】①论：指《后汉书·朱祐景丹等传论》。②二十八宿：我国古代天文学家把天空中可见的星分成二十八组，叫做二十八宿，东西南北四方各七宿。③感会：感应会合。④佐命：辅助帝王创业的功臣。⑤英姿茂绩：英姿，指才智出众的人。茂绩，丰功伟绩。⑥委：舍弃，丢弃。⑦深图远筹：谓计划周密，考虑深远。筹，音算。⑧有以：犹有因。有道理。⑨若乃：至于。用于句子开头，表示另起一事。⑩王道：是说君主以仁义治天下，以德政安抚臣民的统治方法。李贤注："王谓周也。"⑪霸德：犹霸道，指君主凭借武力、刑法、权势等进行统治。与"王道"相对。⑫庸：功勋。⑬勋贤：有功勋有才能的人。⑭序：旧指按等级次第授官或依照功绩给予奖励。⑮管、隰：管仲和隰朋的并称。《史记》曰："管仲、隰朋修齐国之政，齐人皆悦事之。"⑯迭升：犹递升。⑰先、赵：先轸、赵衰的并称。二人为春秋晋文公大夫。⑱兼通：谓一齐显达。

【译文】《后汉书·朱祐景丹等传论》说："光武中兴二十八将，过去人们认为他们是与天上的二十八星宿相感应，对此未能详知。然而这二十八人都能感应风云的变化乘势而起，发挥其智谋勇武，可称得上是辅佐帝王创业的功臣，也都是有远大志向和卓越才能的人。议论家多有责备光武不给功臣任职，至使才智出众、立下丰功伟绩之人，被舍弃而不能任用。然而推究其深谋远虑的根源，必将有其道理。至于西周王道衰微，到春秋霸道兴起，还能按功劳授受职位，不偏不倚，勋贤有序。如齐桓公时，管仲去世后职位转给隰朋；先轸、赵衰能同列于晋文之朝，这便可以称得上是一起显达了。"

【原文】降自秦、汉，世资①战力，至于翼扶②王运，皆武人③屈起④。亦有鬻缯屠狗⑤、轻猾⑥之徒，或崇以连城⑦之赏，或任以阿衡⑧之地，故势疑则隙生，力侔⑨则乱起。萧、樊⑩且犹缧绁⑪，信、越⑫终见菹戮⑬，不其然乎！自兹以降，迄于孝武，宰辅⑭五世，莫非公侯。遂使搢绅⑮道塞，贤能蔽雍，朝有世及⑯之私，下多抱关⑰之怨。其怀道无闻、委身草莽⑱者，亦何可胜言哉！故光武鉴前事之违，存矫枉⑲之志，虽寇、邓⑳之高勋㉑，耿㉒、贾㉓之洪烈㉔，分土不过大县数四，所加特进㉕朝请㉖而已。

【注释】①世资：代代凭借。②翼扶：辅佐，扶助。③武人：刚武的人。④屈起：崛起。兴起，崭露头角。屈，通"崛"。⑤鬻缯屠狗：樊哙、灌婴原本都是出身寒微，早年曾是屠狗、贩卖丝缯的小商人。⑥轻猾：轻薄狡猾。⑦连城：指毗邻的诸城。⑧阿衡：商代官名，师保之官。引申为任国家辅弼之任，宰相之职。李贤注："阿，倚也。衡，平也。言天下依倚而取平也。"⑨力侔：势力齐等；相当。李贤注："侔，等也。"⑩萧、樊：萧何和樊哙。⑪缧绁：音雷泄。囚禁。⑫信、越：韩信和彭越。⑬葅戮：杀戮。葅，同"菹"。古代一种酷刑，把人剁成肉酱。⑭宰辅：辅政的大臣。一般指宰相。⑮搢绅：有官职的或做过官的人。李贤注："搢，插也。绅，带也。谓插笏于带也。"⑯世及：世袭，世代相传。⑰抱关：监门。借指小吏的职务，亦借指职位卑微。李贤注："抱关谓守门者。"⑱草莽：民间。与"朝廷""廊庙"相对。⑲矫枉：矫正弯曲，比喻纠正偏邪。李贤注："矫，正也。枉，曲也。"⑳寇、邓：东汉寇恂、邓禹的并称。寇恂（？～公元36年），字子翼，上谷昌平（今属北京市）人，东汉名将，"云台二十八将"之一。邓禹（公元2年～公元58年），字仲华，南阳新野（今河南省新野）人。㉑高勋：大功勋。㉒耿：耿弇。㉓贾：贾复（公元9年－55年），字君文，"云台二十八将"之一，南阳郡冠军县（今河南邓县西北）人。㉔洪烈：伟大的功业。㉕特进：官名。始设于西汉末。授予列侯中有特殊地位的人，位在三公下。㉖朝请：官名。即奉朝请。古代诸侯春季朝见天子叫朝，秋季朝见为请。因称定期参加朝会为奉朝请。汉代退职大臣、将军和皇室、外戚多以奉朝请名义参加朝会。

【译文】"到了秦、汉之际，代代都仰仗武力，以至于辅助扶持王室命运，都依靠武人的崛起。这些人中也有像卖买丝绸的灌婴、屠狗的樊哙这样轻薄奸猾的人。他们有的被赐予数座城池的崇高封赏，有的被任用为宰相。所以，势位过高，君臣之间因而相互猜疑产生隔阂，势力相当就会发生祸乱。像萧何、樊哙尚且被囚禁，韩信、彭越最终被杀戮或剁成肉酱，不正说明了这个道理吗？从那以后，直到孝武皇帝，五代（高祖至武帝）之中的辅政大臣，没有不是公侯的。这样就使得出仕为官的道路堵塞，贤能之人被埋没，朝堂有世袭为官的私情，下边怨声载道。至于那些胸怀治国大道而不为人知、藏身于民间的人，又怎能说得完呢？所以光武帝借鉴前事的过失,怀有纠正偏邪的志向,即使像寇恂、邓禹的大功勋,耿弇、贾复的伟大功业,所分给的土地也不过大县三四个,所不同之处只是给予特进、朝请的优待罢了。"

【原文】观其治平①临政,课职②责咎③,将④所谓⑤"导之以法,齐之以刑"者乎?若格⑥之功臣,其伤已甚。何者?直绳⑦则亏丧⑧恩旧⑨,挠情⑩则违废⑪禁典⑫,选德则功不必厚,举劳则人或未贤,参任⑬则群心难塞,并列则其弊未远。不得不校其胜否⑭,即以(旧无以字,补之)事相权⑮。故高秩⑯厚礼,允答⑰元功⑱;峻文⑲深宪⑳,责成吏职。建武之世,侯者百余,若夫数公者,则与参国议,分均休咎㉑,其余并优以宽科㉒,完其封禄,莫不终以功名,延庆㉓于后。

【注释】①治平:治国平天下。②课职:谓以忠于职守相督责。③责咎:责究罪过。④将:副词,殆;大概。⑤所谓:所说的,用于复说、引证等。⑥格:纠正。⑦直绳:以法制裁。⑧亏丧:损伤;损失。⑨恩旧:称旧交。⑩挠情:曲徇私情。⑪违废:背离、废弛。⑫禁典:指朝廷法令。⑬参任:参合任用。李贤注:"参任,谓兼勋贤而任之。则群臣之心各有觊望,故难塞也。若遵高祖并用功臣,则其散未远。"⑭胜否:好坏;得失。李贤注:"胜否犹可否。"⑮相权:相互平衡。权谓平其轻重。⑯高秩:优厚的俸禄;高爵位。⑰允答:允,介词,犹以。答,酬答。⑱元功:功臣。⑲峻文:指苛细的法令条文。⑳深宪:犹严法。㉑休咎:吉凶,善恶。㉒宽科:宽大的法律条文。㉓延庆:延续福祚。

【译文】"观察他(光武帝)治国平天下处理政务,以忠于职守相督责，追究过失，大概就是《论语》所说的'导之以政，齐之以刑'的意思吧！若以崇尚法令来纠正这些功臣，那对他们的伤害就太大了。为什么呢？依法制裁则会伤害旧恩，顺从私情又会违背法令；选用贤才，则他的功绩不一定很厚；推举功臣，此人或许又不够贤善；若两者兼顾来参考任用，则众臣之心会各有企图，难以满足；若遵循高祖的方法全部使用功臣，则弊端很快便会显露；不得不比较其可否胜任，就用拟任职事来相互平衡。所以，光武帝用高爵厚礼来酬谢功臣们，以严峻而苛细的法令条文，督导官吏各尽职责。建武年间，封侯者有一百多人，只有（高密、固始、胶东）三位列侯与公卿参议国家大事，分担吉凶，其余都给予优厚宽容的待遇，保全他们封爵所得的俸禄，无不最终保有功名并延续于后代子孙。"

【原文】昔留侯①以为高祖悉用萧、曹②故人，而郭伋③亦讥④南阳多显，郑兴⑤又戒功臣专任。夫崇恩偏授，易启私溺之失；至公均被，必广招贤之路。意者不其然乎！永平中，显宗追感前世功臣，乃图画二十八将于南宫⑥云台，其外又有王常⑦、李通⑧、窦融⑨、卓茂⑩，合三十二人。故依其本第⑪，系之篇末，以志功臣之次云尔：

【注释】①留侯：指张良。②萧、曹：是萧何、曹参的并称。③郭伋：字细侯，东汉扶风茂陵（今陕西兴平）人。建武二十二年，征为太中大夫，次年卒，时年八十六。④讥：劝谏。⑤郑兴：字少赣，河南开封（今属河南）

人,东汉经学家,任太中大夫。⑥南宫:汉宫殿名。⑦王常:字颜卿,颍川舞阳(今河南禹县)人,为东汉开国大将。⑧李通:字次元,南阳宛人。⑨窦融:公元前16年至公元62年在世,字周公,扶风平陵(今陕西咸阳西北)人,东汉初大将。⑩卓茂:字子康,南阳宛县人。卓茂在元帝时到长安求学,师从博士江生,穷尽老师学术,称为通儒。生性仁爱恭谨。光武即位之初,拜为太傅,封褒德侯。⑪本第:本来的等第。

【译文】"昔日留侯张良认为高祖刘邦只任用萧何、曹参等故人,而郭伋也曾劝谏光武帝不宜专用南阳的乡亲,使他们过于显贵,郑兴又告诫不宜专用功臣。推崇恩泽以私情授予,容易造成偏爱的过失;公平如一,必然可以拓宽招贤之路,恐怕就是如此吧!"永平年间,显宗追思感念前代功臣,于是就在南宫云台画出二十八将的图像,另外加上王常、李通、窦融、卓茂三人,合计三十二人。按照他们本来的等级次序列在篇末,以记载功臣们的次第。

【原文】太傅高密侯邓禹①

中山太守全椒侯马成②

大司马广平侯吴汉③

河南尹阜成侯王梁④

左将军胶东侯贾复⑤

琅邪太守祝阿侯陈俊⑥

建威大将军好畤侯耿弇⑦

骠骑大将军参遽侯杜茂⑧

执金吾雍奴侯寇恂⑨

积弩将军昆阳侯傅俊⑩

征南大将军舞阳侯岑彭⑪

左曹合肥侯坚镡⑫

征西大将军阳夏侯冯异⑬

上谷太守淮阳侯王霸⑭

建义大将军鬲侯朱祐⑮

信都太守阿陵侯任光⑯

征虏将军颍阳侯祭遵⑰

豫章太守中水侯李忠⑱

骠骑大将军栎阳侯景丹⑲

右将军槐里侯万修⑳

虎牙大将军安平侯盖延㉑

太常灵寿侯邳彤㉒

卫尉安成侯铫期㉓

骁骑将军昌成侯刘植㉔

东郡太守东光侯耿纯㉕

横野大将军山桑侯王常㉖

城门校尉朗陵侯臧宫㉗

大司空固始侯李通㉘

捕虏将军杨虚侯马武㉙

大司空安丰侯窦融㉚

骠骑将军慎侯刘隆㉛

大傅宣德侯卓茂㉒

【注释】①邓禹：字仲华，南阳新野（今河南省新野）人，东汉开国名将。②马成：生年不详，卒于公元56年，字君迁，南阳郡棘阳（今河南新野县东北）人。③吴汉：字子颜，南阳宛（今河南南阳）人，东汉中兴名将，任偏将军、大将军，光武帝称帝后，升任大司马，封广成侯。④王梁：字君严，渔阳要阳人。为郡吏，太守彭宠以梁守狐奴令，与盖延、吴汉俱将兵南及世祖于广阿，拜偏将军。既拔邯郸，赐爵关内侯。⑤贾复：公元9年至公元55年在世，字君文，南阳郡冠军县（今河南邓县西北）人。出身儒生，少好习《尚书》。新莽末年，聚众加入绿林军，后归光武帝，任都护将军。光武帝即位，任执金吾，封胶东侯。⑥陈俊：字子昭，西阳西鄂人也。少为郡吏，更始立，以宗室刘嘉为太常将军，俊为长史。光武徇河北，刘嘉遣书荐俊，光武以为安集掾。及即位，封陈俊为列侯。后徙俊为琅邪太守。⑦耿弇：字伯昭，扶风茂陵（今陕西兴平东北）人，东汉开国名将。⑧杜茂：生年不详，卒于公元43年，字诸公，骠骑大将军，参蘧侯。汉朝南阳郡冠军县（今邓州市张村镇冠军）人。⑨寇恂：生年不详，卒于公元36年，字子翼，上谷昌平（今属北京市）人，东汉名将。⑩傅俊：生年不详，卒于公元31年）, 字子卫，颍川襄城（今属河南）人。东汉名将，开国元勋，昆阳侯。⑪岑彭：字君然，南阳棘阳（今河南南阳新野）人，东汉中兴名将。详见前注。⑫坚镡：生年不详，卒于公元50年，字子伋，颍川襄城（今河南禹州市）人也。以其吏能，署主簿。又拜偏将军，从平河北，别击破大枪于卢奴。世祖即位，常从征伐。建武六年，定封合肥侯。建武二十六年，卒。⑬冯异：生年不详，卒于公元34年，字公孙，颍川父城（今河南宝丰东）人，东汉开国名将。东汉建武十年，因连年征战，在对陇右的作战中，病故于军中。⑭王霸：生年不详，卒于公元59年，字元伯，颍川颍阳（今河南许昌西）人。生性喜欢法律，父亲担任郡决曹掾，王霸年轻时也做监狱官。建武九年（公元33年），玺书任命王霸为上谷太守,仍率领原部,捕击胡虏,无拘郡界。建武三十年,定封淮陵侯。永平二年,以病免,后数月卒。⑮朱祐:字仲先,南阳宛人,东汉大将。受封为建义大将军,鬲侯。⑯任光:字伯卿,南阳宛人。建武元年更封光阿陵侯,食邑万户。建武五年,征诣京师,奉朝请。其冬卒。⑰祭遵:见前注。⑱李忠:字仲都,东莱黄人也。建武二年,更封中水侯,食邑三千户。建武四年,三公奏课为天下第一,迁豫章太守。病去官,征诣京师。建武十九年,卒。⑲景丹:生年不详,卒于公元26年,字孙卿,冯翊栎阳(今陕西西安市临潼区)人,东汉大将。光武即位,拜骠骑大将军,封栎阳侯。卒于军。⑳万修:生年不详,卒于公元26年,字君游,扶风茂陵(今陕西兴平)人。更始年间(公元23年~公元25年)任信都令,迎光武帝,拜偏将军。平河北,因功封槐里侯。后来在与扬化将军坚镡俱击南阳战争中,病死军中。㉑盖延:见前注。㉒邳彤:字伟君,信都(今河北安国)人,东汉大将。以功封灵寿侯,位至太常。死后葬于安国南关。㉓铫期:生年不详,卒于公元34年,字次况,颍川郡郏县(今属河南)人。光武即位后,封铫期为安成侯,食邑五千户。㉔刘植:字伯先,巨鹿昌城(今河北巨鹿)人,东汉大将。建武二年,更封植为昌城侯。㉕耿纯:生年不详,卒于公元37年,字伯山,巨鹿宋子傅家庄(今邢台市新河县护驾村)人,东汉大将,开国功臣,东光侯。㉖王常:见前注。㉗臧宫:字君翁,颍川郏(今属河南)人,东汉中兴名将。详见前注。㉘李通:见前注。㉙马武:见前注。㉚窦融:见前注。㉛刘隆:生年不详,卒于公元57年,字元伯,南阳(治今河南南阳)人,安众侯宗室。新莽末年,投奔更始,拜为骑都尉。后归附光武帝,封亢父侯,拜诛虏将军,讨平李宪。建武十一年(公元35年)守南郡太守。建武十三年,更封竟陵侯。建武十六年,以度田不实,免为庶人。建武十七年,随马援平叛交趾二征,俘获征贰,封长平侯。不久,以骠骑将军代吴汉行大司马事。后封还印绶,以列侯奉朝请。建武三十年,定封慎侯,卒,谥靖侯。㉜卓茂:见前注。

【译文】同原文。

马援传

【原文】马援①,字文渊,扶风②人也。建武九年,拜为太中大夫③。十七年,交址④女子征侧及女弟⑤征贰⑥反,攻没其郡,九真、日南、合浦⑦蛮夷⑧皆应之,寇略⑨岭外⑩六十余城,侧自立为王。于是拜援伏波将军,督楼船将军段志等,南击交址,斩征侧、征贰,传首⑪洛阳。封援为新息侯。

【注释】①马援:详见前注。②扶风:古地名。约在今陕西长安县西。③太中大夫:官名。《汉书·百官公卿表》载:郎中令所属有太中大夫等,秩比千石,掌议论。④交趾:亦作"交址",原为古地区名,泛指五岭以南。汉武帝时为所置十三刺史部之一,辖境相当今广东、广西大部和越南的北部、中部。⑤女弟:妹妹。⑥征侧与征贰:又称二征夫人。汉朝交趾郡麓泠县人。是武装反抗中国东汉政权的两个姐妹,她们的父亲是雒将,也就是部落首领。⑦九真、日南、合浦:汉武帝时设立了交州,下辖交趾(今越南河内附近)、九真(今越南清化附近)、日南(今越南广治附近)、南海、苍梧、玉林、合浦七郡。⑧蛮夷:亦作"蛮彝",古代对四方边远地区少数民族的泛称。亦专指南方少数民族。⑨寇略:侵犯劫掠。⑩岭外:指五岭以南地区。⑪传首:传送首级;被杀头。

【译文】马援,字文渊,扶风郡人。建武九年,官拜太中大夫。

十七年，交址女子征侧和她的妹妹征贰造反，攻陷了所在的州郡，九真、日南、合浦的蛮夷全都响应她们，侵略五岭以南地区六十余座城池，征侧自立为王。于是朝廷拜授马援为伏波将军，率领楼船将军段志等南征讨伐交址，斩杀了征侧、征贰，传送首级到洛阳。马援被封为新息侯。

【原文】援尝有疾，梁松①来候之，独拜②床③下，援不答。松去后，诸子问曰："梁伯孙帝壻④，贵重⑤朝廷，公卿已下，莫不惮⑥之，大人⑦奈何独不为礼？"援曰："我松父友也。虽贵，何得失其序乎？"松由是恨之。

【注释】①梁松：字伯孙，少为郎，光武女舞阴长公主婿，再迁虎贲中郎将。②独拜：特行敬礼。③床：这里指病榻。④帝壻：壻，同"婿"。松为舞阴公主之夫，光武皇帝之婿。⑤贵重：位高任重。⑥惮：畏惧。⑦大人：对父母叔伯等长辈的敬称。

【译文】马援曾经生病，梁松来问候他，亲自在病榻前叩拜，马援没有还礼。梁松走后，儿子们问他说："梁伯孙（梁松的字）是皇帝的女婿，在朝廷中地位显贵，公卿以下的官员没有不怕他的，大人您为什么独独不以礼相待呢？"马援说："我是梁松父亲的朋友，他虽然尊贵，但怎么能失去长幼次序呢？"梁松因此而憎恨马援。

【原文】二十四年，武威将军刘尚①（尚旧作向，改之），击武陵五溪蛮夷②,军没③,援因复请行④。遂遣援率中郎将马武、耿舒等征五溪。援夜与送者诀,谓友人谒者⑤杜愔⑥曰:"吾受厚恩,年迫余日索⑦,常恐不得死国事,今获所愿,甘心瞑目。但畏长者家儿⑧,或在左右,或与从事,殊难得调⑨,独恶是耳。"初,军次⑩下隽⑪,有两道可入,从壶头⑫,则路近而水崄,从充⑬道,则涂夷⑭而运⑮远,帝初以为疑。及军至,耿舒⑯欲从充道,援以为弃日费粮,不如进壶头,扼⑰其喉咽,充贼自破。以事上之,帝从援策。

【注释】①刘尚:东汉初年大将。②武陵五溪蛮夷:亦称"武陵蛮",东汉至宋时对分布于今湘西及黔、川、鄂三省交界地沅水上游若干少数民族的总称。③没:败亡;覆灭。④请行:请求前往作战。⑤谒者:官名。始置于春秋、战国时,秦汉因之。掌宾赞受事,即为天子传达。⑥杜愔:愔,音因。生卒不详,是马援的友人。惠栋曰:"袁宏纪:'作杜忄乙。'"⑦年迫余日索:即年迫日索,谓老年逼近,余日不多。李贤注:"索,尽也。"⑧长者家儿:李贤注:"谓权要子弟等。"⑨调:协调;使协调。⑩次:谓军队驻扎。⑪下隽:县名,约在今湖北通城县。⑫壶头:李贤注:"壶头,山名也,在今辰州沅陵东。⑬充:李贤注:"充,县名,属武陵郡。"故治在今张家界市永定区。⑭夷:平坦。⑮运:运输。⑯耿舒:东汉茂陵人,耿况之子,耿弇之弟。官至建威大将军。⑰扼:掐住。李贤注:"扼,持也。"

【译文】建武二十四年,武威将军刘尚进攻武陵五溪的蛮夷,全军覆没,马援因而再次要求出征。朝廷就派遣马援率领中郎将马武、耿舒等征讨五溪。马援晚上和送他的人告别,对他的朋友谒者杜愔说:"我受国家厚恩,年纪大了,在世的日子也不多了,常担心自己不能为国尽忠而死，今天我的愿望终于达成，死而无憾了。只是担心权贵子弟有的留在我的左右，有的还要与他们共事，很难把关系协调好，我唯独担心这一桩事啊！"起初，军队驻扎在下隽县，有两条路可走。从壶头走，路程近但水路较艰险；从充道走，路虽然平坦但运输路程却较远。光武帝刚开始对此也很犹豫。等到军队开到时，耿舒主张从充道走，马援认为这样会耗费时日，浪费军粮，不如进入壶头，掐住敌人的咽喉要地，充县的敌人会不攻自破。把这件事上报朝廷后，光武帝采用了马援的进军方案。

【原文】进营壶头，贼乘高守隘①，水疾、船不得上。会暑甚，士卒多疫死，援亦中②病，遂困。乃穿岸③为室，以避炎气。贼每升险④鼓噪⑤，援辄曳足⑥以观之，左右哀其壮意，莫不为之流涕。耿舒与兄好畤侯弇⑦书曰："前舒上言，当先击充，粮虽难运，而兵马得用，军人数万，争欲先奋。今壶头竟不得进，大众怫郁⑧行死，诚可痛惜。"弇得书奏之。帝乃使虎贲⑨中郎将梁松，乘驿⑩责问援，因代监军。会援病卒，松宿怀不平，遂因事陷之。帝大怒，追收援新息侯印绶。

【注释】①守隘：把守关隘。隘，险要处。②中：遭受；受到。③穿岸：在水岸边凿石为室，以避暑气。④升险：登上险要处。⑤鼓噪：出战时擂鼓呐喊。⑥曳足：拖着足。⑦好畤侯弇：好畤，古县名。耿弇，字伯昭，扶风茂陵（今陕西兴平东北）人。东汉开国名将。⑧怫郁：作"怫悒"，忧郁，心情不舒畅。⑨虎贲：官名。掌侍卫国君及保卫王宫、王门之官。⑩乘驿：中国古代政府设置的一种供使臣出巡、官吏往来和传递诏令、文书等用的交通组

织。始于春秋战国,称遽、驲(古代驿站专用的车)、邮、传等。

【译文】军队进入壶头,敌人登高把守关隘,河水湍急,船只难以前进。恰逢天气很热,不少士兵染疫而死,马援也病倒,大军被困。于是在河岸边挖石洞,来躲避暑热。敌人每次登上险峻地段擂鼓呐喊,马援都会警觉地拖着病体出来观察形势,身边的人都被他这一豪壮的气概所感染,没有不掉泪的。耿舒给其兄好畤侯耿弇写信说:"先前我上书建议应当先攻打充县,粮食虽然难运而兵马却可以发挥战斗力,数万军人定会奋勇争先。现在陷于壶头竟然不能前进,大家都快要郁闷死了,实在叫人感到痛惜。"耿弇接到信,将此事上奏,光武皇帝就派虎贲中郎将梁松乘驿站的车去责问马援,并代为监军。适逢马援病逝,梁松旧日怨恨未平,就利用这个机会陷害马援。光武帝大怒,追缴了马援新息侯的印绶。

【原文】初,援在交址,常饵①薏苡②实,用能轻身省③欲,以胜瘴气④。南方薏苡实大,援欲以为种,军还,载之一车。时人以为南土珍怪⑤,权贵皆望⑥之。援时方有宠,故莫以闻。及卒后,有上书谮⑦之者,以为前所载还皆明珠文犀⑧。马武、于陵侯侯昱⑨等,皆以章言其状,帝益怒。援妻孥⑩惶惧⑪,不敢以丧还旧茔⑫,裁⑬买城西数亩地槀葬⑭而已。宾客故人,莫敢吊会⑮。援兄子严,与援妻子草索相连,诣阙⑯请罪。帝乃出松书以示之,方知所坐⑰,上书诉冤,前后六上,辞甚哀切,然后得葬。

【注释】①饵:服食;吃。②薏苡:为禾本科一年生或多年生草本。以去除外壳和种皮的种仁入药。③省：减少；削减。④瘴气：指南部、西南部地区山林间湿热蒸发能致病之气。⑤珍怪：珍贵奇异之物。⑥望：怨恨；责怪。⑦谮：谗毁；诬陷。⑧文犀：有纹理的犀角。⑨侯昱：河南密县（今新密市）人。大司徒侯霸之子。东汉初曾任太仆，历官刺史，建武十三年，侯霸因病去世，袭封于陵侯。建武二十四年曾随马援出征南蛮。⑩妻孥：妻子和儿女。⑪惶惧：恐惧，惊慌。⑫茔：葬地。⑬裁：李贤注："仅也，与才同。"⑭槁葬：草草埋葬。李贤注："槁，草也。以不归旧茔，时权葬，故称槁。"⑮吊会：聚集吊丧。⑯诣阙：谓赴朝堂。⑰坐：犯罪；判罪。

【译文】当初，马援在交址，常吃薏苡籽，用它可以使身体轻便，减少欲望，还能缓解瘴气的毒害。南方的薏苡籽较大，马援想留作种子，军队还朝时，装载了一车薏苡籽。当时被人认为是南方的珍奇宝物，权贵们皆有怨责之意。马援当时正受宠信，所以没有人上告。等到马援死了以后，就有人上书诬陷他，说以前运回的东西，都是明珠和有纹理的犀牛角。马武和于陵侯侯昱等，也都上书报告当时的情况，光武帝越发愤怒。马援的妻子儿女十分恐惧，不敢把马援的尸体运回家乡旧坟去安葬，只在洛阳城西买地数亩，草草地掩埋起来完事。宾客和故友也没有人敢去聚集吊丧。马援的侄子马严和马援的妻子儿女用草绳相缚连，到宫阙请罪。光武帝于是命人拿出梁松的奏书给他们看，他们才知道了马援获罪的原由，上书诉说冤情，前后共六次，言辞十分哀伤悲切，然后马援才得以正式安葬。

【原文】又前云阳令同郡朱勃①，诣阙上书曰："臣闻王德圣政，不忘人之功，采其一美，不求备于众。故高祖赦蒯通②，而以王礼葬田横③,大臣旷然④,咸不自疑。夫大将在外,谗言⑤在内,微过⑥辄记,大功不计,诚为国之所慎也。故章邯畏口而奔楚⑦,燕将据聊而不下⑧,岂其甘心末规⑨哉?悼巧言⑩之伤类也。窃见故伏波将军马援,拔自西州⑪,钦慕圣义,间关⑫险难,触冒万死,孤立群贵之间,傍无一言之佐,驰深渊,入虎口,岂顾计哉!宁自知当要七郡之使,徼⑬封侯之福耶?"

【注释】①朱勃:生于汉成帝元延二年,卒年不详,字叔阳,扶风人。②高祖赦蒯通:蒯通,本名蒯彻,汉初范阳固城镇人,因为避汉武帝之讳而改为通。善为长短说,论战国之权变,为八十一首。《后汉书集解》:蒯通说韩信背汉,高祖征通至,释不诛。③田横:秦末狄县(今山东高青县东南)人。李贤注:"田横初自称齐王,汉定天下,横犹以五百人保于海岛,高祖追横,横自杀,以王礼葬之。"④旷然:形容豁然通晓。⑤谗言:说坏话毁谤人。亦指坏话,挑拨离间的话。⑥微过:轻微的过失。⑦章邯畏口而奔楚:章邯(?~公元前205年),字少荣,章憨长子。秦末大将,任少府,为秦朝的军事支柱。秦王朝最后一员大将。⑧燕将据聊而不下:《史记》曰:"燕将攻下聊城,人或谗之于燕,燕将惧诛,因保守聊城不敢归。"⑨末规:犹下策。⑩悼巧言:悼,恐惧。巧言,表面上好听而实际上虚伪的话。⑪西州:指陕西地区。⑫间关:曲折。李贤注:"间关犹崎岖也"。⑬徼:音腰。招致,求取。

【译文】又有前任云阳令、马援的同乡朱勃到宫阙上书说:"臣听说王者的德行以及圣明的政治,不会忘记人臣的功劳,采用他某一方面的美德,而不要求他具备所有方面。所以汉高祖赦免了蒯通并用王礼殡葬了田横,大臣们豁然开朗,都除去了心里的恐惧。大将征战在外，谗言却在宫内流传，有一点小过就记下来，大功却不计，这实在是治理国家所应谨慎对待的。所以秦大将章邯因为害怕谗言而投降了项羽，燕国的将军攻下了聊城而不敢回国，难道是他们甘心出此下策吗！他们是害怕谗言伤害善良的人啊！我私下了解到已故伏波将军马援，从西州被选拔，敬慕皇帝的圣德仁义，历经曲折艰险，冒着万死的危险，孤身立于众权贵之间，旁边却无一人帮他说话；他率军驰骋险境，深入虎口要地，难道他有过回头为自己考虑的时候吗？难道他已知道将要担任七郡之使官，求取封爵的福分吗？"

【原文】"八年，车驾①西讨隗嚣②，国计狐疑，众营未集，援建宜进之策，卒破西州。及吴汉下③陇，冀④路断隔，唯独狄⑤道为国坚守，士民饥困，寄命⑥漏刻⑦。援奉诏西使，镇慰⑧边众，乃招集豪杰，晓诱羌戎⑨，谋如涌泉，势如转规⑩，遂救倒悬⑪之急，存几亡之城，兵全师进，因粮敌人，陇冀略平，而独守空郡。兵动有功，师进辄克。诛锄⑫先零⑬，缘入山谷，猛怒力战，飞矢⑭贯胫⑮。又出征交址，土多瘴气。援与妻子生诀，无悔吝⑯之心，遂斩灭征侧，克平一州。间复南讨，立陷临乡⑰，师已有业，未竟而死。吏士虽疫，援不独存。夫战或以久而立功，或以速而致败，深入未必为得，不进未必为非。人情岂乐久屯绝地，不生归哉！惟援得事朝廷二十二年（二年，作三年），北出塞漠，南渡江海，触冒害气⑱，僵死军事，名灭爵绝，国土不传。海内不知其过，众庶⑲未闻其毁，卒遇三夫之言⑳，横被诬罔之谗，家属杜门㉑,葬不归墓,怨隙㉒并兴,宗亲怖栗㉓。死者不能自列㉔,生者莫为之讼,臣窃伤之。"

【注释】①车驾:帝王所乘的车。亦用为帝王的代称。②隗嚣:见前注。③下:离开。④冀:指冀县,战国秦武公所置。约在今甘肃省天水市甘谷县南。⑤狄:古地名,今甘肃临洮县。⑥寄命:寄存之命。喻短暂的生命。⑦漏刻:顷刻。⑧镇慰:安抚慰问。⑨羌戎:泛指我国古代西北部的少数民族。⑩转规:转动圆形器物。喻一往无阻或毫无阻难。李贤注:"规,员也。"⑪倒悬:以人之倒挂比喻处境极其困苦或危急。⑫诛锄:除灭;诛杀。⑬先零:先零部是西羌最大的部落,先零之名初见于《汉书·赵充国传》。⑭飞矢:飞驰的箭。⑮胫:人的小腿。⑯悔吝:悔恨。李贤注:"吝犹恨也。"⑰临乡:古地名,今湖南省桃源县。⑱害气:邪气;有害之气。⑲众庶:众民;百姓。⑳三夫之言:泛指经过多人传播的流言。㉑杜门:闭门,堵门。㉒怨隙:嫌隙。㉓怖栗:亦作"怖栗",害怕得发抖。㉔自列:自己陈述。

【译文】"建武八年,皇上西征隗嚣,征讨方针犹豫未定,各路兵力还未集中,马援提出了应当及时出兵的主张,终于击败了河西的敌人。等到吴汉败离陇上,进入冀县的道路已被断绝,只有马援所在的狄道为国家坚守,军民们饥饿困顿,命在旦夕。马援奉诏出使西方,安抚慰问边地民众,接着又招集豪杰,劝诱羌戎。智谋犹如泉涌,所向披靡,势如破竹,于是挽救了形同倒悬的危急局面,保住了几乎失守的城池,保全了兵力使之得以挥师前进,取敌人的粮食而食,陇冀大致平定,而他自己却独守空郡。他只要动兵便立功,只要出师便能取胜。他诛灭了西羌最大的部落先零,追入山谷,勇猛作战,飞箭穿透了他的小腿;又出征交址,当地多瘴气,马援与妻子儿女生死诀别,毫无后悔、惜命之心,于是斩杀了征侧,平定了交州。之后他再度南征,立即攻陷了临乡,军队已取得功绩,但事业未成而身先死。将士们虽染瘟疫,马援也没有独自生存。说到战争,有的因持久而建立功勋,有的因急于取胜而导致失败;深入敌军中未必就能取胜,暂时不进未必就不对。人情常理哪有乐意长期驻守在险恶绝境中的道理,谁不想生还呢?马援效力于朝廷二十三年,北出塞外沙漠,南渡江海水域,顶着瘴气,死于军中,功名泯灭爵位被夺,封地也不能传给后人。天下人不知道他究竟犯了什么过失,老百姓也未听说过对他的毁谤,突然遇到众口一词的攻击,横遭谗言的诬陷毁谤,家属闭门不敢与外面交往,遗骸不能葬入祖墓,怨言嫌隙一齐而来,宗族亲属惊慌恐惧。死者不能自白冤屈,活着的人也不能为他辩冤,臣下我暗自为他伤悲。"

【原文】"夫明主醲①于用赏,约②于用刑。高祖尝与陈平③金四万斤,以间④楚军,不问出入所为,岂复疑以钱谷间哉?夫操孔父⑤之忠,不能自免于谗,此邹阳⑥之所悲也。惟陛下留思竖儒⑦之言,无使功臣怀恨黄泉。臣闻《春秋》之义,罪以功除;圣王之祀,臣有五义⑧。若援所谓以死勤事者也。愿下公卿,平援功罪,宜绝、宜续,以厌⑨海内之望。臣年已六十,常伏⑩田里⑪,窃感栾布哭彭越之义⑫,冒陈悲愤,战栗阙庭⑬。"书奏,报归田里。

【注释】①醲:浓厚。②约:少;省减;简约。③陈平:西汉王朝的开国功臣。伟大的谋略家。④间：离间。⑤孔父：指孔夫子。⑥邹阳：生卒不详，西汉散文家。文帝时，为吴王刘濞门客，以文辩著名于世。⑦竖儒：对儒生的鄙称。有时用以谦称自己。⑧五义：礼记曰，"夫圣王之制祀也，法施于人则祀之，以死勤事则祀之，以劳定国则祀之，能御大灾则祀之，能捍大患则祀之。"⑨厌：满足。⑩伏：居；栖身。⑪田里：泛指乡间，民间。⑫栾布哭彭越之义：栾布、彭越，人名。前书曰，彭越为梁王，栾布为梁大夫使于齐。越以谋反，枭首洛阳，诏有收视者捕之。布使还，奏事越头下，祠而哭之。⑬阙廷：朝廷，亦借指京城。

【译文】"英明的君主，应多多使用奖赏而减少施用刑罚。汉高祖曾给陈平黄金四万斤来离间楚军，不过问他如何支出与收入以及做了些什么，难道还会怀疑他是否用钱粮去离间楚军了吗？人具有孔夫子的忠诚却不能使自己避免谗言的伤害，这是邹阳所悲哀的事情。希望陛下能留意我这个无知儒生的话，不要让功臣含恨九泉。臣听说《春秋》的经义，人的罪过可用功劳来抵消。按圣明君主祭祀的原则，做臣子的能做到五义死后就可享祭祀。像马援，正是所谓的以死来尽心为国效劳的人啊。希望让公卿们来评议马援的功过，再决定应当是剥夺其爵位还是应当续封，来满足天下人的心愿。臣年已六十，经常伏居在民间，私下为栾布不顾禁令哭祭彭越的大义而感动。臣冒死陈述内心的悲愤，惶恐战栗于宫阙之上。"奏疏呈上后，有了答复，他便返回乡里了。

【原文】子廖①，字敬平，少以父任为郎，肃宗②甚尊重之。时皇太后躬履③节俭，事从简约。廖虑美业难终，上疏长乐宫④，以劝成德政，曰："臣案前世诏令，以百姓不足，起于世尚奢靡。故元帝罢服官⑤，成帝御浣衣⑥，哀帝去乐府⑦。然而侈费不息，至于衰乱者，百姓从行⑧不从言也。夫改政移风⑨，必有其本。"

【注释】①廖：马廖，马援长子，明德马皇后长兄。明德皇后既立，拜廖为羽林左监、虎贲中郎将。②肃宗：孝章皇帝，名炟，明帝第五子。③躬履：亲身履行。④长乐宫：汉代天子母亲的代称。此指明德马皇后，章帝尊其为皇太后。⑤服官：官名。汉齐郡临灾产纨縠，陈留郡产锦锻，各设置服官，专掌宫廷衣着供应。在临灾也称三服官，因供应春夏冬三季衣服而得名。⑥浣衣：谓多次洗过的衣服，指旧衣。⑦乐府：古代主管音乐的官署。起于汉代。汉惠帝时已有乐府令。武帝时定郊祀礼，始立乐府，掌管宫廷、巡行、祭祀所用的音乐，兼采民歌配以乐曲，以李延年为协律都尉。乐府之名始此。⑧从行：仿效其行为。⑨改政移风：改变风气习俗。

【译文】马援长子马廖，字敬平，年轻时因父亲马援为官被保举为郎，深受章帝的尊重。当时皇太后亲身履行节俭，办事务从简省。马廖担心这种美德难以贯彻始终，上疏马太后，劝谏太后成就德政，说："臣依据前代的诏命，认为百姓日用不足，是由于世人崇尚奢侈浪费。故而元帝免去服官，成帝常穿旧的衣服，哀帝去除乐府。然而奢侈浪费仍未停止，以至于造成衰败混乱，原因是由于百姓效法朝廷的行为而不重视朝廷的言辞。改变风气习俗，必须抓住根本。"

【原文】"传曰：'吴王①好剑客②，百姓多瘢疮③；楚王好细腰④，宫中多饿死。'长安语曰：'城中好高髻⑤，四方⑥高一尺；城中好广眉，四方且半额；城中好大袖，四方用匹帛。'斯言如戏，有切事实。前下制度未几，后稍不行，虽或吏不奉法，良由慢⑦起京师。今陛下躬服厚缯⑧，斥去华饰⑨，素简⑩所安，发自圣情，此诚上合天心⑪，下顺民望⑫，浩大之福，莫尚于此。陛下既已得之自然，犹宜加以勉勖⑬，法大宗⑭之隆德，戒成哀⑮之不终。《易》曰：'不恒其德，或承之羞。'诚令斯事一竟⑯，则四海诵德，声熏⑰天地，神明可通，金石可勒⑱，而况于人心乎？况于行令乎？愿置章坐侧，以当瞽人⑲夜诵之音。"大后深纳之。

【注释】①吴王：阖闾（？～公元前496年），又作阖庐。姬姓，吴氏，名光，故又称"公子光"。春秋时吴国第二十四任君主，活动于春秋末期，公元前514至公元前496年在位，著名军事家，部分史书认为其为"春秋五霸"之一。②剑客：精于剑术的人。③瘢疮：创伤或疮疡的疤痕。④楚王好细腰：楚王，楚灵王。初名围，即王位后改名虔。楚共王的儿子，楚康王的弟弟，杀了侄儿楚郏敖自立。昔者，楚灵王好士细腰，故灵王之臣，皆以一饭为节，胁息然后带，扶墙然后起。⑤高髻：古代妇女发式，又称"峨髻"，是相对指髻式高耸的称谓。⑥四方：指京城以外的地区。⑦慢：轻忽；怠忽。⑧厚缯：帛之厚者。⑨饰：修饰；装饰。⑩素简：朴素简约。⑪天心：犹天意。⑫民望：民众的希望、心愿。⑬勉勖：勉励。⑭大宗：李贤注："太宗，孝文也。玄默为化，身衣弋绨"。⑮成哀：汉成帝刘骜和汉哀帝刘欣的合称。⑯竟：李贤注，"竟犹终也"。⑰熏：李贤注："薰犹蒸也，言芳声薰天地也"。⑱勒：雕刻。⑲瞽人夜诵之音：瞽人，古代盲乐师。李贤注："瞽人，无目者也。古者瞽师教国子诵六诗。《前书礼乐志》云：'乃采诗夜'。夜诵者，其辞或祕，不可宣露，故于夜中歌诵也。"

【译文】"《传》说:'吴王喜欢精于剑术的人,老百姓就多有创伤;楚王喜欢细腰,宫女们多有饿死的。'长安城中的谚语说:'城里的人喜欢束高发髻,四处乡下的百姓发髻就高达一尺;城里的人喜欢画宽眉,乡下的百姓就将眉毛画到半额宽;城里人喜欢长衣袖,乡下的百姓就用整匹布来做衣袖。'这些虽似笑话,但却是切中事实。以前颁布的制度没过多久,稍后就不执行了。虽然是有的官吏不依法办事,但实在是轻慢法令的行为起源于京师的缘故。如今陛下亲自穿着厚缯做的衣服,去掉华丽的装饰,心安住于朴素简约,都是发自您的本性,这种做法实在是上合天心,下顺民意。造福宏大,莫过于此。陛下既已自然而然地做到了这一点,但还须加以勉励,效法太宗的盛大德行,借鉴成帝、哀帝不能善终的教训。《易经》说:'不能持之以恒地恪守自己的德行,恐怕终将会遭受耻辱。'如果真正能将这种事情坚持到底,那么四海之内都会歌颂圣德,赞美之声就会达于天地,可以感通神明,可以刻金石记功,更何况人心呢?何况是推行法令呢!希望把我的这份奏章放在御座旁边,以当作盲人乐师夜间朗诵的声音。"太后深深赞同并采纳了他的建议。

卓茂传

【原文】卓茂①,字子康,南阳人也。以儒术②举,迁密令③。视民如子,举善④而教,口无恶言,吏民亲爱,而不忍欺之。民常有言部亭长⑤受其米肉遗者,茂避左右问之曰:"亭长为从汝求乎?为汝有事属之而受乎?将平居自以恩意遗之乎?"民曰:"往遗之耳。"茂曰:"遗之而受,何故言邪?"民曰:"窃闻贤明之君,使民不畏吏、吏不取民。今我畏吏,是以遗之,吏既卒受,故来言耳。"茂曰:"汝为弊⑥民矣。凡人所以贵于禽兽者,以有仁爱,知相敬事也。今邻里长老尚致馈遗,此乃人道所以相亲,况吏与民乎?吏顾不当乘威力强请求耳。

【注释】①卓茂:见前注。②儒术:儒家的原则、学说、思想。③密令:密县县令。秦设密县,属颖川郡。东汉时,属河南尹。④举善:推荐德才兼优的人。⑤亭长:乡官名。战国时始在邻接他国处设亭,置亭长,任防御之责。秦、汉时在乡村每十里设一亭。⑥弊:蒙蔽;壅蔽。

【译文】卓茂,字子康,南阳郡人。因儒学被举用为侍郎,晋升为密县县令。他爱民如子,推荐德才兼优的人来教化百姓,口无非礼、伤人的言语,吏民都亲近喜爱他,而不忍心欺骗他。有个人曾说卓茂属下的亭长接受过他送去的米和肉,卓茂屏退身边的人问这个人说:"是因为亭长向你提出这个要求吗?还是因为你托他办事,他接受了你的米肉?或是他平日对你有恩,你才送给他的?"这个人说:"是我自己前去送给他的。"卓茂说:"你送他受,为什么还要向我报告呢?"这个人说:"我私下里听说贤明的君主,使百姓不会害怕官吏,官吏也不向百姓索取东西。现在我害怕官吏,所以送东西给他,官吏既然最后接受了,所以我来说这件事情。"卓茂说:"你真是愚昧啊。人比禽兽可贵的地方,就是因为人有仁爱之心,知道要互相敬慎处事啊。现在对邻里、老人尚且要给予馈赠,这是人与人之间相亲相爱的表示,何况官吏与老百姓呢?而官吏只是不应当凭借势力去向百姓强行索要。"

【原文】凡人之生,群居杂处,故有经纪①礼义,以相交接。汝独不欲修之,宁能高飞远走,不在人间邪?亭长素善吏,岁时②遗之,礼也。"民曰:"苟如此,律何故禁之?"茂笑曰:"律设大法,礼顺人情。今我以礼教汝,必无怨恶;以律治汝,何所厝其手足③乎?一门之内,小者可论,大者可杀也,且归念之。"于是人纳其训,吏怀其恩。治密数年,教化大行,道不拾遗④。平帝⑤时,天下大蝗,河南二十余县,皆被其灾,独不入密界。王莽居摄⑥,以病免归。世祖即位,乃下诏曰:"前密令卓茂,束身⑦自修,执节⑧淳固⑨,诚能为人所不能为,夫名冠天下,当受天下重赏。今以茂为太傅,封褒德侯,食邑二千户。"

【注释】①经纪：纲常，法度。②岁时：每年一定的季节或时间。③厝其手足：厝，安放，该意犹手足无措。手脚无安放处。喻动辄得咎，不知所从。④道不拾遗：谓路有失物，无人拾取。古时用以形容民风淳厚。⑤平帝：西汉第十三代皇帝。名刘衎（一说是欣）。父亲是汉元帝之子、中山孝王刘兴。⑥居摄：因皇帝年幼不能亲政，由大臣代居其位处理政务，谓"居摄"。《汉书·食货志上》："平帝崩，王莽居摄，遂篡位。"⑦束身：约束自己，谓不放纵。⑧执节：坚守节操。⑨淳固：敦厚坚毅。

【译文】"人的一生，与其他人共同生活在一起，所以才有了纲常礼义来互相交往。唯独你一个人不愿按礼仪行事，难道你能高飞远走，不食人间烟火吗？亭长一向是个好官，一年当中有时送点东西给他，是合乎礼仪的。"那个人说："如果是这样，法律为什么还要禁止呢？"卓茂笑着说："法律管大节，礼是顺乎人情的。现在我用礼义教化你，你必然没有怨恨；用法律处治你，那你将会手足无措。在这衙门之内，小错可以论罪，大错可以杀头啊。你且回去想想这个道理吧。"于是那个人接受了这个教导，那位亭长也感念他的恩德。卓茂治理密县几年，教化大行，路不拾遗。西汉平帝时，天下遭受严重的蝗灾，黄河以南有二十多个县都受到蝗灾，只有密县没有受灾。王莽摄政时期，卓茂因病免职回家。世祖光武即位，就下诏书说："前密县县令卓茂，注重自身修养，坚守节操、敦厚坚毅，确实能做到常人所做不到的事。他名满天下，应当受到重赏。现在朝廷任用卓茂为太傅，封为褒德侯，食邑二千户。"

鲁恭传

【原文】鲁恭①，字仲康，扶风②人也。太傅赵熹③（旧无太傅赵熹四字，补之）举恭直言，拜中牟④令。恭以德化为治，不任刑罚。民许伯等，争田累年，守令不能决，恭为平理⑤曲直，皆退而自责，辍耕相让。亭长从民借牛，而不肯还之，牛主讼于恭。恭召亭长，敕令归牛者再三，犹不从。恭叹曰："是教化不行也。"欲解印绶去。掾史⑥泣涕共留之，亭长乃惭⑦悔，还牛，诣狱受罪，恭贳⑧不问。于是吏民信服。

【注释】①鲁恭：字仲康，扶风平陵人。和帝时，任侍中，后迁光禄勋，官至司徒。②扶风：古地名。约在今陕西长安县西。③赵熹：字伯阳，南阳宛人。建武初，拜简阳侯相，迁平原太守。后征为大仆，拜太尉，赐爵关内侯。明帝初，封节乡侯，寻坐事免，起为卫尉，行太尉事。章帝初，进太傅，录尚书事。④中牟：中牟县位于河南省中部，隶属省会郑州市。⑤平理：评断。⑥掾史：官名。汉以后中央及各州县皆置掾史，分曹治事。多由长官自行辟举。唐宋以后，掾史之名渐移于胥吏。⑦惭：惭愧。⑧贳：音世。赦免。李贤注："贳，宽贷也。"

【译文】鲁恭，字仲康，扶风郡人。太傅赵熹举荐鲁恭为直言，被拜为中牟县令。鲁恭以德化治理，不用刑罚。有百姓许伯等人，争夺一块田地已好几年了，郡守县令都不能判决这一案件。鲁恭为他们评判曲直，双方全都退堂检讨自己，中止耕作互相让界。有位亭长从老百姓手里借牛而不肯归还，牛的主人到鲁恭跟前诉讼。鲁恭把亭长召来，多次命令他归还，可是亭长仍不听从。鲁恭叹息说："这是教化不行的结果啊。"鲁恭想要解下绶带，辞官而去。掾史们哭着一起挽留他，于是亭长惭愧悔悟，把牛归还给了主人，并到狱中请求服罪，鲁恭予以赦免，不再过问此事。于是吏民都信任佩服他。

【原文】建初七年，郡国螟①伤稼，犬牙②缘界③，不入中牟。河南尹④袁安⑤闻之，疑其不实，使仁恕掾⑥肥亲往廉⑦之。恭随行阡陌⑧，俱坐桑下。有雉⑨过，止其傍，傍⑩有童儿。亲曰："儿何不捕之？"儿言雉方将雏⑪，亲瞿然而起，与恭诀曰："所以来者，欲察君之治迹⑫耳。今虫不犯境，此一异也；化及鸟兽，此二异也；竖子⑬有仁心，此三异也。久留徒扰贤者耳。"还府，具以状白安。是岁嘉禾⑭生中牟，安上书言状，帝异之。

【注释】①螟：螟蛾的幼虫，有许多种，如"三化螟""玉米螟"等。危害农作物。②犬牙：像犬牙般交错。多指地形、地势。③缘界：沿界。④河南尹：中国东汉时期官职。东汉建都于河南郡洛阳县，为提高河南郡的地位，其长官不称太守而称尹，掌管洛阳附近的二十一县。⑤袁安（？～公元92年）：字邵公。汝南汝阳（今河南商水西南）人。东汉名臣，不畏权贵，为众人所钦。⑥仁恕掾：官名。李贤注："主狱，属河南尹，见汉官仪"。⑦廉：考察，查访。⑧阡陌：泛指田间小路。⑨雉：鸟名。通称野鸡。善走，不能远飞。⑩傍：旁边；侧近。⑪将雏：携带幼禽。⑫治迹：政绩，施政的事迹。⑬竖子：指小孩。⑭嘉禾：生长奇异的禾，古人以之为吉祥的征兆，如双穗禾。亦泛指生长茁壮的禾稻。在古代，双穗禾被视为天降祉福、政通人和的吉祥之兆。

【译文】建初七年，与中牟县相邻的郡国螟虫成灾，危害庄稼。中牟县虽然与郡国犬牙般交错接壤，但螟害没有进入中牟。河南尹袁安听到这件事，怀疑这种情况不属实，让仁恕掾肥亲去察访这件事。鲁恭陪同这位官员在田间行走，他们都坐在桑树下边。有野鸡飞过，停在桑树旁边，旁边有个小孩子。肥亲问："你为什么不捉那只野鸡呢？"小孩子说："野鸡妈妈还要抚养小鸡。"肥亲吃惊地站起来，和鲁恭告别说："我这次来的原因，是想考察您的政绩啊。现在蝗虫不犯中牟县境，这是第一件非同寻常的事；教化普及影响到鸟兽，这是第二件非同寻常的事；连小孩子都有仁爱之心，这是第三件非同寻常的事啊。我久留此地，只会白白地打扰贤者。"回到府中，肥亲将看到的情况向袁安禀报。这一年，中牟县的稻田长出了祥瑞的双穗嘉禾，袁安上书报告了这些情况，章帝对此也感到很奇特。

宋弘传

【原文】宋弘①,字仲子,长安②人也。世祖③尝④问弘通博⑤之士,弘荐⑥沛国⑦桓谭⑧,才学洽闻⑨,几能及⑩扬雄⑪、刘向⑫父子。于是召谭,拜议郎⑬给事中⑭。帝每讌⑮,辄⑯令鼓琴⑰,好其繁声⑱。弘闻之不悦,悔于荐举。伺⑲谭内⑳出,正朝服,坐府上,遣吏召㉑之。谭至,不与席㉒而让㉓之曰:"吾所以荐子者,欲令辅国家以道德也。而今数进郑声㉔,以乱雅颂㉕,非忠正者也。能自改耶?将令相举㉖以法㉗乎?"谭顿首㉘辞谢㉙,良久乃遣㉚之。后大会群臣,帝使谭鼓琴,谭见弘,失其常度㉛。帝怪而问之,弘乃免冠㉜谢㉝曰:"臣所以荐桓谭者,望能以忠正导主,而令朝廷耽悦㉞郑声,臣之罪也。"帝改容㉟谢之,使反服㊱。其后遂不复令谭给事中。弘推进贤士三十余人,或相及㊲为公卿㊳者。

【注释】①宋弘:生卒年不详。东汉初年大司空(官名,三公之一),为人正直,做官清廉,对皇上敢直言规谏。受封宣平侯。②长安:古都城名。今陕西省西安市。汉高祖七年(公元前200年)定都于此。③世祖:帝王的庙号之一。一般用于开国之君。此指光武帝刘秀。④尝:副词,曾经。⑤通博：通达渊博。⑥荐：引荐，推荐。⑦沛国：即沛王国。建武二十年（公元44年），汉光武帝封其子刘辅为沛王，建立沛王国。治相县（今安徽淮北市相山区），领二十一县。沛王国的王位传八世，直到公元220年，东汉灭亡，沛王国才被撤除。⑧桓谭：东汉哲学家、经学家。字君山，沛国相（今安徽濉溪县西北）人。⑨洽闻：多闻博识。⑩及：追上，赶上。⑪扬雄：（公元前53年~公元18年），西汉时大儒。字子云，西汉蜀郡成都（今四川成都郫县）人。他以儒家的孝道为做人的最基本准则。⑫刘向：（约公元前77年~前6年），字子政，西汉经学家、目录学家、文学家。沛县（今属江苏）人。与其子刘歆，皆为西汉后期著名学者。⑬议郎：官名。汉代设置，为光禄勋所属郎官之一，掌顾问应对，无常事。汉秩比六百石。多征贤良方正之士任之。晋以后废。⑭给事中：官名。秦汉为列侯、将军、谒者等的加官。侍从皇帝左右，备顾问应对，参议政事，因执事于殿中，故名。⑮讌：同"宴"。聚会在一起吃酒饭，请人吃酒饭。⑯辄：副词。每每，总是。⑰鼓琴：弹琴。⑱繁声：指浮靡的音乐。⑲伺：等待。⑳内：皇宫。㉑召：召唤，召见。㉒席：坐位，席位。㉓让：责备，责问。㉔郑声：郑国的音乐多淫声，为靡靡之音。故称淫荡不雅正的音乐为"郑声"。亦称为"郑音"。㉕雅颂：亦作"雅讼"。《诗经》内容和乐曲分类的名称。雅乐为朝廷的乐曲，颂为宗庙祭祀的乐曲。㉖举：指摘，检举。㉗法：法律。㉘顿首：磕头。旧时礼节之一。以头叩地即举而不停留。㉙辞谢：道歉，谢罪。㉚遣：发送，打发。㉛常度：常态。㉜免冠：脱帽。古人用以表示谢罪。㉝谢：道歉，认错。㉞耽悦：深爱，甚喜。㉟改容：改变仪容，动容。㊱反服：此处谓让宋弘戴上帽子。㊲相及：相继。㊳公卿：三公九卿的简称。

【译文】宋弘，字仲子，长安人。光武帝曾经向宋弘了解国内学识通达渊博的人，宋弘便推荐了沛国的桓谭，称他才学广博，几乎可以赶得上扬雄和刘向父子。于是征召桓谭，拜为议郎、给事中。光武帝每次举行宴会时，总是叫桓谭弹琴，很喜欢他弹奏的浮靡乐声。宋弘听说这事以后,心中便不高兴,后悔荐举了桓谭。等桓谭从宫中退出时,宋弘就整齐地穿上朝服,坐在府堂上,派属吏去传唤桓谭。桓谭到了,宋弘并不请他入坐,而是责备道:"我之所以推荐你,是希望你以道德辅佐君王,但您现在几次向皇上演奏郑卫淫声,扰乱雅颂正音。这不是忠诚正直的行为。你能自己改正吗?还是让我依法检举你呢?"桓谭叩头谢罪,过了很久,宋弘才打发他回去。后来光武帝大会群臣,又令桓谭弹琴,桓谭看到宋弘也在座,有失往日的从容神态。光武帝感到奇怪,便问其中的缘故。宋弘便摘下官帽,向光武帝认错说:"臣之所以推荐桓谭,是希望他能以忠诚正直的学识来开导君王,而今他却让朝廷沉溺于靡靡之音,这是臣的罪过啊!"光武帝为之动容,并向宋弘道歉(不该喜欢靡靡之音),让他戴上官帽。此后便不再让桓谭担任给事中的职务了。宋弘推荐贤士三十多人,相继有人担任公卿大臣之职。

【原文】弘当①讌见②,御坐③新施④屏风,图画列女⑤,帝数⑥顾⑦视之。弘正容言曰:"未见好德如好色者。"帝即为彻之,笑谓弘曰:"闻义⑧则服⑨,可乎?"对曰:"陛下进德⑩,臣不胜⑪其喜。"时⑫帝姊湖阳公主⑬新寡⑭,帝与共论⑮朝臣,微⑯观其意。主曰:"宋公威容⑰德器⑱,群臣莫及。"帝曰:"方且⑲图⑳之。"后弘被引见㉑,帝令主坐屏风后,因㉒谓弘曰:"谚言'贵易交㉓,富易妻。'人情乎?"弘曰:"臣闻'贫贱之知不可忘,糟糠之妻不下堂㉔'。"帝顾谓主曰:"事不谐㉕矣。"

【注释】①当：通"尝"。曾经。②讌见：皇帝于内廷召见臣下。③坐：同"座"。座席，座位。④施：设置，安放。⑤列女：犹烈女。谓重义轻生、有节操的女子。⑥数：屡次。⑦顾：回首，回视。⑧闻义：谓听到合乎义理的事。⑨服：实行，施行。⑩进德：犹言增进道德。⑪胜：能够承受，禁得起。⑫时：当时，那时。⑬湖阳公主：即汉光武帝刘秀的大姐刘黄。⑭新寡：谓新近死去丈夫。⑮论：衡量，评定。⑯微：暗暗，悄悄。⑰威容：指庄重的仪容。⑱德器：道德修养与才识度量。⑲方且：犹方将。将会，将要。⑳图：考虑，谋划，计议。㉑引见：引导入见。旧指皇帝接见臣下或宾客时，由有关大臣引导入见。㉒因：副词。就，于是。㉓贵易交：易，改变，更改。谓显贵后忘记贫贱时的朋友，另结新知。㉔糟糠之妻不下堂：意谓贫困时与之共食糟糠的妻子不可遗弃。后因以"糟糠"称曾共患难的妻子。㉕谐：办妥，办成。

【译文】有一次光武帝在内廷召见宋弘，御座旁边新添加的屏风上面画着烈女像，光武帝不时地回头看。宋弘面色严肃地说："未曾见过好德像好色一样的人。"光武帝立即把屏风取掉，笑着向宋弘说："听到合乎义理的事就去实行，这样总可以了吧？"宋弘回答说："陛下在德行方面进了一步，臣不胜欢喜。"当时光武帝的姐姐湖阳公主新近守寡，光武帝便与她一起品评朝廷群臣，暗暗试探公主的想法。公主说："宋公仪容庄重，道德修养与才识，是所有的朝臣都比不上的。"光武帝说："待我想个办法（设法促成这件事）。"后来宋弘被召见，光武帝让公主坐在屏风后边，于是对宋弘说："谚语说，地位尊贵了就换朋友，有钱了就另娶妻子，这是人之常情吗？"宋弘答道："臣听说贫贱之交不可忘，糟糠之妻不下堂。"光武帝回头向公主说："这事不好办哪。"

韦彪传

【原文】韦彪①,字孟达,扶风②人也。拜③大鸿胪④。是时陈事⑤者,多言郡国⑥贡举⑦,率⑧非功次⑨,故守职⑩益⑪懈⑫,而吏事⑬浸疏⑭,咎⑮在州郡⑯。彪上议曰:"孔子曰:'事亲孝,故忠可移于君。'是以求忠臣必于孝子之门。夫人才行⑰,少能相兼⑱,是以孟公绰优于赵魏老,不可以为滕薛大夫⑲。忠孝之人,持心⑳近厚;锻练㉑之吏,持心近薄。三代㉒之所以直道而行㉓者,在其所以磨㉔之故也。士宜以才行㉕为先,不可纯以阀阅㉖。然其要归㉗,在于选二千石㉘。二千石贤,则贡举皆得其人矣。"帝深纳㉙之。

【注释】①韦彪:(?~公元89年),约卒于汉和帝永元元年。孝行纯至,举孝廉,除郎中,以病免,复归教授。安贫乐道,恬于进趣,三辅诸儒莫不慕仰之。②扶风:古郡名。旧为三辅之地,多豪迈之士。③拜:授官,封爵。④鸿胪:官署名。《周礼》官名有大行人之职,秦及汉初称典客,景帝六年,更名大行令,武帝太初元年,改称大鸿胪,主掌接待宾客之事。⑤陈事:叙事。⑥郡国:郡和国的并称。汉初,兼采封建及郡县之制,分天下为郡与国。郡直属中央,国分封诸王、侯,封王之国称王国,封侯之国称侯国。南北朝仍沿郡、国并置之制,至隋始废国存郡。后亦以"郡国"泛指地方行政区划。⑦贡举:古时地方向朝廷荐举人才。⑧率:一概,都。⑨功次:指功绩的大小、官阶升迁的先后顺序。⑩守职:忠于职守。⑪益:副词,逐渐。⑫懈:懈怠,懒惰。⑬吏事:政事,官务。⑭寖疏:逐渐疏远,逐渐稀疏。⑮咎:罪过,过失。⑯州郡:指州郡的长官。⑰才行:才能和德行。⑱兼:同时具有或涉及几种事物或若干方面。⑲孟公绰优于赵、魏老,不可以为滕、薛大夫:《论语》孔子之言。孟公绰,鲁国大夫。赵、魏,晋国正卿的都邑。家臣称"老"。公绰为人廉洁,做事亦有条理,但非全才。公绰如做赵魏的家臣,所办之事,可为优等。藤薛皆是小国。公绰若做滕国或薛国的大夫,则不能称职。这里是为才能与德行少能相兼做一个例证。⑳持心:谓处事所抱的态度。㉑锻练:罗织罪名,陷人于罪。㉒三代:指夏、商、周。㉓直道而行:按照正道行事。《论语·卫灵公》:"斯民也,三代之所以直道而行也。"朱熹集注:"直道,无私曲也。"彪引之者,言古之用贤皆磨砺选炼,然后用之。㉔磨:磨炼。㉕才行:才智和德行。㉖阀阅:祖先有功业的世家、巨室。泛指门第、家世。㉗要归:要点所在,要旨。㉘二千石:汉制,郡守俸禄为二千石,即月俸百二十斛。世因称郡守为"二千石"。㉙纳:引进,接受。

【译文】韦彪,字孟达,扶风人。官居大鸿胪。当时,凡向皇帝陈说朝事的(大臣),大多谈到各郡县侯国向朝廷荐选人才时,常常不按政绩功勋的次序,所以守职之人越来越懈怠,政务也逐渐荒疏,这个过失在州郡的长官。韦彪上书奏议说:"孔子曾说过:'以孝心事奉双亲,故可将忠心移于事奉君主,所以访求忠臣,一定要去有孝子的人家。'人的才能和德行很少能够兼备,所以孟公绰比赵、魏两国的家臣好,但却不能做滕和薛两个小国的大夫。忠孝的人,存心近于厚道;老练(罗织罪名,陷人于罪)的官吏,存心近于刻薄;夏商周三代的官员之所以能按正道行事,是在于经过磨炼的缘故。选拔人才应该把才智、德行放在首位,不能单纯的只考虑他们的家世、门第。然而它的要点,在于选拔俸禄为二千石的郡守。郡守贤能,那么贡举就能求得合适的人才了。"章帝非常同意他的看法。

【原文】彪以世承①二帝②吏治③之后,多以苛刻④为能,又置官选职,不必以才,上疏谏曰:"农民急于务,而苛吏夺其时⑤;赋⑥发⑦充常调⑧,而贪吏割⑨其财。此其巨患也。夫欲急民所务,当先除其所患。天下枢要⑩,在于尚书⑪。尚书之选,岂可不重?而间者⑫多从郎官⑬超升⑭此位,虽晓习⑮文法⑯,长于应对⑰,然察察⑱小惠⑲,类⑳无大能。宜简㉑尝㉒历㉓州宰㉔素㉕有名者,虽进退舒迟㉖,时有不逮㉗,然端心㉘向公,奉职周密。宜鉴啬夫捷急之对,深思绛侯木讷之功㉙也。往时楚狱大起㉚,故置令史㉛以助郎职,而类多㉜小人,好为奸利。今者务简,可皆停省㉝。又谏议㉞之职,应用公直之士,通才㉟謇正㊱,有补益㊲于朝者。今或从征试,辈为大夫。又御史外迁,动据州郡,并宜清选㊳其任,责以言绩。其二千石视事㊴虽久,而为吏民所便安㊵者,宜增秩㊶重赏,勿妄迁徙,惟留圣心。"书奏,帝纳之。

【注释】①承:继承,接续。②二帝:即光武帝和明帝。③吏治:官吏的作风和治绩。中华书局本《后汉书》作"吏化"。④苛刻:严厉刻薄。⑤时:农时,适宜于从事耕种、收获的时节。⑥赋:田地税。泛指赋税。⑦发:征发,征调。⑧常调:定额赋税。⑨割:剥夺,夺取。⑩枢要:指中央政权中机要的部门或官职。⑪尚书：官名。东汉时正式成为协助皇帝处理政务的官员。⑫间者：近来。⑬郎官：谓侍郎、郎中等职。秦代置郎中令，为皇帝左右亲近的高级官员。属官执掌护卫陪从、随时建议等。西汉因秦制不变。东汉以尚书台为行政中枢。其分曹任事者为尚书郎，职权范围扩大。⑭超升：越级提升。⑮晓习：精通，熟悉。⑯文法：法制，法规。⑰应对：酬对，对答。⑱察察：苛察，烦细。⑲小惠：惠通"慧"。小慧，小聪明。⑳类：率，皆，大抵。㉑简：选择，选用。㉒尝：副词。曾经。㉓历：指担任。㉔州宰：指州刺史。㉕素：平素，向来，旧时。㉖舒迟：迟慢。㉗不逮：比不上，不及。㉘端心：犹专心，一心。㉙啬夫捷急之对，绛侯木讷之功：啬夫对答汉文帝时敏捷应急，绛侯为人木讷不善言辞。啬夫，古代官吏名。汉时小吏的一种。木，质也。讷，迟钝也。绛侯周勃为人质朴敦厚，高祖以为可托大事。㉚楚狱大起：永平十三年，汉明帝的弟弟楚王刘英，因被告反叛而被流放，明帝下令逮捕刘英的同党，大兴楚狱，前后累年，严刑之下很多同党被迫诬供，株连者达数千人。这就是东汉骇人听闻的"楚狱"一案。第二年，刘英在流放地丹阳泾县（今安徽宣州）"畏罪"自杀。㉛令史：官名。汉代兰台尚书属官，居郎之下，掌文书事务，历代因之。见《通典·职官四》。㉜类多：犹大多。㉝停省：裁撤，裁减不用。㉞谏议：官名。谏议大夫。㉟通才：学识广博兼备多种才能的人。㊱謇正：忠贞正直。㊲补益：裨补助益。㊳清选：精选。㊴视事：就职治事，多指政事言。㊵便安：便安，便利安稳，便利安适。㊶增秩：增俸，升官。

【译文】韦彪认为社会在传袭光武、明帝两代皇帝的吏治之风，大多把严厉刻薄视为能力，而且选拔任职官员，不重才能。韦彪上疏谏言说："农民急于务农，而苛刻的官吏使其延误农时；征收赋税为的是满足其定额，而贪官污吏们还要从中分割，这是最大的祸患。想要以农民所做之事为重，应首先消除他们的祸患。天下的

中枢,在于尚书,尚书的人选,怎么能不重视?可是近来尚书多是从郎官中越级提升,即使他能通晓法律条文,擅长应答,然而这只是些小智小慧,大多没有较强的能力。应该从曾经担任过州宰、素有声名的人中选拔尚书。他们虽然行动稳重迟缓,常有不及前一种人(郎官)的地方。不过,他们能一心公正,奉职周密。应该借鉴上林苑虎圈啬夫对答汉文帝敏捷急应的故事,好好想一想绛侯周勃性情愚钝但德才兼备的功绩呀!过去大兴楚狱,所以设置令史来协助郎官的职务,但这些人大多是小人,贪图奸利。当今政务应当从简,可全部撤销不用。另外谏议大夫的职位,应当任用公正耿直、学识广博、兼备多才、忠贞正直、对于朝事有所补益的人,现在有些是从征试的人中选拔的。再者御史外放,动辄任州郡长吏,应当精选任职之人,以政绩来要求他们。俸禄二千石的郡守任职虽久,但能给官民带来便利安适的应提高其品级,予以重赏,不要随便调动。这些事情请圣上留意。"奏书呈上,章帝采纳了这一谏议。

杜林传

【原文】杜林①,字伯山,扶风人也。文光禄勋。建武十四年,群臣上言:"古者肉刑③严重,则民畏法令。今宪章④轻薄⑤,故奸轨⑥不胜。宜增科禁⑦,以防其源。"诏下公卿。林奏曰:"夫人情⑧挫辱⑨,则义节⑩之风⑪损;法防⑫繁多,则苟免⑬之行兴⑭。孔子曰:'导⑮之以政,齐⑯之以刑,民免而无耻;导之以德,齐之以礼,有耻且格⑰。'古之明王,深识远虑,动居⑱其厚,不务多辟⑲。周之五刑⑳,不过三千。大汉初兴,详览㉑失得㉒,故破矩为圆㉓,斫雕为朴㉔,蠲除㉕苛政㉖,更立㉗疏网㉘,海内㉙欢欣㉚,人怀宽德㉛。及至其后,渐以滋㉜章㉝,吹毛索疵㉞,诋欺㉟无限㊱。果桃菜茹㊲之馈,集以成赃㊳;小事无妨㊴于义,以为大戮㊵。故国无廉士㊶,家无完行㊷。至于法不能禁,令不能止,上下相遁㊸,为弊弥㊹深。臣愚以为宜㊺如旧制。"帝从之。

【注释】①杜林:(?~公元47年),杜邺之子。他最大的成就是在学术方面。他博学多闻,被誉为通儒,后世推崇他为"小学之宗"。②光禄勋:官名。本名郎中令,秦已设置。汉武帝太初元年(公元前104年),改名光禄勋,由郎中令改置,为九卿之一,掌守卫宫殿门户。③肉刑:残害肉体的刑罚,古指墨、劓、剕、宫、大辟等。今泛指对受审者肉体上的处罚。④宪章:典章制度。引申指法度。⑤薄:少。⑥奸轨:违法作乱的事情。⑦科禁:戒律,禁令。⑧人情:人心,众人的情绪、愿望。⑨挫辱:凌辱,受凌辱。⑩义节:义行和节操。⑪风:习俗,风气。⑫法防:犹法禁。⑬苟免:苟且免于损害。⑭兴:兴起。⑮导:引导。⑯齐:整治,整理。⑰有耻且格:谓人有知耻之心,则能自我检点而归于正道。⑱居:指存,存心。⑲辟:特指刑法。⑳五刑:五种轻重不等的刑法。秦以前为:墨、劓、剕(刖)、宫、大辟(杀)。㉑详览:详尽观览。㉒失得:失和得。指事之当否、成败、利弊、优劣等。㉓破矩为圆:谓削去棱角,改方为圆。比喻去严刑峻法而从简易。㉔斫雕为朴:亦作"斫琱为朴"。谓去掉雕饰,崇尚质朴。亦谓斫理雕弊之俗,使返质朴。㉕蠲除:废除,免除。㉖苛政:残酷地压迫和剥削人民的政治。指繁重的赋税、苛刻的法令。㉗更立:改立。㉘疏网:稀疏的网。喻宽大的法律。㉙海内:国境之内,全国。古谓我国疆土四面临海,故称。㉚欢欣:欢喜欣悦。㉛宽德:宽厚的德政。㉜滋:增长,增加。㉝章:典章制度。㉞吹毛索疵:同"吹毛求疵"。吹开皮上的毛,寻找里面的毛病。比喻刻意挑剔过失或缺点。㉟诋欺:毁谤丑化。㊱无限:没有穷尽。谓程度极深,范围极广。㊲菜茹:菜蔬。㊳赃:用盗窃、贪污等非法手段获取的财物。㊴无妨:没有祸害,没有妨害。㊵大戮:谓杀而陈尸示众。㊶廉士:旧称有节操、不苟取的人。㊷完行:完美的操行。㊸遁:犹回避也。㊹弥:益,更加。㊺宜:应当,应该。

【译文】杜林,字伯山,扶风郡人。任光禄勋之职。建武十四年,群臣上书说:"古时肉刑严重,因此人民害怕法令;如今宪章制度轻忽宽松,所以作奸违法的事情多不胜举。应该增加禁令条款,从源头上加以防范。"诏书下发公卿。杜林上奏说:"人心受到挫伤，那么仁义节操的风尚就会受到损伤；法令防禁繁多，那么苟且免于刑罚（而不知耻）的行为就会兴起。孔子说：'用政令来引导，用刑法来整治，百姓虽免于刑罚，但不知羞耻；用道德来引导，用礼义来教化，百姓就会有羞耻之心，从而也就守规矩了。'古代的圣明君王，深谋远虑，举措本着仁厚之心，不实行繁多的刑罚，周代使用的五刑之法，不过有三千条。汉朝建国，详细地考察了历代得失，所以去除严刑峻法而从简易，去浮华而尚质朴，废除苛刻的政令，改立宽松的法律，举国欢欣，人民都怀有宽厚之德。到了后来，又逐渐增添了法律条款，吹毛求疵，毁谤、欺侮到了无以复加的程度。把果桃蔬菜的馈赠，都当成贪赃行为；把对大义没有妨碍的小事，也看成应当杀戮的大罪。所以（按这样的标准）弄得整个国家没有廉士，家中也没有完美操行的人。以至于有法不能制约，有令不能禁止，上下互相回避，造成的弊端就更深了。愚臣认为应该沿袭过去所规定的法制。"光武帝采纳了这个谏议。

桓谭传

【原文】桓谭①,字君山,沛国②人也。拜议郎③给事中④。因上疏陈时政⑤所宜,曰:"臣闻国家之废兴在于政事,政事得失由乎辅佐。辅佐贤明,则俊士⑥充朝⑦,而治合世务⑧;辅佐不明,则论⑨失时宜,而举多过事⑩。夫有国之君,俱欲兴化⑪建善,然而治道⑫未理⑬者,其(旧无其字,补之)所谓贤者异也。盖善治者,视俗而施教⑭,察失⑮而立防,威德⑯更兴,文武迭用,然后政调于时,而躁人⑰可定。昔董仲舒⑱言:'治国譬若琴瑟,其不调者,则解而更张⑲。'夫更张难行,而拂⑳众者亡。是故贾谊㉑以才逐,而晁错㉒以智死。世虽有殊能㉓,而终莫敢谈者,惧于前事也。

【注释】①桓谭:事见前文。②沛国:即沛王国。建武二十年(公元44年),汉光武帝封其子刘辅为沛王,建立沛王国。治相县(今安徽淮北市相山区),领二十一县。③议郎:官名。汉代设置。为光禄勋所属郎官之一,掌顾问应对,无常事。汉秩比六百石。多征贤良方正之士任之。④给事中:官名。秦汉为列侯、将军、谒者等的加官。侍从皇帝左右,备顾问应对,参议政事,因执事于殿中,故名。⑤时政:当时的政治措施。⑥俊士:才智杰出的人。⑦充朝：充满朝廷。⑧世务：谋身治世之事。⑨论：主张，学说，观点。⑩过事：过错，错事。⑪兴化：振兴教化。⑫治道：治理国家的方针、政策、措施等。⑬理：谓治理得好，秩序安定。与"乱"相对。⑭施教：进行教育。⑮察失：察觉过失。⑯威德：声威与德行，刑罚与恩惠。⑰躁人：躁犹动也，谓躁挠不定之人也。《后汉书集解》惠栋曰："《周易》云躁人之词多。躁人，谓私议国政之人也。"⑱董仲舒：（公元前179年～公元前104年），汉代思想家、哲学家、政治家、教育家。汉广川郡（今河北省景县）人，他把儒家的伦理思想概括为"三纲五常"，汉武帝采纳了董仲舒"罢黜百家、独尊儒术"的建议，从此儒学开始成为官方哲学。⑲更张：重新张设。⑳咈：违背，违逆。㉑贾谊：洛阳人也。事文帝为博士，每诏令下，诸老先生未能言，谊尽为之对，人人各如其志所出，绛、灌之属害之，文帝亦疏之，乃以谊为长沙太傅。㉒晁错：（公元前200年～公元前154年），颍川（今河南禹县城南晁喜铺）人。㉓殊能：指有特殊才能的人。

【译文】桓谭，字君山，沛国人。官拜议郎给事中。因此上疏陈述时政应该做的事，说："我听说国家的兴废，取决于政事；政事的得失，在于辅佐大臣。辅佐之臣贤明，那贤能之士就会充满朝廷，治国方略也会适合世务；辅佐之臣不贤明，就会使政论不符合时势的需要，而且其举措大多也是错误的。凡在位的君主，都想兴教化立善德，但却没有把国家治理得井井有条的原因，就是所谓的贤者（辅佐大臣）有差异啊。善于处理政务的人，观察风俗而施行教化，考察过失而设置预防制度，威势和德政交替兴作，文治武功轮流施用，然后才能做到政治和时势相适应，而不安于本分的人才可以安定。昔日董仲舒说过：'治理国家就像调理琴瑟，对那些声音不可调和的琴瑟，就应改换新弦。如果改弦更张难以进行，而违背众人者就会失败。'因此贾谊是以才高被驱逐，而晁错则是因为

智谋多而被诛死。世间虽然有特殊才能的人，但终究没有敢于议政的原因，是惧怕前事重演啊。

【原文】且设法禁者，非能尽塞①天下之奸、皆合众人之所欲也。大抵取便国利事多者，则可矣。又见法令决事②，轻重不齐，或一事殊法，同罪异论③，奸吏得因缘④为市⑤。所欲活，则出生议；所欲陷，则与死比⑥。是为刑开二门也。今可令通义理⑦、明习法律者，校定⑧科比⑨，一其法度，班⑩下郡国，蠲除⑪故条。如此，天下知方⑫，而狱无怨（旧无怨字，补之）滥矣。"书奏，不省⑬。

【注释】①塞：遏制，约束。②决事：决断事情，处理公务。③论：定罪。④因缘：机会，缘分。⑤市：做买卖，贸易。引申指为某种目的而进行交易。⑥与死比：谓与死罪案件相比况，以构成死罪。⑦义理：合于一定的伦理道德的行事准则。⑧校定：考核订正。⑨科比：谓附具事例，援引律令条文，类推比较。科谓事条，比谓类例。⑩班：颁布。⑪蠲除：废除，免除。⑫知方：知礼法。⑬不省：不理会。

【译文】再者设置法律禁令，不可能完全遏制天下的奸邪，也不能都合乎众人的要求。一般采取对国家便利多的措施就可以了。另外还可以见到依法令断案，量刑轻重不等的情况，有时同一种案件会有不同的法律，同样的犯罪行为会有不同的判决，奸猾官吏借此机会进行交易，想让你活时就用活命的法律；想让你死时就用死刑的条例，这样就为刑法开辟了两种途径。现在可命令通晓经典义理、明白法律的人，校定律条，统一法度，颁发到郡国，废除原有的条文。这样，天下人知晓法令，而讼狱也就没有冤案和滥刑了。"奏书呈上，皇帝没有理会。

【原文】是时帝方信谶①，多以决定嫌疑。谭复上疏曰："今诸巧慧小才伎数②之人，增益③图书④，矫称谶记⑤，以欺惑贪邪⑥，诖误⑦人主，焉可不抑远⑧之哉！其事虽有时合，譬犹卜数只偶⑨之类。陛下宜垂⑩明听，发圣意⑪，屏群小之曲说⑫，述五经之正义⑬，略⑭雷同⑮之俗语，详⑯通人⑰之雅谋⑱。"帝省奏，愈不悦。其后有诏，会议⑲灵台⑳所处。帝谓谭曰："吾欲以谶决之，何如？"谭默然良久曰："臣不读谶。"帝问其故，谭复极言㉑谶之非㉒经。帝大怒曰："桓谭非圣无法，将下斩之。"谭叩头流血，良久得解。出为六安郡丞㉓，意忽忽不乐㉔，道病卒。

【注释】①谶：预言吉凶的文字、图箓。②伎数：方伎数术。李贤注："伎谓方伎，医方之家也。数谓数术，明堂、羲和、史、卜之官也。"③增益：增加，增添。④图书：犹图谶。李贤注："图书即谶纬符命之类也。"⑤谶记：即谶书。⑥贪邪：贪婪奸邪。⑦诖误：贻误，连累。诖，音卦。⑧抑远：谓抑制感情，与之疏远。⑨卜数只偶：言偶中也。卜数，占卜等类术数。只偶，亦作"只耦"。单数和双数。⑩垂：用作敬词，多用于上对下的动作。⑪圣意：圣人及其经典的意旨。圣，聪明睿智。⑫曲说：邪曲之说。⑬正义：正确的或本来的意义。⑭略：忽略，轻视。⑮雷同：泛指相同。⑯详：详查。⑰通人：学识渊博通达的人。⑱雅谋：高明的见解。⑲会议：聚会论议。⑳灵台：古时帝王观察天文星象、妖祥灾异的建筑。㉑极言：竭力陈说。㉒非：违背，不合。㉓郡丞：郡守的副贰。㉔忽忽不乐：失意而不愉快。

【译文】这时候光武皇帝正迷信谶纬之学,大多用此来决断疑难的事。桓谭又上书说:"当今那些耍小聪明、卖弄小才伎数的人,给儒家经典增加了一些谶纬迷信的内容,假称说这是谶书,来欺骗迷惑贪婪奸邪的人,误导国君,怎能不抑制、疏远他们呢!谶书所言虽然有时与时事相合,如同占卜有单双数一样(碰巧而已)。陛下应该予以英明的听察,阐发圣王的思想,摒除小人的异端之说。遵循《五经》的正义,忽略那些雷同的庸俗言论,详察通达人士的正确谋略。"光武帝看了奏书,越发不高兴。后来诏令群臣商议在哪兴建灵台为好。光武帝向桓谭说:"我打算用谶语决定,你看怎样?"桓谭沉默了好一会儿,说道:"臣不读谶书。"光武帝问这是什么缘故,桓谭又极力陈说谶书违背经典正论。光武帝大怒说:"桓谭非议圣人,无视国法,将他拉下去问斩!"桓谭赶紧叩头请罪,一直叩到额头流血,许久才得到光武帝的宽恕。后桓谭被派出京城,贬为六安郡郡丞,由此落落寡欢,病逝在赴任途中。

冯衍传

【原文】冯衍①，字敬通，京兆②人也。更始③二年，遣尚书④仆射⑤鲍永行⑥大将军事，安集⑦北方。乃以衍为立汉将军，与上党太守田邑等缮甲⑧养（旧养下有良字，删之）士⑨，捍卫⑩并土。及世祖即位，遣宗正⑪刘延攻天井关⑫，与田邑连战十余合。（旧无遣字至余合十七字，补之）后邑闻更始败，乃遣使诣⑬洛阳献璧马⑭，即拜为上党太守。因遣使者招⑮永、衍，永、衍等疑，不肯降，而忿邑背前约。衍乃遗⑯邑书曰："衍闻之，委质⑰为臣，无有二心；挈瓶⑱之智，守不假器⑲。是以晏婴临盟，拟以曲戟，不易其辞⑳；谢息㉑守郕㉒，胁以晋鲁，不丧其邑。由是言之，内无钩颈之祸，外无桃莱㉓之利，而被㉔畔㉕人之声，蒙降城之耻，窃为左右羞之。"

【注释】①冯衍：生卒年不详，东汉初期人。京兆杜陵（今陕西西安东南）人。一生著述赋、诔、铭、说、策等五十篇。②京兆：犹"京兆尹"。汉代京畿的行政区域，为三辅之一。在今陕西西安以东至华县之间，下辖十二县。后因以称京都。③更始：更始帝刘玄的年号。公元23年至公元25年，共计三年。④尚书：始置于战国时，或称掌书，东汉时正式成为协助皇帝处理政务的官员,从此三公权力大大削弱。⑤仆射:官名。秦始置,汉以后因之。⑥行:谓兼摄官职。⑦安集:安定辑睦。⑧缮甲:谓整治武器装备。⑨养士:谓收罗、供养贤才。⑩捍卫:防御,保卫。⑪宗正:官名。掌管王室亲族的事务。汉魏以后,皆由皇族担任。《汉书·百官公卿表上》:"宗正,秦官,掌亲属。"⑫天井关:又名太行关。在今山西晋城县南太行山顶,因关南有天井泉三处得名。形势险峻,当太行南北要冲,历代为兵争要地。⑬诣:前往,到。⑭璧马:璧玉和良马。语本《左传·襄公十九年》:"(襄公)贿荀偃束锦,加璧、乘马,先吴寿梦之鼎。"杜预注:"古之献物,必有以先,今以璧马为鼎之先。"⑮招:招抚,招收。⑯遣:中华书局本《后汉书》作"遗"。送交。⑰委质:引申为臣服、归附。委质犹屈膝也。⑱挈瓶:见"挈缾"。汲水用的小瓶。比喻才智浅小。⑲假器:借与器物。引申指委以地方官职。⑳晏婴临盟,拟以曲戟,不易其辞:事见《晏子春秋·内篇杂上第五·崔庆劫齐将军大夫盟晏子不与第三》。㉑谢息:鲁国大夫孟孙氏之家臣。㉒郕:古邑名。今山东宁阳东北。㉓桃莱:桃邑、莱山的并称。桃邑在今山东汶上县东北三十五里之桃乡。莱山在今山东莱芜县。事载《左传·昭公七年》。后用为效忠主上而获封赏的典故。㉔被:蒙受,遭受,领受。㉕畔:通"叛"。背叛,叛变。

【译文】冯衍,字敬通,京兆人。更始二年,刘玄派遣尚书仆射鲍永代行大将军事,安定北方。于是任命冯衍为立汉将军,和上党太守田邑等整修甲兵,捍卫并州疆土。到世祖光武皇帝(刘秀)即位,派宗正刘延攻打天井关,与田邑连战十多回合,后来田邑听到更始帝刘玄失败,就派使者到洛阳献璧玉、良马,当时就被任命为上党太守。光武皇帝派使者招抚鲍永、冯衍,而鲍、冯两人有疑心,不肯投降,而且忿恨田邑违背以前的约定。冯衍写信给田邑说:"我听说只要屈膝为臣,就不能怀有二心;虽然只有提瓶汲水的小智,却仍能守其器而不借给他人。所以晏婴参加誓盟,在剑和戟的威胁下,也不改变主意;谢息为孟孙守城邑,遇到季孙以晋、鲁两国武力相威胁(让他交出城邑),谢息也没有丢弃郏邑。由这些历史事实来看,您现在内无杀身之祸,外又得不到桃邑、莱山封赏之利,而自讨叛徒的坏名声,蒙受降城的耻辱,我私下为您感到羞愧。"

【原文】时讹言更始①随赤眉②在北地,永、衍信之,故屯兵界休③,方④移书⑤上党,云:"皇帝在雍,以惑百姓。"审知⑥更始已殁,乃共罢兵⑦,幅巾⑧降于河内。帝怨衍等不时⑨至,永以立功得赎罪,遂任用之,而衍独见黜⑩。永谓衍曰:"昔高祖⑪赏季布⑫之罪,诛丁固之功。今遭明主,亦何忧哉!"衍曰:"记有之:人有挑⑬其邻之妻者,挑其长者,长者詈⑭之,挑其少者,少者报⑮之,后其夫死,而取⑯其长者。或谓之曰:'夫非骂尔者耶?'曰:'在人欲其报我,在我欲其骂人也。'夫天命⑰难知,人道⑱易守,守道⑲之臣,何患⑳死亡?"顷之,帝以衍为曲阳令,诛斩剧贼㉑郭胜等,降五千余人,论功当封,以谗毁㉒故,赏不行。

【注释】①更始:指更始帝刘玄。②赤眉:亦作"赤糜"。指汉末以樊崇等为首的农民起义军。因以赤色涂眉为标志,故称。③界休:地名,即山西省介休市。④方:副词。犹正。⑤移书:致书。⑥审知:由审察而明白。亦指清楚地知道,确知。⑦罢兵:停战。⑧幅巾:古代男子以全幅细绢裹头的头巾。后裁出脚即称幞头。⑨时:副词。及时。⑩黜:贬降,罢退。⑪高祖:汉高祖刘邦。⑫季布:生卒年不详,曾为项羽部将,高祖时召拜为郎中,惠帝时为中郎将,后转任河东守。为人仗义,以信守诺言、讲信用而著称。⑬挑:

挑逗，引诱。⑭詈：骂，责备。⑮报：指小辈通于比其辈分高的人。后视为乱伦。⑯取：取妻。后多作"娶"。⑰天命：指自然的规律、法则。⑱人道：为人之道。指一定社会中要求人们遵循的道德规范。⑲守道：坚守某种道德规范。⑳患：忧虑，担心。㉑剧贼：大盗，强悍的贼寇。亦用以贬称势力大的反叛者。㉒谗毁：进谗毁谤。

【译文】当时有人谣传，说更始帝刘玄随赤眉军在北地，鲍永、冯衍信以为真，因此屯兵在界休县，正准备致书信给上党，说皇帝在雍州，来迷惑老百姓。后鲍永、冯衍弄清楚更始（皇帝）已死，便一起停止了战争，用布巾裹着头发在河内向光武帝投降了。光武帝埋怨冯衍等没有早来投降，而鲍永因立功得以赎罪，被任用为官，唯独冯衍遭到黜免。鲍永向冯衍说："当年汉高祖赦免了季布对抗自己的罪，而诛杀了立功的丁固。现在得遇明主，又何必担忧呢！"冯衍说："古书上记载说，有个人挑逗他邻人的妻子，挑逗年长的，年长的痛骂他；挑逗年轻的，年轻的顺从了他。后来邻人死了，那个人就娶了年长的做老婆。有人问他说：'你娶的那个女人不是曾经痛骂过你吗？'那人回答说：'在她属于别人时，希望她顺从我；在她属于我时，就希望她骂别人。'天命是难以知道的，人道却容易守；安守于道的臣子，哪里会担忧死亡呢？"不久，光武帝任命冯衍为曲阳令，（冯衍）杀了反贼郭胜等，有五千多人投降，按功劳应该受封赏，但因为受谗言的毁谤，所以没有得到赏赐。

【原文】建武六年,日食,衍上书陈八事:其一曰显文德①,二曰褒②武烈③,三曰修旧功,四曰招俊杰④,五曰明好恶⑤,六曰简法令⑥,七曰差秩禄⑦,八曰抚边境。书奏,帝将召见。初衍为浪

（浪作狼）孟⑧长，以罪摧陷⑨大姓⑩令狐略⑪，是时略为司空⑫长史⑬，逸之于尚书令王护、尚书周生丰曰："衍所以求见者，欲毁君也。"护等惧之，即共排间，⑭衍遂不得入。后卫尉阴兴⑮、新阳侯阴就⑯，以外戚贵显，深敬重衍，衍遂与之交结，由是为诸王所聘请，寻⑰为司隶从事。帝惩⑱西京外戚⑲宾客，故以法绳⑳之，大者抵㉑死徙㉒，其余至贬黜㉓。衍由此得罪，尝是诣狱，有诏赦不问，归故郡，闭门自保，不敢复与亲故㉔通。

【注释】①文德：指礼乐教化。②褒：嘉奖；称赞。③武烈：谓武功。④俊杰：亦作"俊桀"。才智杰出的人。⑤好恶：喜好与嫌恶。⑥法令：法律、政令等的总称。⑦秩禄：俸禄。⑧狼孟：县名。在今山西阳曲县。⑨摧陷：打击陷害。⑩大姓：世家，大族。⑪令狐略：人名。姓令狐，名略。⑫司空：官名。相传少昊时所置，周为六卿之一，即冬官大司空，掌管工程。⑬长史：官名。秦置。汉相国、丞相，后汉太尉、司徒、司空、将军府各有长史。其后，为郡府官，掌兵马。⑭排间：排挤离间。⑮阴兴：字君陵，光烈皇后母弟也，为人有膂力。⑯阴就：生卒年不详。封新阳侯，东汉外戚。其姐阴丽华是汉光武帝的皇后。其子阴丰娶光武帝女郦邑公主刘绶为妻。⑰寻：不久，接着，随即。⑱惩：鉴戒。⑲西京外戚：西京，西汉都长安，东汉改都洛阳，因称洛阳为东京，长安为西京。外戚，指帝王的母族、妻族。⑳绳：引申为制裁。㉑抵：谓处以与其罪行相当的惩罚。㉒徙：贬谪，流放。㉓贬黜：降职或免去官爵。㉔亲故：亲戚故旧。

【译文】建武六年，发生日蚀，冯衍上书陈述了八件事：一是显扬礼乐教化，二是褒奖武功事迹，三是重修祖宗旧业，四是招纳才智杰出的人，五是分清善恶，六是简省法令，七是分别俸禄的等级，八是安抚边境。奏书呈上，光武帝准备召见他。当初，冯衍做狼孟县的长官时，曾经以罪名惩治过县中大姓令狐略，这时候令狐略做司空长史，于是向尚书令王护、尚书周生丰进谗言说："冯衍之所以求见皇上，是想诋毁你们啊。"王护等害怕了，就一起排挤他，冯衍最终未能进宫。后来卫尉阴兴、新阳侯阴就因为是外戚而贵显起来，他们对冯衍很是敬重，冯衍就和他们俩交结为朋友，因此被诸王所聘请，不久就做了司隶从事。光武帝有鉴于西汉外戚和宾客相互勾结危及政权，所以就把外戚和宾客绳之以法，严重的大多被判以死罪或流放，其他的给以贬官罢免的处分，冯衍因此获罪，曾自首到牢狱，皇上下诏赦免了他并不予追究。冯衍回到故乡后，闭门不出，以求自保，不敢再和亲友旧交往来。

【原文】建武末，上疏自陈①曰："臣伏念高祖②之略，而陈平③之谋，毁之则疏，誉之则亲。以文帝④之明，而魏尚⑤之忠，绳之以法则为罪，施之以德则为功。逮至晚世，董仲舒⑥言道德，见妒于公孙弘⑦；李广⑧奋节⑨于匈奴，见排于卫青⑩。此臣之常所为流涕也。臣衍自惟微贱之臣，上无无知之荐⑪，下无冯唐⑫之说，乏董生之才，寡李广之势，而欲免谗口⑬，济怨嫌⑭、岂不难哉！

【注释】①自陈：自己陈述。②高祖：即汉高祖刘邦。③陈平：(？～公元前178年)，西汉阳武（今河南原阳）人。西汉王朝的开国功臣。④文帝：汉文帝刘恒（公元前203年～公元前157年）。有"仁孝宽厚"的美誉，其庙号太宗，谥号孝文皇帝。⑤魏尚：西汉槐里（今兴平县）人。汉文帝时，为云中(今内蒙古托克托东北)太守。他镇守边陲,防御匈奴,作战有功。⑥董仲舒:(公元前179年~公元前104年),汉代思想家、哲学家、政治家、教育家。⑦见妒于公孙弘:《史记》曰:"董仲舒为人廉直,公孙弘习春秋不如董生。弘希时用事,位至公卿,仲舒以弘为从谀,弘嫉之。"公孙弘(公元前200年~公元前121年),西汉字川国(郡治在寿光南纪台乡)薛人。⑧李广:(?~公元前119年),陇西成纪(今甘肃静宁)人,西汉名将。⑨奋节:以英勇、壮烈行为表现其节操。⑩见排于卫青:《史记》曰:"李广,陇西成纪人也。为前将军,从卫青讨匈奴。青不使当匈奴,广乃失道后期,青令对簿,广乃引刀自刭。知与不知,莫不流涕。"卫青(?~公元前106年),西汉名将,字仲卿,汉族,河东平阳(今山西临汾市)人。⑪无知之荐:无知,魏国人,善于荐人。曾荐陈平于刘邦,刘邦以陈平为将。⑫冯唐:汉文帝时,以孝悌闻名,拜为中郎署。⑬谗口:说坏话的嘴,谗人。⑭怨嫌:怨恨不满,嫌隙。

【译文】到建武末年,冯衍上疏自陈说:"臣想到如高祖的雄才大略和陈平的足智多谋,陈平遭到诋毁时,高祖就疏远他;别人称赞陈平时,高祖就亲近他。凭着汉文帝的圣明和魏尚的忠诚,若将魏尚绳之以法,他就有罪过;施予其恩德,他就有功德。到了后来,董仲舒谈论道德,却被公孙弘嫉妒;李广奋力抵御匈奴,却被卫青排挤。这些都常常让我悲伤流泪。臣冯衍只不过是一个微贱的人,上边没有像魏无知一样的人来推荐我,下边也没有像冯唐这样的人为我说话,既缺少董仲舒的才能,又没有李广那样的军功,而想避免谗言,平息别人对我的怨恨,真是难啊!"

【原文】臣衍之先祖,以忠贞之故,成私门之祸①。而臣衍复遭扰攘②之时,值兵革之际,不敢回行③求世之利,事君无倾邪④之谋,将帅无虏掠之心。卫尉阴兴,敬慎周密,内自修敕,外远嫌疑,故与交通⑤。兴知臣之贫,数欲本业⑥之,臣自惟无三益⑦之才,不敢处三损⑧之地,固让而不受之。昔在更始,大原执货财之柄⑨,居仓卒之间,据位食禄二十余年,而财产岁狭,居处日贫,家无布帛之积,出无舆马之饰。于今遭清明之世,敕躬力行⑩之秋,而怨雠⑪丛⑫兴,讥议⑬横世⑭。盖富贵易为善,贫贱难为工也。疏远陇亩⑮之臣,无望高阙⑯之下,惶恐自陈⑰,以救罪尤⑱。"书奏,犹以前过不用。

【注释】①臣衍之先祖,以忠贞之故,成私门之祸:李贤注:"衍之祖冯参忠正,不屈节于王氏五侯。参姊为中山王太后,后为哀帝祖母,传太后陷以大逆,参自杀,亲族死者十七人。"忠贞,忠诚坚贞。②扰攘:亦作"扰穰"。混乱,骚乱。③回行:邪行。不走正道。回,邪也。④倾邪:指为人邪僻不正。⑤交通:交往,往来。⑥本业:谓资助他人建立基本生业。李贤注:"欲遗其财,为立基本生业也。"⑦三益:谓直、谅、多闻。《论语·季氏》:"孔子曰:益者三友,损者三友。友直,友谅,友多闻,益矣。"⑧三损:《论语·季氏》:"孔子曰:益者三友,损者三友。友直、友谅、友多闻,益矣。友便辟、友善柔、友便佞,损矣。"邢昺疏:"便辟,巧辟人之所忌以求容媚者也。善柔,谓面柔和颜悦色以诱人者也。便,辨也,谓佞而复辨。以此三种之人为友则有损于己也。"⑨昔在更始大原,执货财之柄:中华书局本《后汉书》断句为:昔在更始,大原执货财之柄。⑩力行:犹言竭力而行;谓尽力行善道。⑪怨雠:仇敌。⑫丛:众多,繁杂。⑬讥议:讥评非议。⑭横世:充满世间。⑮陇亩:草野,山野。⑯高阙:高大的宫阙。⑰自陈:自己陈述。⑱罪尤:罪过。

【译文】我的祖上（冯参），因为忠贞不屈的缘故，招致了我们家族一门的祸害。臣衍又遭逢国家混乱的时期，正逢战乱纷纷之际，不敢以邪行求取世间的好处，事奉君王没有恶邪不正的谋略，做将帅也没有虏掠的想法。卫尉阴兴，为人谨慎周密，内自修养，外避嫌疑，所以我和他交往。阴兴深知我的贫困，多次想帮我立基本生计之业，但我想到自己没有益于朋友的三种才能，也不敢处于对朋友有三害的地位，就坚决推让而没有接受他的帮助。过去更始帝执政时期，臣在大原（今山西省中部和西南部）执掌财货集散的大权，处于乱世之时，为官食禄二十多年，但财产一年少比一年，生活一天天贫困，家里没有布帛的积蓄，出外没有车马的排场。现在逢到清明的时代，正是修正自身、尽力行善的时候，可是怨仇迭起，讥议随处可以碰到。这大概就是富贵的时候容易行事，贫贱的时候事事都难的缘故吧。我以一个被疏远于山野之间的人，不敢指望在皇宫高门之下，惶恐不安地表白自己，以补救过去的罪过。"书奏，仍然因为以前的过错而没有被任用。

【原文】论曰："冯衍之引挑妻子之譬①得矣。夫纳妻，皆知取訾②己者，而取士则不能，何也？岂非反妒③情易，而恕④义情难。光武虽得之于鲍永，犹失之于冯衍。夫然，义直⑤所以见屈⑥于既往，守节⑦故亦弥⑧阻⑨于来情⑩。呜呼。

【注释】①譬：比喻，比方。②訾：骂，责备。③妒：泛指忌人之长。④恕：推己及人，仁爱待物。⑤直：公正，正直。⑥屈：屈辱，委屈，冤枉。

⑦守节：坚守节操。⑧弥：益，更加。⑨阻：艰难，苦难。⑩来情：指将来的情况。李贤注："守节之人，见衍被黜，弥阻难于将来。"

【译文】史家评论说：冯衍引用挑逗(他人)妻子的比方是很恰当的，丈夫娶妻子，都知道应娶骂过自己的那位，但是选用贤能却不能(坚持这个原则)，为什么呢？难道不是体谅妒嫉之情容易，而宽恕忠义之士很难吗？光武虽然对鲍永做得合理，但是对于冯衍还是有失情理啊。像这样，以往受屈辱是因为忠义正直，后来更加坎坷也是因为坚守节操啊。可叹啊！

申屠刚传

【原文】申屠刚①,字巨卿,扶风②人也。迁③尚书令。世祖尝④欲出游,刚以陇蜀未平,不宜晏安⑤逸豫⑥。谏不见听,遂以头轫⑦乘舆轮,帝遂为止。时内外群官,多帝自选举,加以法理⑧严察⑨,职事过苦,尚书近臣,至乃捶扑⑩牵曳⑪于前,群臣莫敢正言⑫。刚每辄⑬极谏⑭,又数言皇太子,宜时就东宫,简任⑮贤保⑯,以成其德。

【注释】①申屠刚:字巨卿,扶风茂陵人,西汉末年为本郡功曹。光武帝时,官至尚书令。生性耿直,常常敢于正言极谏。仰慕史䲡、汲黯的为人。②扶风:古郡名。旧为三辅之地,多豪迈之士。③迁:晋升或调动。④尝:副词。曾经。⑤晏安:安乐,安定。⑥逸豫:犹安乐。⑦轫:音任。停止,阻止。⑧法理:法律,法律原理。⑨严察:严厉苛察。⑩捶扑:杖击,鞭打。⑪牵曳:亦作"牵拽"。牵拉,拖带。⑫正言:直言,说实话。⑬辄:副词。每每,总是。⑭极谏:尽力规劝。古多用于臣下对君主。⑮简任:经过选择而任用官员。⑯保:古代辅导天子和诸侯子弟的官员。

【译文】申屠刚,字臣卿,扶风郡人。升任为尚书令。世祖光武皇帝曾有一次想出游,申屠刚认为陇蜀尚未平定,不适合游历安闲。

他的谏议未被光武帝接受,申屠刚便以头抵住车轮,光武帝这才打消出游的念头。当时内外群臣,大多是皇帝自己选拔的,加上因为法理严厉苛察,官员们事务繁多过于辛苦,像尚书这样皇上身边的近臣,在朝堂上都会被拖出去杖责,群臣没有敢于直言劝谏的。而申屠刚每次总是极力谏言,又屡次说到皇太子应按时入住东宫,挑选任用有贤德的人辅佐,以培养太子的德操。

【原文】鲍永①,字君长,上党②人也。父宣③,为王莽所杀。事后母至孝,妻尝于母前叱狗,而永即去④之。莽以宣不附⑤己,欲灭其子孙,太守苟谏拥护⑥,召以为吏。更始二年,征⑦再迁尚书仆射,行大将军事,持节⑧将⑨兵,安集⑩河东⑪、并州、朔部。世祖即位,遣谏议大夫储大伯持节征永,永乃收系⑫大伯,遣使驰至长安。既知更始已亡,乃发丧,出⑬大伯等,封上将军列侯印绶⑭,悉罢兵,但幅巾⑮与诸将及同心客百余人,诣河内。帝见永问曰:"卿众所在?"永离席叩头曰:"臣事更始,不能令全⑯,诚惭⑰以其众幸⑱富贵,故悉罢之。"帝曰:"卿言大⑲。"而意⑳不悦。

【注释】①鲍永:上党屯留(今山西长治市屯留县)人。曾为绿林军的重要将领。光武帝即位后,成为东汉初期打击豪强的地方官。②上党:位于山西省东南部。是古时对长治的雅称。"上党"因"居太行山之巅,地形最高与天为党也"而得名,因其地势险要,自古以来为兵家必争之地,素有"得上党可望得中原"之说。③鲍宣(公元前30年~公元3年):西汉大夫。字子都。渤海高城（今河北盐山东南）人。④去：赶走，打发走。⑤附：归附。⑥拥护：扶助，保护。⑦征：征召，征聘。多指君召臣。⑧节：符节。古代使臣所持以作凭证。⑨将：统率，指挥。⑩安集：安定辑睦。⑪河东：黄河流经山西省境，自北而南，故称山西省境内黄河以东的地区为"河东"。⑫收系：拘禁。⑬出：释放。⑭印绶：印信和系印信的丝带。古人印信上系有丝带，佩带在身。⑮幅巾：古代男子以全幅细绢裹头的头巾。后裁出脚即称幞头。⑯全：保全。⑰惭：羞愧。⑱幸：希图得到非分的财物或功名利禄等。⑲大：善，好。⑳意：内心。

【译文】 鲍永，字君长，上党人。父亲鲍宣，被王莽杀害。鲍永侍奉后母非常孝顺，他的妻子曾经在后母面前斥骂狗，就被鲍永休掉了。王莽因为鲍宣不归附自己，打算灭绝他的子孙，太守苟谏为保护鲍永，就招任为官吏。更始二年被征召，再升任为尚书仆射，代行大将军之权，持符节领兵，平定河东、并州、朔部。世祖光武皇帝即位，派遣谏议大夫储大伯，持符节征召鲍永，鲍永将储大伯关押起来，派人骑马到长安。既经探明更始帝已经死去，于是为他发丧，并放出了储大伯等人，把上将军列侯的印绶封存起来，将兵众全部罢免。只以幅巾束头和诸将及相好的宾客一百多人到河内，光武帝召见鲍永问道："你的士兵都在何处？"鲍永离开席位叩头说："臣效忠更始帝，却不能让他保全，实在羞愧再利用他的军队谋求富贵，所以全都把他们罢归了。"光武帝说："说得好！"但（光武帝）心中却不快。

【原文】 为司隶校尉①，行县②到霸陵，路经更始墓，引车入陌③。从事谏止之。永曰："亲北面④事人⑤，宁有过墓不拜？虽以

获罪,司隶所不避也。"遂下拜哭,尽哀⑥而去。西至扶风,椎牛⑦上谏冢⑧。帝闻之,意不平,问公卿曰:"奉使如此何如?"太中大夫张湛⑨对曰:"仁者行之宗,忠者义之主也。仁不遗旧⑩,忠不忘君,行之高者也。"帝意乃释。

【注释】①司隶校尉:汉至魏晋时监督京师和地方的监察官。②行县:巡行所主之县。③陌:田间东西或南北小路。亦泛指田间小路。④北面:面向北。古礼,臣拜君,卑幼拜尊长,皆面向北行礼,因而居臣下、晚辈之位曰"北面"。⑤事人:事奉人,服侍人。⑥尽哀:竭尽哀思。⑦椎牛:谓击杀牛。⑧冢:坟墓。⑨张湛:生卒年不详,字子孝,扶风平陵人也。⑩遗旧:谓抛弃、疏远故旧。

【译文】鲍永做司隶校尉,巡行到霸陵,路过更始帝坟墓,便驱车进入通往墓地的小路(准备祭拜),跟从的人谏止他。鲍永说:"我曾经亲自侍奉过更始帝,哪有过墓不拜的道理,虽然有可能得罪上司,我也不能回避。"于是下拜,痛哭尽哀之后才离开。向西到扶风郡,杀牛祭祀了苟谏的陵墓。光武帝听了这些事后,心中不满,问公卿说:"鲍永为什么这么做?"太中大夫张湛回答说:"仁义是行为的宗旨,忠诚是仁义的关键。仁义的人不会遗旧,忠诚的人不会忘君,这才是品行的最高表现。"光武帝的不满才消除。

【原文】论曰:鲍永守义于故主,斯可以事新主矣。耻以其众受宠,斯可以受大宠矣。若乃①言之者虽诚,而闻之者未譬②,岂苟进③之悦易以情纳,持正④之忤⑤难以理求乎?诚能释利以循道⑥，居方⑦以从义⑧，君子之概⑨也。

【注释】①若乃：至于。用于句子开头，表示另起一事。②譬：通晓，明白。③苟进：苟且进取，以求禄位。④持正：持守公正。⑤忤：违逆，触犯。⑥循道：遵循正道。⑦居方：居，指存，存心。方，方正，刚直。⑧义：谓符合正义或道德规范。⑨概：谓风度，气度。

【译文】史家论说道：鲍永遵守道义而不忘故主，这样才可以辅弼新主；以带领故主的军队投降邀功为耻，这才能得到新主最大的恩宠。至于讲说此事者虽然很真诚，而听者却不明白。难道不是苟求迁升的取悦之言，在感情上容易采纳；而持守公正的逆耳之言，在道理上难以接受吗？如果真的能够放弃私利以遵循正道，存心方正，遵从大义，这才是君子的气度啊。

郅恽传

【原文】郅恽①、字君章,汝南②人也。举③孝廉④,为上东城门候⑤。帝常⑥出猎,车驾⑦夜还,恽拒⑧关不开。帝令从者见面于门间⑨,恽曰:"火明辽远⑩。"遂不受诏。帝乃回⑪,从东中门入。明日,恽上书谏曰:"陛下远猎山林,夜以继昼,其如社稷宗庙何?暴虎冯河⑫,未至之诫⑬,诚小臣所窃⑭忧也。"书奏,赐布百匹,贬东中门候为参封(旧无封字,补之)尉。

【注释】①郅恽:生卒年不详。东汉刘秀时,郅恽为皇太子教书,后任长沙太守。为人刚直不阿、不畏强权。②汝南:西汉置汝南郡,因辖区大部分在汝河流域南部,故名。辖境大致相当于今河南东南部和安徽阜阳一带。③举:推荐,选用。④孝廉:孝,指孝悌者。廉,清廉之士。分别为国家选拔人才的科目,始于汉代,在东汉尤为求仕者必由之途,后往往合为一科。亦指被推选的士人。⑤门候:守门之官。⑥常:通"尝"。曾经。⑦车驾:帝王所乘的车。亦用为帝王的代称。⑧拒:引申为据守。⑨间:空隙,缝隙。⑩辽远:遥远。⑪回:指变换方向、位置等。⑫暴虎冯河:典出《诗·小雅·小旻》:"不敢暴虎,不敢冯河。"空手搏虎,徒步渡河。比喻冒险行事,有勇无谋。⑬诫:中华书局本《后汉书》作"戒"。防备;警戒;鉴戒。⑭窃:私下,私自。多用作谦词。

【译文】郅恽,字君章,汝南郡人。被举荐为孝廉,后任上东城门门官。光武帝曾经出城打猎,夜间才驱车回城,郅恽据守城门,闭门不开。皇帝命跟从的人通过门缝与郅恽见面交涉,郅恽说:"火光太遥远(看不清楚是谁)。"便不接受诏令。光武帝只得绕道从东中门入城。第二天郅恽上书进谏说:"陛下去往遥远的山林打猎,夜以继日,将对国家和祖宗如何交代?《诗经》上告诫人们:'切勿空手搏虎,徒步渡河。'冒险出猎,尽管没有发生值得警诫的意外,但小臣私下实在太担忧了。"奏书献上之后,光武帝赐给郅恽一百匹布,把东中门的门官贬为参封尉。

郭伋传

【原文】郭伋①,字细侯,扶风②人也。王莽时,为并③州牧④。建武九年,拜⑤颍川⑥太守⑦。十一年,调⑧为并州刺史⑨。引见⑩谦语⑪,伋因言选补⑫众职,当简⑬天下贤俊⑭,不宜专用南阳人。帝纳之,伋前在并州,素结恩德⑮,及后入界,所到县邑⑯,老幼相携⑰,逢迎⑱道路。所过问民疾苦⑲,聘求⑳耆德㉑雄俊㉒,设几杖㉓之礼,朝夕与参政事。始至行部㉔,到西河美稷㉕,有童儿数百,各骑竹马,于道次迎拜。伋问曰:"儿曹㉖何自远来?"对曰:"闻使君㉗到,喜,故来奉迎㉘。"伋辞谢㉙之。及事讫㉚,诸儿复送至郭外,问使君何日当还,伋计日告之。既还,先期㉛一日,伋为违信㉜于诸儿,遂止于野亭㉝,须㉞期乃入。

【注释】①郭伋:生卒年不详,官至太中大夫。为人讲究信用。②扶风:见前注。③并:古州名。其地约当今河北保定和山西太原、大同一带地区。④州牧:官名。古代指一州之长。⑤拜:授官,封爵。⑥颍川:郡名,秦王政十七年(公元前230年)置。以颍水得名。治所在阳翟(今河南省禹州市)。⑦太守:官名。秦置郡守,汉景帝时改名太守,为一郡最高的行政长官。⑧调：选调，迁转，更动（工作、位置）。⑨刺史：古代官名。原为朝廷所派督察地方之官，后沿为地方官职名称。⑩引见：引导入见。旧指皇帝接见臣下或宾客时由有关大臣引导入见。⑪讌语：犹宴话（聚谈）。⑫选补：谓官吏有缺额，选人递补。⑬简：选择，选用。⑭贤俊：亦作"贤隽"。才德出众的人。⑮恩德：犹恩惠。⑯县邑：县城。⑰相携：互相挽扶，相伴。⑱逢迎：迎接，接待。⑲疾苦：指人民生活中的困苦。⑳聘求：犹聘召。㉑耆德：年高德劭、素孚众望者之称。㉒雄俊：英雄俊杰。㉓几杖：坐几和手杖，皆老者所用，古常用为敬老者之物。㉔行部：谓巡行所属部域，考核政绩。㉕美稷：古县名，汉代西河郡所属，城址在今准格尔旗纳林镇北，汉王朝曾在这里设置西河属国都尉，以安置归附的匈奴人，因而闻名于世。㉖儿曹：犹儿辈。㉗使君：汉时称刺史为使君。㉘奉迎：恭迎，接待。㉙辞谢：道谢。㉚讫：绝止，完毕。㉛先期：约定日期之前。㉜违信：失信，不履行诺言。㉝野亭：野外供人休息的亭子。㉞须：等待。

【译文】郭伋，字细侯，扶风郡人。王莽当政的时候，做并州牧。建武九年任颍川太守。建武十一年，调任并州刺史，被皇帝召见，与他闲谈，郭伋因此进言，认为选补众职，应当挑选天下才德出众的人，不应该专用南阳人。皇帝采纳了这一意见。郭伋以前在并州，平日施行恩惠仁德。后来再至并州境内，所经过的县邑，百姓们扶老携幼，夹道欢迎。所有经过的地方他都要询问大家生活上有哪些困苦，并聘求年高德勋的长者，为他们设几杖之礼，早晚与他们商议政事。郭伋刚到郡便巡行所属部域，到西河美稷时，有几百名幼童，都骑着竹马，在路边迎拜。郭伋问道："孩子们为什么这么远赶来啊？"孩子们回答说："听说您要来，我们都很高兴，所以来迎接。"郭伋向孩子们道谢。等郭伋把事情办完，孩子们又送郭

伋到城外,并问他什么时候再回来。郭伋计算归期告诉他们。等回来时,却早一天到了,郭伋怕失信于孩子们,于是在野外的亭子住下来,等到说定的时间才进入美稷。

樊宏传

【原文】樊宏①，字靡卿，南阳②人，世祖之舅也。宏为人谦柔畏慎，不求苟进③。常戒其子曰："富贵盈溢④，未有能终者。吾非不喜荣势⑤也。天道⑥恶满而好谦。前代贵戚，皆明戒⑦也。保身全己，岂不乐哉？"宗族染⑧其化⑨，未尝犯法，帝甚重⑩之。

【注释】①樊宏：汉光武帝的舅舅，以仁义厚道著称，东汉建立后，被封为寿张侯。公元51年去世，谥号为"寿张恭侯"。②南阳：郡名。在今河南省。③苟进：苟且进取，以求禄位。④盈溢：充裕，满盈。⑤荣势：显贵有权势。⑥天道：犹天理，天意。⑦明戒：亦作"明诫"。明白告诫，明训。⑧染：薰染，影响。⑨化：教化，教育。⑩重：看重，重视。

【译文】樊宏，字靡卿，南阳郡人，是光武帝的舅父。他为人谦和谨慎，从不贪求升迁。经常告诫他的儿子说："凡是大富大贵到了过于盈满的地步，就没有得善终的。我不是不喜欢荣华富贵，只是天理厌恶盈满而喜好谦虚。前代皇亲国戚们的下场都是我们的明鉴。保全好自己的身家性命，难道不是很快乐吗？"宗族都受他的感化，从来没有人犯法。光武帝非常敬重他。

阴识传

【原文】阴识,字次伯,南阳人,光烈皇后①之兄也。以征伐军功增封,识叩头让②曰:"天下初定,将帅有功者众,臣托③属④掖庭⑤,仍⑥加爵邑⑦,不可以示天下。"帝甚美之。

【注释】①光烈皇后:光烈皇后姓阴名丽华,南阳郡新野县人,为管仲后人。②让:谦让,推辞。③托:凭借,依赖。④属:亲属。⑤掖庭:宫中旁舍,妃嫔居住的地方。⑥仍:接续,连续。⑦爵邑:爵位和封邑。

【译文】阴识,字次伯,南阳郡人,是光烈皇后的兄长。因征战疆场立下战功得到皇帝加封,阴识叩头辞让说:"天下刚刚安定,将帅有功的人很多,臣有幸凭借皇后的亲属关系(入朝),仍再增加爵位和封邑,就不足以向天下人表明朝廷的公正无私。"光武帝非常赞叹他。

【原文】兴,字君陵,识弟也。帝(帝下旧有后字,删之)召兴,欲封之,置印绶③于前。兴固让②曰:"臣未有先登③陷陈④之功,而一家数人,并蒙爵土⑤,令天下觖望⑥,诚为盈溢⑦。臣蒙陛下、贵人⑧恩泽至厚,富贵已极,不可复加。至诚⑨不愿。"

帝嘉兴之让，不夺其志。贵人问其故，兴曰："贵人不读书记⑩耶？'亢龙有悔⑪'。外戚家苦不知谦退⑫，嫁女欲配侯王，取妇眄睨⑬公主，愚心实不安也。富贵有极，人当知足。夸奢，益为观听⑭所讥⑮。"贵人感其言，深自降挹⑯，卒不为宗族求位。帝后复欲以兴代吴汉为大司马，兴叩头流涕，固让曰："臣不敢惜身，诚亏损⑰圣德，不可苟冒⑱。"至诚发中⑲，感动左右，帝遂听之。

【注释】①印绶：印信和系印信的丝带。古人印信上系有丝带，佩带在身。②固让：再三辞让。③先登：先于众人而登。④陷陈：陷阵。⑤爵土：官爵和封地。⑥觖望：不满，怨望。⑦盈溢：充裕；满盈。⑧贵人：女官名。后汉光武帝始置，地位次于皇后。指阴皇后。⑨至诚：极其真挚诚恳的心意。⑩书记：指文字、书籍、文章等。⑪亢龙有悔：出自《易·乾》："上九，亢龙有悔。"谓居高位而不知谦退，则盛极而衰，不免败亡之悔。⑫谦退：谦让。⑬眄睨：泛指眼睛盯住，看着。⑭观听：引申为舆论。⑮讥：讥刺，非议。⑯降挹：谦退损抑。挹，音易。⑰亏损：损害；缺损。⑱苟冒：贪求。⑲发中：发自内心。

【译文】阴兴，字君陵，是阴识的弟弟。光武帝召见阴兴，准备封他，把印和挂印的丝带都放在他面前，阴兴坚决辞让说："臣并没有冲锋陷阵的功劳，而全家中好几个人都蒙受爵位和食邑，让天下人因此不满，的确是过分了。臣蒙陛下、贵人恩泽非常多，富贵已到极点，不可以再增加官爵。我真心不愿再受封。"光武帝非常赞叹阴兴辞让的举动，并不再强迫改变他的心意。阴贵人问他为什么这么做？阴兴回答："贵人不是曾经读过《易经》吗？经上说：'亢龙有悔。'（越是在高位越容易遭灾难。）身为皇亲国戚，最苦的莫过于不知谦让，嫁女就想配侯王，娶媳妇就盯住公主，这种做法使我内心实在不安。富贵应有限度，做人应当知足。太奢侈了，就会遭到舆论非议。"贵人于阴兴的话深有感触，于是严格的约束自己，始终不替宗族谋求爵位。光武帝后来又打算让阴兴接替吴汉为大司马，阴兴叩头流泪，坚决推让说："臣并不顾惜性命，的确怕有损圣德，不敢贪求高位。"这种发自内心的真诚，感动了身边的人，光武帝于是就接受他的辞让。

朱浮传

【原文】朱浮,字叔元,沛国人也。为幽州①牧②。渔阳③太守彭宠败后,世祖以二千石④长吏⑤多不胜任,时有纤微⑥之过者,必见斥罢⑦,交易⑧纷扰,百姓不宁。建武六年,有日蚀之异,浮因上疏曰:"臣闻日者众阳之宗⑨、君上之位也。凡居官治民,据郡典县⑩,皆为阳为上、为尊为长。若阳上不明,尊长不足,则干⑪动三光⑫,垂示王者。陛下哀愍海内新⑬离⑭祸毒⑮,保有⑯生民,使得苏息⑰。而今牧民之吏,多未称职,小违治实⑱,辄见斥罢,岂不粲然⑲黑白分明哉!然以尧舜之盛,犹加三考⑳。大汉之兴,亦累功效㉑,吏皆积久㉒,养老于官,至名子孙因为氏姓。当时吏职㉓何能悉治㉔?论议㉕之徒岂不喧哗㉖?盖以为天地之功不可仓卒㉗,艰难之业当累日也。

【注释】①幽州:州名。汉武帝所置十三部刺史之一。东汉治所在蓟县(今北京城西南)。②牧:指国君或州郡长官。③渔阳:地名。战国燕置渔阳郡,秦汉治所在渔阳(今北京市密云县西南)。④二千石:汉制,郡守俸禄为二千石,即月俸百二十斛。世因称郡守为"二千石"。⑤长吏:指州县长官的辅佐。⑥纤微：细微。亦指细微的事物。⑦斥罢：罢免。⑧交易：指官吏的更替。⑨宗：指某一类事物中有统领楷模作用或为首者。⑩据郡典县：据，占有，占据。典，掌管，主持，任职。⑪干：干犯，冲犯，干扰。⑫三光：日、月、星。⑬新：副词，新近，刚刚。⑭离：经历，经过。⑮祸毒：祸害。⑯保宥：爱护宽待。李贤注："宥，宽也。"⑰苏息：休养生息。⑱治实：核实。⑲粲然：明白貌，明亮貌。⑳三考：古代官吏考绩之制。指经三次考核决定升降赏罚。㉑功效：功劳，成绩。㉒积久：谓经历很长时间。㉓吏职：官吏的职责。㉔治：治理，统治。㉕论议：对人或事物的好坏、是非等表示意见。㉖喧哗：声音大而杂乱。㉗仓卒：匆忙急迫。

【译文】朱浮，字叔元，沛国人。官任幽州牧，渔阳太守彭宠反叛失败，后来光武帝认为位居郡守的官吏大多不能胜任。当时稍有些微小过错的，一定被罢免。这样一来，前后任官员之间交替更迭混乱，百姓不得安宁。建武六年，发生日食，朱浮因此上书说："我听说太阳为众阳之本，是君上的位置。凡是做官治民，任职于郡县的，都是阳刚，是上位，是尊贵，是尊长。如果阳上不明，尊长不足，就会冲犯到日月星三光，（日月星光就会发生变异），以此来告示君王。陛下哀怜海内刚刚经历战乱的苦难，保护、宽待百姓，使他们得以休养生息，而今天负责治理百姓的地方官吏，大多不称职，有一点过失被查实，就被斥责罢免，这种做法难道不是把事理分辨得太过清楚明白了吗！然而就是在尧舜的盛世，还要对官吏每三年考核一次，大汉朝之所以兴旺发达，（这一制度）也累见功效。官吏大多长久在任，在官位上养老送终，以至于子孙后代都以官职的名称为姓氏。当时的官吏怎么能全部治理完天下之事？那些喜欢议论的人，难道没有喧哗吗？治理天下的大业，不能仓促行事，艰难的事情应当日积月累慢慢去做。

【原文】间者①,守宰②数见换易③,迎新相代,疲劳道路。寻其视事④日浅⑤,未足昭见其职,既加严切⑥,人不自保,各相顾望⑦,无自安⑧之心。有司或因睚眦⑨,以骋⑩私怨,苟求⑪长短⑫,求媚⑬上意,二千石及长吏,迫于举劾,惧于刺讥⑭,故争饰诈伪,以希⑮虚誉。斯皆群阳骚动、日月失行之应⑯。夫物暴长⑰者必夭折⑱,功卒⑲成者必亟⑳坏。如摧㉑长久之业,而造速成之功,非陛下之福也。天下非一时之用㉒也,海内非一旦㉓之功也。愿陛下游意㉔于经㉕年之外,望化于一世㉖之后,天下幸甚。"帝下其议,群臣多同于浮。自是牧守㉗易代颇简㉘。

【注释】①间者:近来。②守宰:指地方长官。③换易:调换、更换。④视事:就职治事。多指政事言。⑤日浅:时间短。⑥严切:严峻;严厉。⑦顾望:犹豫观望。⑧自安:自安其心,自以为安定。⑨睚眦:嗔目怒视,瞪眼看人。借指微小的怨恨。⑩骋:放纵,放任。⑪苟求:任意求得,无原则的求取。⑫长短:长处和短处。⑬求媚:讨好。⑭刺讥:亦作"刺几"。犹言讥刺。⑮希:谋求。⑯应:感应,应验。⑰暴长:急遽生长。⑱夭折:短命早死。⑲卒:突然。后多作"猝"。⑳亟:疾速。与"缓慢"相对。㉑摧:坠毁,毁坏。㉒用:治理,管理。㉓一旦:一天之间。㉔游意:犹留意。㉕经:循行;经过;经历。㉖一世:犹一代。㉗牧守:州郡的长官。州官称牧,郡官称守。㉘简:稀少。

【译文】最近,州郡的守宰多次被调换,送旧迎新,奔波疲劳在道路上。他们就职治事日子不多,不足以看见他们的政绩,又加上朝廷的严格责令，弄得人人不能自保，互相犹豫观望，不能自安其心。有关官员或因小怨小忿来报私仇，有意找岔，巴结讨好圣上的心意。二千石（郡守）和长吏迫于检举弹劾的压力，害怕指责、讥讽，所以就争着掩过是非，来贪图虚名，这都是众阳不安宁导致日月失去正常运转的应兆。任何东西迅猛生长必然会夭折，功业仓促而成必然会很快衰败。如果损毁长久的基业，来造速成的功效，这不能看作是陛下的福气啊。天下不是一时能治理好的，也不是一天之内就会有成效的，希望陛下能够留意于多年之外的效用，寄天下太平于一世之后。那才是天下的幸事啊。"光武帝把这个谏议交到下边议论，君臣大多同意朱浮的意见。从此牧守变动的事就很少了。

【原文】旧制，州牧奏二千石长吏不任①位者，事皆先下三公②，三公遣掾史③案验④，然后黜退。帝时用明察⑤，不复委任⑥三府⑦，而权归刺举⑧之吏。浮复上疏曰："陛下其清明履约⑨，率礼⑩无违⑪，自宗室诸王，外家⑫后亲，皆奉绳墨⑬，无党势之名。斯固法令整齐，下无作威者也。求之于事，宜以和平，而灾异犹见者，而岂徒然⑭哉？天道信诚⑮，不可不察。窃见陛下疾⑯往者上威不行，下专⑰国命，即位以来，不用旧典⑱，信刺举之官，黜鼎辅⑲之任，至于有所劾奏⑳，便加退免，覆案㉑不关㉒三府，罪谴㉓不蒙澄察㉔。陛下以使者为腹心，而使者以从事为耳目，是为尚书之平㉕，决于百石之吏。故群下苛刻，各自为能，兼以私情容长㉖，憎爱在职，皆竞张空虚㉗，以要㉘时利㉙。故有罪者心不厌服㉚，无咎㉛者坐㉜被空文㉝，不可经盛衰、贻㉞后王也。夫事积久则吏自重，吏安则民自静。传曰：'五年再闰㉟，天道乃备。'夫以天地之灵，犹五载以成其化，况人道哉！"

【注释】①不任：不能忍受，不能胜任。②三公：古代中央三种最高官衔的合称。东汉以太尉、司徒、司空为三公，见《通典·职官一》。③掾史：官名。汉以后中央及各州县皆置掾史，分曹治事。④案验：查询验证。⑤明察：严明苛察。⑥委任：付托，交托。⑦三府：汉制，三公皆可开府，因称三公为"三府"。后世因之。亦用以泛称国家最高行政长官。⑧刺举：检举。⑨履约：躬行简约。⑩率礼：遵循礼法。⑪无违：没有违背，不要违背。⑫外家：指外戚。⑬绳墨：喻法度、法律。⑭徒然：偶然。谓无因。⑮信诚：诚实不欺。⑯疾：厌恶，憎恨。⑰专：专断，擅自行事。⑱旧典：旧时的制度、法则。⑲鼎辅：执政的大臣。一般指宰相。⑳劾奏：向皇帝检举官吏的过失或罪行。㉑覆案：审察，查究。㉒不关：不牵涉，不涉及。㉓罪谴：犯罪而受谴，罪责。㉔澄察：明察，洞察。㉕平：整治，治理。㉖容长：宽容。㉗空虚：虚假，空幻。㉘要：和，会合。引申为迎合。㉙时利：一时的功利，当时的功利。㉚厌服：信服，心服。㉛无咎：没有祸殃，没有罪过。㉜坐：犯罪，判罪。㉝空文：有名无实的法律规章。㉞贻：遗留，致使。㉟再闰：农历五年二闰，谓之再闰。

【译文】按旧有的制度，凡是州牧举奏二千石长吏不称职的，事情都是先交给三公，三公派遣属下掾吏核实验证，然后才能罢免。光武帝当时自恃明察，不再交由三公去办，而实权落在检举的官吏手上。朱浮又上书说："陛下清明简约，遵循礼法而没有违背，从宗室诸王侯到外戚皇亲，都能遵奉法度，没有结党蓄势的名声，这的确是法令有条理，才使下边没有作威作福的情况啊。按事理来说，应当是和谐安宁的，但是灾异仍然不断发生，难道这是偶然的吗？天道是讲诚信的，不可不明察。我看到陛下忧患过往的皇帝，权威行不通，下边诸侯国掌握着国家的命运。自陛下即位以来，不采用旧时法典，深信州郡的检举官吏，废除三公辅政之任，只要有弹劾上奏，便退免不用。案子不通过三府复查核对，罪过谴责不能明察。陛下以使者为心腹，而使者以办事人员做耳目。这实际上是使尚书考察处理百官的职权，下放给了百石的小吏来决定，因此使得官吏办事苛刻，各自为政。加上讲求私人情面以求宽容，以爱憎之情（不公允）任职为政。官吏大都竞相虚张声势，来求得一时之利。所以使有罪的人心中不服，无过错的因一纸空文而受到牵连。这种情况不能够经历盛衰的考验，更不能遗留给后世。官吏在位时间久了，就会爱惜自己的名声，官吏安分职守，那老百姓也就安静无扰。《易传》上说：'五年两闰，天道就完备无缺。'即使是天道，还要历经五年的时间才渐臻完美，何况人间的事情呢？"

陈元传

【原文】陈元，字长孙，苍梧人也。以父任为郎。时大司农①江冯上言，宜令司隶校尉督察三府②。元上疏曰："臣闻师臣者帝，宾臣者霸。故武王以大公③为师，齐桓以夷吾④为仲父。孔子曰：'百官总己，听于冢宰⑤。'近则高帝优⑥相国之礼，大宗⑦假⑧宰辅之权。及亡新王莽，遭汉中衰，专操国柄⑨，以偷⑩天下，况己自喻，不信群臣，夺公辅⑪之任，损宰相之威，以刺举⑫为明、徼讦⑬为直。至乃陪仆⑭告其君长，子弟变其父兄，罔⑮密法峻，大臣无所措手足。然不能禁董忠之谋，身为世戮。故人君患在自骄，不患骄臣；失在自任，不在任人。是以文王有日昃之劳⑯，周公执吐握⑰之恭，不闻其崇刺举、务督察也。方今四方尚扰，天下未一，百姓观听，咸张耳目。陛下宜循文武之圣典，袭祖宗之遗德，劳心下士，屈节待贤，诚不宜使有伺察公辅之名。"帝从之。

【注释】①大司农：官名。秦置治粟内史，汉景帝时改称大农令，武帝太初元年更名大司农。掌租税钱谷盐铁和国家的财政收支，为九卿之一。②三府：汉制，三公皆可开府，因称三公为"三府"。后世因之。亦用以泛称国家最高行政长官。③大公：即太公望（吕尚）。辅佐武王灭商有功，封于齐。④夷吾：即管仲。⑤冢宰：官名。太宰的别称。太宰原为掌管王家财务及宫内事务的官。周武王死时，成王年少，周公曾以冢宰之职摄政。⑥优：优待，嘉奖。⑦大宗：汉文帝的庙号为"太宗"。⑧假：授予，给予。⑨国柄：国家权柄。⑩偷：盗窃。⑪公辅：古代三公、四辅，均为天子之佐。借指宰相一类的大臣。⑫刺举：检举。⑬徼讦：揭人阴私。⑭陪仆：陪隶。泛指奴仆。⑮罔：喻法网。⑯日昃之劳：日昃，太阳偏西，约下午二时左右。《易·离》："日昃之离，何可久也？"文王勤于处理政事，从早晨到中午太阳偏西还来不及吃饭。⑰吐握：吐哺握发，形容礼贤下士，求才心切。《韩诗外传》卷三："成王封伯禽于鲁，周公诫之曰：'往矣，子无以鲁国骄士。吾文王之子，武王之弟，成王之叔父也，又相天下，吾于天下亦不轻矣，然一沐三握发，一饭三吐哺，犹恐失天下之士。'"

【译文】陈元，字长孙，苍梧郡人，因其父亲的原因出任郎官。当时大司农江冯上书言事，认为应该让司隶校尉督察三公。陈元上书说："我听说以臣子为师的能够称帝，以臣子为宾客的能够称霸。所以周武王以姜太公为师，齐桓公以夷吾为仲父。孔子说：'百官总归一人，而听之于冢宰大臣。'近世就有高祖优待萧相国的礼节，文帝给宰辅申屠嘉赦免邓通的特权。到了已亡新朝王莽时期，遇到汉室衰落，王莽专持朝政，窃取天下；只迷信自己，不信任群臣；夺取公辅大臣的职权，降低宰相的威信；把侦探举报看作高明，把揭发隐私、攻击别人视为正直；以致奴仆告发君长，子弟告发父兄，法网严苛，大臣无所措手足。就这样也不能禁止董忠与人共阴谋，王莽终于被世人杀死。所以做人君的祸患在于自骄自大，而不在于有骄傲的臣子；其失误在于自任而不在任人。因此周文王有过午还顾不得吃饭的操劳；周公有一饭三吐哺、一沐三握发、殷勤待客的谦恭。没有听说过他们重视以揭发检举，从事监督审察别人的事。当前四方还在扰攘不安，天下尚未统一，老百姓都还在观听形势的发展变化。陛下应当遵循文王、武王的圣明典章，继承祖宗的遗德，劳心礼贤下士，屈尊对待贤士，实在不应该让司隶校尉有督察公辅之权。"光武帝听从了这一谏议。

桓荣传

【原文】桓荣①，字春卿，沛郡人也。以明经②入授太子。每朝会，辄令荣于公卿前敷奏③经书。帝称善曰："得卿几晚。"建武二十八年，大会百官，诏问谁善可傅④太子者，群臣承望⑤上意，皆言太子舅执金吾⑥阴识可。博士⑦张佚正色曰："今陛下立太子，为阴氏乎？为天下乎？即为阴氏，则阴侯可；为天下，则固⑧宜用天下之贤才。"帝称善，曰："欲置傅者，以辅太子也。今博士不难正朕，况太子乎？"即拜佚为太子太傅⑨，而以荣为少傅⑩，赐以辎车⑪乘马。

【注释】①桓荣：字春卿。生于西汉成帝阳朔鸿嘉年间（约公元前24年～公元前17年）。谯国龙亢（今安徽省怀远县西龙亢镇北）人。东汉经学大师。②明经：通晓经典。③敷奏：陈奏，向君上报告。④傅：师傅，指负辅佐责任的官或负责教导的人。⑤承望：迎合，逢迎。⑥执金吾：金吾，古官名。负责皇帝大臣警卫、仪仗以及徼循京师、掌管治安的武职官员。⑦博士：古代学官名。⑧固：副词。本来。⑨太傅：辅导太子的官。⑩少傅：古代官名。"三孤"之一。周代始置，为君国辅弼之官。与少师、少保合称"三孤"。后一般为大官加衔，以示恩宠而无实职。⑪辎车：古代有帷盖的车子。即可载物，又可作卧车。

【译文】桓荣，字春卿，沛郡人，因通晓经书入东宫教授太子，每逢朝会，常让桓荣在公卿面前讲述经书。光武帝称赞说："得到您太晚了！"建武二十八年，光武帝大会百官，诏问谁有资格做太子的老师，群臣为了迎合皇上的心意，都说太子的舅父执金吾阴识可以担任。博士张佚严肃地说："现在陛下立太子，是为阴氏打算呢？还是为天下打算呢？如果是为阴氏，那么阴侯就可以；如果是为天下，那么本来就应该任用天下的贤才。"皇帝称赞说："打算给太子安排老师，为的是辅佐太子啊。现在博士不以纠正朕的过错为难事，更何况是太子呢？"当即拜张佚为太子太傅，而让桓荣为少傅，并赐给他们辎车和乘马。

第五伦传

【原文】第五伦①,字伯鱼,京兆人也。举②孝廉。帝问以政事,大悦,与语至夕。帝谓伦曰:"闻卿为吏,笞③妇公④,不过⑤从兄⑥饭,宁⑦有之耶?"伦对曰:"臣三娶妻,皆无父母。少遭饥乱⑧,实不敢妄过人飡⑨。"帝大笑,拜会稽太守。会稽俗多淫祀⑩,好卜筮⑪,人常以牛祭神,百姓财产,以之困匮⑫。其有自食牛肉,而不以荐⑬祠者,发病且死,先为牛鸣,前后郡将莫敢禁。伦到官,移书属县,晓告⑭百姓。其巫祝⑮有依托鬼神,诈怖⑯愚民,皆案验⑰之;有妄屠牛者,吏辄行罚⑱。民初恐惧,或祝诅⑲妄言,伦案之愈急,后遂断绝,百姓以安。

【注释】①第五伦:东汉京兆长陵(今陕西咸阳东北)人。先世为战国田氏,迁移西汉园陵,以迁移次第为氏。以为官清廉著称。②举:推荐,选用。③笞:通"搒"。笞击。④妇公:妻父。⑤不过:不经过,不进入。⑥从兄:同祖伯叔之子年长于己者。即堂兄。⑦宁:岂,难道。⑧饥乱:饥饿乱离。⑨飡:同"餐"。吃,吞食。⑩淫祀:不合礼制的祭祀,不当祭的祭祀,妄滥之祭。⑪卜筮:古时预测吉凶,用龟甲称卜,用蓍草称筮,合称卜筮。⑫困匮:贫乏,贫困。⑬荐:祭祀时献牲。《易·观》:"观,盥而不荐,有孚颙若。"

孔颖达疏："既盥之后,陈荐笾豆之事。"⑭晓告:告知;晓谕。⑮巫祝:古代称事鬼神者为巫,祭主赞词者为祝,后连用以指掌占卜祭祀的人。⑯诈怖:欺骗恐吓。⑰案验:查询验证。⑱行罚:实行惩罚;进行惩罚。⑲祝诅:祝告鬼神,使加祸于别人。

【译文】第五伦,字伯鱼,京兆人。被推举为孝廉,光武皇帝向他询问政事,听了之后非常高兴,与他谈论到晚上。对他说:"听说你做吏掾时曾拷打过你的岳父,也从不到堂兄家吃饭,难道真有这些事吗?"第五伦回答说:"臣娶过三房妻子,她们都没有父母。小时候遭遇饥荒,确实不敢随便吃别人的饭。"光武帝大笑。任命他为会稽郡太守。会稽民俗中有很多不合礼仪的祭祀,喜爱占卜预测吉凶,经常杀牛祭神,百姓的财产因此贫乏。如果有人自己吃了牛肉却没有先用来祭神的,生病快死时,都要学牛的鸣叫。对这种陋俗,先后到此任职的太守没有人敢出面禁止。第五伦到任后,即发公文给所属各县,告知老百姓,如果有巫婆神汉假借鬼神欺骗恐吓、愚弄百姓的,都要受到查处。有随意杀牛祭神的,官吏要立即给予处罚。老百姓开始有些害怕,有的巫婆神汉背后诅咒他,大放厥辞,第五伦却查处得更加严厉,以后这种风俗被断绝,老百姓因而过上安宁的日子。

【原文】肃宗①初,为司空②。及马防③为车骑将军,当出征西羌④,伦上疏曰:"臣愚以为,贵戚可封侯以富之,不当职事⑤以任之。何者?绳以法则伤恩,私以亲则违宪⑥。伏闻马防今当西征,臣以太后恩仁,陛下至孝,恐卒有纤介⑦,难为意爱⑧也。"

伦虽峭直⑨，然常疾⑩俗吏⑪苛刻。及为三公，值⑫帝长者⑬，屡有善政，乃上疏褒称盛美⑭，因以劝成风德⑮，曰："陛下即位，躬天然之德。体晏晏⑯之姿，以宽弘⑰临下，出入四年，前岁诛刺史、二千石贪残⑱者六人。斯皆明圣所鉴，非群下所及。然诏书每下宽和⑲而政急不解、务存节俭而奢侈不止者，咎在俗弊，群下不称⑳故也。世祖承王莽之余，颇以严猛为治，后世因之，遂成风化㉑。郡国所举，类多㉒办职俗吏，殊未有宽博㉓之选，以应上求者也。

【注释】①肃宗：即汉章帝刘炟，汉明帝五子。公元75年9月5日至公元88年4月9日在位，庙号为肃宗。②司空：官名。冬官大司空，掌管工程。后去大字为司空，历代因之，明废。③马防：东汉伏波将军马援次子。防字江平，永平十二年，与弟光俱为黄门侍郎。④西羌：西汉时对羌人的泛称。亦指东汉羌人内徙定居在金城、陇西、汉阳等郡的一支。⑤职事：职务，职业。⑥违宪：违犯国法。⑦纤介：细微。⑧意爱：情爱，情谊。⑨峭直：严峻刚正。⑩疾：厌恶，憎恨。⑪俗吏：才智凡庸的官吏。⑫值：遇到，碰上。⑬长者：指德高望重的人。⑭盛美：美善。⑮风德：指德化。⑯晏晏：和悦貌。⑰宽弘：亦作"宽宏""宽洪"。胸怀宽阔，气量弘深，能容人。⑱贪残：贪婪凶残。亦指贪婪凶残的人。⑲宽和：宽厚谦和。⑳不称：不胜任，不称职。㉑风化：犹风教；风气。㉒类多：犹大多。㉓宽博：谓心胸开阔，能容人。

【译文】肃宗章帝初年，第五伦为司空。当时马防为车骑将军，准备出征西羌的时候，第五伦上疏说："臣愚笨地认为皇亲国戚可以通过封侯让他们富起来，不应当委以职务。为什么要这样呢？如果将他们绳之以法就有些伤恩情，讲情面而宽恕却违背法律。我听说马防即将要出征，臣认为太后慈祥仁爱，陛下至孝，恐怕一旦小有过失，陛下处理起来就难以顾全情面了。"第五伦虽然严峻刚正，但一直痛恨俗吏的苛刻之政。等到他担任三公之职时，遇到皇帝有长者作风，常有好的政策。第五伦就上疏褒美圣德，借以倡导德化的风气。他说："陛下即位，秉承自然的德行，表现出和悦的姿态，用宽弘的气量对待臣下，到现在有四年了，前年诛杀了刺史二千石中的贪婪残暴者六人。这都是圣上明鉴，不是群臣所能做到的。然而陛下诏令虽宽厚谦和，可是属下办事依然严急不能宽缓，陛下务求节俭而奢侈之风仍然不能扼止，原因就在于社会风气不好，群臣下属不称职啊。光武皇帝承接王莽的余绪，治理国家比较严厉威猛，后代依照旧例行事，于是形成风气。郡国所推举的人，大多是仅能办事的俗吏，很少有心胸开阔者以满足圣上的需要。

【原文】陈留①令刘豫、冠军②令驷协，并以刻薄之姿，临民③宰④邑，专念掠杀，务为严苦，吏民愁怨，莫不疾⑤之，而今之议者，反以为能。违天心⑥，失经义，诚不可不慎也。非徒⑦应坐⑧豫协，亦当宜谴⑨举者。务进仁贤，以任时政，不过数人，则风俗自化矣。臣尝读书记⑩，知秦以酷急亡国，又目见王莽亦以苛法自灭，故勤勤恳恳，实在于此。又闻诸王主贵戚⑪，骄者逾制，京师尚然，何以示远？故曰：'其身不正，虽令不行。'以身教⑫者从，以言教⑬者讼。夫阴阳和，岁乃丰；君臣同心，化乃成也。其刺史、太守以下拜除⑭京师，及道出⑮洛阳者，宜皆召见，可因博问四方，兼以观察其人。诸上书言事有不合者，但可报归田里,不宜过加喜怒,以明在宽也。"

【注释】①陈留:今河南省开封市陈留镇。②冠军:古县名。汉元朔六年(公元前123年)置。因霍去病功冠诸军,封冠军侯于此,故名。治所在今河南邓县西北。③临民:治民。④宰:主宰;治理。⑤疾:厌恶;憎恨。⑥天心:犹天意。⑦非徒:不但;不仅。⑧坐:判罪。⑨谴:责问,谴责。⑩书记:指文字、书籍、文章等。⑪王主贵戚:王主,汉诸侯王之女称"王主"。贵戚,帝王的亲族。⑫身教:谓用自身的行为教育别人。⑬言教:指用讲说方式进行的教育。⑭拜除:拜授官职。⑮出:经过。

【译文】陈留县令刘豫、冠军县令驷协,都以刻薄的姿态来管理百姓、治理县邑,一心想的是掠夺杀害,务求苛刻严酷,吏民忧愁怨恨,没有不憎恨他们的。但现在有人反而认为他们有才能,这真是违背天意,失去大义,实在不能不慎重啊。不仅只对刘豫、驷协定罪,还应当谴责推选他们的人。一定要选用仁爱贤能之人来处理时政,用不了几个人,风俗就会自然改变过来。臣曾经读过史书和有关记载,知道秦朝是因严酷暴政而亡国,且又目睹王莽因实行苛刻法律而自取灭亡,实在是鉴于这些历史教训,臣才勤恳忠诚地发表上述意见。又听说诸王侯贵戚们,骄横奢侈超越制度,京都尚且是这样,那怎么给远方之人做榜样?所以说'自身行为不端正,就是下命令也不会使大家信从。'拿自身的行为教育别人,别人就会听从;只用言论教育别人(自己不做),就会有争论。阴阳调和,就会有丰收之年,君臣同心同德,教化才能有成效啊。对刺史、太守以下,任职于京师以及经过洛阳到外地就任的官员,都应该召见他们,借此广泛地询问四方情况,并且观察他们的为人。凡有上书反映情况不符合事实的,只须让他们回归故里,不应过分表示喜怒,以表示陛下的宽怀大度。"

【原文】伦奉公尽节,言事①无所依违②。或问伦曰:"公有私③乎?"对曰:"昔人有与吾千里马者,吾虽不受,每三公有所选举④,心不能忘,而亦终不用也。吾兄子常病,一夜十往。退而安寝;吾子有疾,虽不省视⑤,而竟夕⑥不眠。若是者,岂谓无私乎?"

【注释】①言事:古代专指向君王进谏或议论政事。②依违:迟疑。③有私:有私心。④选举:古代指选拔举用贤能。⑤省视:察看,探望。⑥竟夕:终夜,通宵。

【译文】第五伦奉公守法恪尽职守,上书言事从不迟疑。有人问他说:"您有私心吗?"他答道:"过去有人送我一匹千里马,我虽然没有接受,每到三公有所举荐的时候,我对这人总念念不忘,可是到底没有任用他。我哥哥的孩子曾经生病,我一夜之间十次前往看望,回来后能安稳的入睡;我的儿子有病,虽然没有去看望,可是彻夜难眠。像这样,难道能说我没有私心吗?"

钟离意传

【原文】钟离意,字子阿,会稽①人也。显宗②即位,征为尚书。时交址③太守坐臧④千金,征还伏法⑤,以(旧无以字,补之)资物簿⑥入大司农⑦,诏班赐⑧群臣。意得珠玑⑨,悉以委地⑩,而不拜赐⑪。帝怪而问其故,对曰:"臣闻孔子忍渴于盗泉⑫之水,曾参回车于胜母之间⑬,恶⑭其名也。此臧秽⑮之宝,诚不敢拜。"帝嗟叹曰:"清乎尚书之言!"乃更以库钱三十万赐意,转为尚书仆射⑯。

【注释】①会稽:郡名。秦置,今江苏省东部及浙江省西部地。②显宗:孝明皇帝刘庄(公元28年~公元75年),字子丽,东汉第二位皇帝,庙号显宗,谥号孝明皇帝。③交址:亦作"交趾"。原为古地区名,泛指五岭以南。④坐臧:亦作"坐赃"。犯贪污罪;判贪污罪。⑤伏法:依法被处死刑。⑥簿:册籍,记载用的本子。⑦大司农:官名。秦置治粟内史,汉景帝时改称大农令,武帝太初元年更名大司农。掌租税钱谷盐铁和国家的财政收支,为九卿之一。⑧班赐:颁赐,分赏。⑨珠玑:珠宝,珠玉。⑩委地:散落或委弃于地。⑪拜赐:拜谢或拜受赐赠。⑫盗泉:泉名。是春秋时期山东省泗水县东北一眼古泉的名称,据说是因为当时曾有一伙强盗占用过这一眼泉水,故而当时人们便称之为"盗泉"。据《尸子》记载,"孔子过于盗泉,渴矣而不饮,恶其名也"。"不饮盗泉"则比喻为人正直廉洁。⑬曾参回车于胜母之间:说的是古代孝子曾参到了胜母里,认为里名不孝,掉转车头回去了。曾参(公元前505年~公元前435年),字子舆,春秋末期鲁国南武城(今山东省平邑县)人,孔子的弟子,世称"曾子"。间,民户聚居处,里巷。⑭恶:讨厌,憎恨。⑮臧秽:指贪污等秽行。⑯仆射:官名。秦始置,汉以后因之。汉成帝建始四年,初置尚书五人,一人为仆射,位仅次尚书令,职权渐重。

【译文】钟离意,字子阿,会稽郡人。显宗明帝即位,钟离意被征召为尚书。当时交趾太守,犯贪污千金罪,被召回京师准备治罪。并把物资钱财账簿交给大司农,朝廷下诏将赃款分赐给群臣。钟离意接到珠宝,丢在地上而不拜赐。明帝感到奇怪而问他为什么这样。他回答:"我听说孔子曾忍渴而不喝'盗泉'的水,曾参曾在'胜母'的闾门前掉转车头,是讨厌它们的名称啊。这种贪赃的宝物,我的确是不敢拜领的。"皇帝叹息说:"尚书的话高洁啊!"于是改从国库中拿出三十万钱赐给钟离意。并升迁他为尚书仆射。

【原文】车驾数幸①广成苑②,意常当车,陈谏③般乐④游田⑤之事,天子即时还宫。永平三年,夏旱,而大起北宫⑥。意诣阙⑦免冠上疏曰:"伏见陛下,以天时小旱,忧念⑧元元⑨,降避⑩正殿,躬自⑪克责⑫,而比日⑬密云⑭,遂无大润⑮,岂政有未得应天心⑯者耶?昔成汤⑰遭旱,以六事自责曰:'政不节耶?使民疾耶?宫室荣耶?女谒⑱盛耶?苞苴⑲行耶?谗夫⑳昌耶?'窃见北宫大作,民失农时,此所谓宫室荣也。自古非苦㉑宫室小狭,但患民不安宁。宜且罢止,以应天心。"帝策诏报曰:"汤引六事,咎在一人。其冠履㉒勿谢㉓。今又敕㉔大匠,止作诸宫,减省不急,庶消灾谴㉕。"诏因谢㉖公卿百僚，遂应时㉗澍雨㉘焉。

【注释】①幸：指帝王亲临。②广成苑：据《汉书》《后汉书》和新旧《唐书》记载，汉、唐两代将位于河南省汝州市临汝镇西北的广成泽辟为狩猎游乐的"皇家禁地"，定名为"广成苑"。③陈谏：进谏。④般乐：玩乐。⑤游田：亦作"游畋"。游逸田猎，游猎。⑥北宫：汉宫名。在洛阳。汉明帝永平三年建。⑦诣阙：谓赴朝堂。⑧忧念：忧虑。⑨元元：百姓，庶民。⑩降避：犹退避。⑪躬自：自己。⑫克责：责备。⑬比日：近日，近来。⑭密云：密布的浓云。⑮大润：大雨。⑯天心：犹天意。⑰成汤：亦作"成商"。商开国之君。契的后代，子姓，名履，又称天乙。夏桀无道，汤伐之，遂有天下，国号商，都于亳。⑱女谒：女宠。⑲苞苴：苞，通"包"。贿赂。⑳谗夫：谗人。㉑苦：忧伤，愁苦。㉒冠履：亦作"冠屦"。帽与鞋。此处用为动词，戴冠着履之意。㉓谢：辞却，辞职。㉔敕：古时自上告下之词。汉时凡尊长告诫后辈或下属皆称敕。㉕灾谴：指上天降灾示罚，灾祸。㉖谢：道歉，认错。㉗应时：即刻。㉘澍雨：大雨；暴雨。澍，音树。

【译文】皇上多次到广成苑游玩，钟离意经常挡住车驾劝谏皇帝不要游乐、田猎，皇上马上就回宫了。永平三年，夏天大旱，皇上却大规模地修建北宫，钟离意上朝摘了官帽上疏说："我看到陛下因为天时出现小旱，忧虑老百姓，离开正殿，自责反省。近日阴云密集，还未下雨，岂不是政务方面还没有上应天意的原因吗？昔日成汤遭遇旱灾，以六件事自责说：'政事不节制吗？使用民力紧急吗？宫室建得太多吗？女宠干预朝政太多了吗？行贿多了吗？谗人猖獗吗？'我看见北宫大兴土木，老百姓错过农时，这大概就是所谓的宫室修建过度。自古君王不苦于宫室的狭小，只是担忧老百姓不能安宁。应该停止北宫的修建，以顺应上天之意。"明帝下诏书答覆说:"成汤所行六事,过错在一个人身上。请带好官帽穿上官靴,不要辞职了。现在已经命令工匠停止建造诸宫,减省不急之需,应该可以使灾难消除。"下诏书向公卿百官认错道歉,于是大雨应时而降。

【原文】时诏赐降胡子①缣②,尚书案事③,误以十为百。帝见簿,大怒,召郎将答④之。意因入叩头曰:"过误⑤之失,常人所容。若以懈慢⑥为愆⑦,则臣位大,罪重;郎位小,罪轻。咎皆在臣,臣当先坐⑧。"乃解衣就格⑨。帝意解,使复冠而贳⑩郎。

【注释】①胡子:胡人奴仆。②缣:双丝织的浅黄色细绢。③案事:谓办理其事。④答:用鞭、杖或竹板打人。⑤过误:过失;错误。⑥懈慢:懈怠轻慢。⑦愆:罪过,过失。⑧坐:判罪。⑨格:击打。⑩贳:赦免,宽纵。

【译文】当时皇帝下诏赏赐细绢给投降的胡人奴仆,尚书办理此事的时候把细绢数量的"十"误写成"百"。明帝看了司农所呈上来的簿书,大怒,召来尚书郎准备杖打他。钟离意因而入朝叩头说:"失误产生的过错,一般人都会宽容。如果认为是懈怠轻慢的罪过,那么臣的官位大,罪重;郎官位小,罪轻,其罪过都在臣的身上,臣先该受处罚。"于是解开衣服准备受打。皇帝怒意缓解,让钟离意穿上衣服,同时饶恕了尚书郎。

【原文】帝性褊察①,好以耳目隐发②为明,故公卿大臣,数被诋毁,近臣尚书以下,至见提拽。常③以事怒郎药崧④,以杖撞之。崧走入床下，帝怒甚，疾言⑤曰："郎出！郎出！"崧曰："天子穆穆⑥，诸侯煌煌⑦。未闻人君自起撞郎。"帝乃赦之。朝廷莫不悚栗⑧，争为严切⑨，以避诛责⑩，唯意独敢谏争，数封还诏书。臣下过失，辄救解之。帝虽不能用，然知其至诚。亦以此故，不得久留，出为鲁相。后德阳殿成，百官大会。帝思意言，谓公卿曰："钟离尚书若在，此殿不立。"意卒，遗言上书，陈升平⑪之世，难以急治，宜少宽假⑫。帝感伤其意，下诏嗟叹⑬，赐钱二十万。

【注释】①褊察：褊狭苛察。褊，指心胸、气量、见闻等狭隘。②隐发：谓揭发隐私。③常：通"尝"。曾经。④药崧：东汉河内（今河南武陟）人。家贫为郎，常独自于尚书台值班，明帝见他生活困窘，遂赐尚书以下朝夕两次公餐，从此成为定制。⑤疾言：急遽的说话。⑥穆穆：端庄恭敬。⑦煌煌：显耀，盛美。⑧悚栗：亦作"悚栗"。恐惧战栗。⑨严切：严峻，严厉。⑩诛责：惩罚；责罚。⑪升平：太平。⑫宽假：宽容，宽纵。⑬嗟叹：吟叹，叹息。

【译文】明帝气量小性苛刻，喜欢以耳目见闻揭发人的隐私，因此公卿大臣多次被诋毁，身边的臣子中尚书以下的官吏也（被揭发）押来审问。明帝曾因一件事对郎官药崧发怒，用手杖来打他，药崧躲到床下，明帝更加愤怒，大声叫道："你给我出来！你给我出来！"药崧说道："天子端庄恭敬，诸侯显耀盛美。从未听说过人君亲自用杖击打郎官的。"明帝这才赦免他。朝廷百官没有不害怕的，争相从严做事，以避免责罚。只有钟离意一人敢谏争，多次退还明帝的诏书，其他朝臣有过失，他总是帮忙解救。（针对接连出现的天象变异，钟离意上书言事。）明帝尽管没有采纳，然而也知道他是出于至诚。也是因为这个缘故，他不能在朝久留，于是被调离京师担任鲁国国相。后来德阳殿落成，百官召开盛大集会。明帝想起钟离意的话，对公卿说："钟离尚书如果在朝的话，此殿一定修不起来。"钟离意临死前遗书，陈述太平之世用急迫严厉的手段很难达到，应稍加宽容仁爱。皇帝忆起他的诚意感伤不已，下诏时不胜唏嘘，赐钱二十万（做为安葬之用）。

宋均传

【原文】宋均①,字叔庠,南阳人也。迁九江太守。郡多虎暴,数为民患②,常募③设槛阱④,而犹多伤害。均到,下记属县曰:"夫虎豹在山,鼋鼍⑤在水,各有所托⑥。且江淮之有猛兽,犹北土之有鸡豚⑦也。今为人患,咎在残吏⑧,而劳勤张捕,非忧恤⑨之本也。其务退奸贪,思进忠善,可一去槛阱,除削课制⑩。"其后传言,虎相与⑪东游渡江。中元元年,山(山作公)阳、楚、沛多蝗,其飞至九江界者,辄东西散去,由是名称远近。

【注释】①宋均:南阳安众人。父伯,建武初为五官中郎将。均以父任为郎,时年十五,好经书,通《诗》《礼》,善论难。②患:指为害。③募:募集,招求。④阱:槛阱,捕捉野兽的机具和陷坑。李贤注:"槛,为机以捕兽。阱谓穿地陷之。"⑤鼋鼍:音元陀。大鳖和扬子鳄。⑥托:凭借,依赖。⑦鸡豚:鸡和猪。⑧残吏:残虐百姓的官吏。⑨忧恤:忧虑。⑩课制:指赋税。⑪相与:共同,一道。

【译文】宋均,字叔庠,南阳郡人。升任九江郡太守。郡内多猛虎,常为害百姓。官府经常招募猎人设置机关陷阱,但仍然有很多人被虎伤害。宋均到任,下达公文给属县说:"虎豹出没在山林,鼋鼍生活在水中,各有所依赖。江淮一带有猛兽,正如北方有鸡猪。现在猛虎为害人间,这个责任在残虐百姓的官吏,使人辛苦地捕捉,不是怜悯体恤百姓的根本办法。一定要清除贪官污吏,考虑提拔忠诚善良之士,可一举去掉栅栏、陷阱,并减免赋税。"从此以后传说老虎结伴向东游过长江。中元元年,公阳、楚、沛一带闹蝗灾,蝗虫飞到九江边界,就向东西方向飞去,因此宋均声名远扬。

【原文】浚遒县有唐、后二山,民共祠之,众巫遂取百姓男女,以为山妪①,岁岁改易,既而不敢嫁娶。前后守令,莫敢禁断②。均乃下书曰:"自今以后,为山娶者,皆娶巫家,勿扰良人。"于是遂绝。征拜尚书令③,尝删翦④疑事⑤,帝以为有奸,大怒,收郎,即缚格⑥之。诸尚书惶恐,皆叩头谢罪。均顾厉色⑦曰:"盖忠臣执义,无有二心。若畏威失正,均虽死,不易志也。"小黄门⑧在傍,入具以闻。帝善其不挠⑨,即令贳⑩郎,迁均司隶校尉。

【注释】①山妪:古代指代表山神受享祭的女子。②禁断:禁止,使不再发生;禁绝。③尚书令:官名。始于秦,西汉沿置,本为少府的属官,掌文书及群臣的奏章。汉武帝时以宦官司担任,汉成帝时改用士人。东汉政务归尚书,尚书令成为对君主负责总揽一切政令的首脑。④删翦:删除。⑤疑事:难以辨别的事。⑥缚格:捆绑拷打。⑦厉色:怒容;严厉的脸色。⑧小黄门:汉代低于黄门侍郎一级的宦官。⑨不挠:亦作"不桡"。不弯曲。形容刚正不屈。⑩贳:赦免,宽纵。

【译文】浚遒县有唐、后二山,老百姓都来祭祀山神,许多装神弄鬼的巫师就取来百姓人家的男女,做山公山婆,还年年改换。被确定的男女不敢出嫁婚娶。前后几位太守县令都不敢禁止。宋均于是发布公告说:"从今以后,为山神娶妻的都要娶巫师家的人,不可扰害良民。"于是这种陋习才被禁绝。明帝时,宋均调任为尚书令,曾删掉过一些令人疑惑的文书,明帝认为这其中必有奸诈,大怒,将郎官捆绑起来拷打,尚书们惶恐不安,都叩头谢罪。宋均回头厉声说:"忠臣按正义办事,没有二心,如果害怕威权失去公正,我宋均即使被处死也不改变正义做法。"小黄门在旁,入宫把此事全部禀报了皇帝。明帝称赞宋均不屈不挠,当即赦免了郎官并提升宋均为司隶校尉。

寒朗传

【原文】寒朗,字伯奇,鲁国人也。守侍御史,与三府掾属①,共考案②楚狱③颜忠、王平等,辞④连及隧乡侯耿建、朗陵侯臧信、濩泽侯邓鲤、曲成侯刘建。建等辞未尝与忠平相见。是时显宗怒甚,吏皆惶恐,诸所连及,率一切陷入⑤,无敢以情恕者。朗心伤其冤,试以建等物色⑥,独问忠、平,而二人错忤⑦不能对。朗知其诈,乃上言建等无奸,专为忠、平所诬,疑天下无辜,类多如此。

【注释】①掾属:佐治的官吏。汉代自三公至郡县,都有掾属。人员由主官自选,不由朝廷任命。魏晋以后,改由吏部任免。②考案:考查按验。③楚狱:见前注。④辞:诉讼的供词。⑤陷入:落在不利的境地。⑥物色:形貌。⑦错忤:矛盾;错乱。

【译文】寒朗,字伯奇,鲁国人。他以守侍御史的身分和三公府的属官一起审理楚王刘英谋反一狱中颜忠、王平的案件。他们的供词中牵连到随乡侯耿健、朗陵侯臧信、护泽侯邓鲤和曲成侯刘建等人。刘建等人说并未和颜忠、王平等见过面(指密谋)。这时候明帝非常恼怒，官吏们都惶恐。这个案子牵连的所有的人，都被关押了起来，处境非常危险。没有人敢为他们说情。寒朗为他们蒙冤而伤心，就单独审问颜忠、王平，让他们描述刘建等人的形貌特征，但他们两人互相矛盾不能回答，寒朗知道其中必然有诈。于是向皇帝说明刘建等人没有奸邪行为，乃是因颜忠、王平所诬陷被怀疑的天下无辜的人大多和这种情况一样。

【原文】帝乃召朗入，问曰："建等即如是，忠、平何故引①之？"朗对曰："忠、平自知所犯不道②，故多有虚引，冀以自明。"帝曰："即如是，四侯无事，何不早奏，而久系③至今耶？"朗对曰："臣虽考之无事，然恐海内别有发其奸者，故未敢时上。"帝怒骂曰："吏持两端④，促提下。"左右方引去，朗曰："愿一言而死。小臣不敢欺，欲助国耳，诚冀陛下一觉悟而已。臣见考囚在事者，咸共言妖恶大故，臣子所宜同疾，今出⑤之，不如入⑥之，可无后责。是以考一连十，考十连百。又，公卿朝会，陛下问以得失，皆长跪言旧制，大罪祸及九族。陛下大恩，裁止于身，天下幸甚。及其归舍，口虽不言，而仰屋⑦窃叹，莫不知其多冤，无敢忤⑧陛下者。臣今所陈，诚死无悔。"帝意解，诏遣朗出。后二日，车驾自幸洛阳狱录⑨囚徒，理出千余人。论曰："左丘明⑩有言：仁人之言，其利博哉！晏子一言，齐侯省刑⑪。若钟离意之就格请过，寒朗之廷争冤狱，笃矣乎？仁者之情也！"

【注释】①引:株连,攀供。②不道:无道,胡作非为。③久系:谓长期羁押在狱。④两端:指游移于两者之间的态度。⑤出:脱离,释放,开脱。⑥入:谓定以罪名,使受刑罚。⑦仰屋:卧而仰望屋梁。形容无计可施。⑧忤:违逆,触犯。⑨录:省察,甄别。⑩左丘明:中国春秋末期鲁国史学家。相传著有《左传》,又传《国语》亦出其手。⑪晏子一言,齐侯省刑:晏婴的一句话,让齐景公减轻了刑罚。(详见附录。)

【译文】明帝就召寒朗入宫,问道:"就算刘建等人如你所说是清白的,但忠、平二人为什么要牵连他们?"寒朗回答说:"忠、平二人自知他们所犯的事是大逆不道,所以就多捏造牵连别人,希望为自己开脱。"明帝说:"就算是这样,四位列侯无罪,你为什么不早奏明,而将其关在狱中直到今天?"寒朗回答说:"臣虽然考察他们没有犯什么罪,可是恐怕国内另外有揭发他们作奸犯科的人,所以没有敢及时奏明圣上。"明帝发怒骂道:"你两头都有理,马上拿下。"左右的人正要动手把寒朗带下去,寒朗说:"希望我能说句话再去死。小臣不敢欺瞒,是想辅助国家罢了。诚恳期望陛下立即觉悟啊。臣看到审讯囚犯的官员,都一起说罪恶多么重大,作臣子的都应共同嫉恨,如今放他们出去不如抓他们进来,可避免往后的责任。所以审讯一个人就牵连出十个人,审讯十个人就会牵连出一百个人。还有公卿百官上朝时,陛下询问得失,大家都长跪说,'旧的法典犯大罪要祸灭九族,陛下有大恩德,只处决当事者自身,这是天下的幸事啊。'等到他们回家,口里虽然不说,却仰望屋顶暗自叹息,无不明白其中有很多冤情,但没有敢忤逆陛下的。臣今天把这些话说了出来,即使死了也不后悔。"明帝怒气平息,下令让

寒朗回去。过了两天以后,皇帝亲自去洛阳监狱省察囚犯,释放出一千多无罪的人。史家论说:"左丘明说,仁者的话,可以利益很多人啊!晏婴的一句话,齐景公就减轻了刑法。像钟离意解衣受刑;寒朗廷争冤狱,实在是忠诚啊,那是仁者的真情啊!"

【附录】晏子一言,齐侯省刑:起初,齐景公想更换晏子的住宅,说:"您的住宅靠近市场,低湿狭窄,喧闹多尘,不适合居住,请替您换一所明亮高爽的房子。"晏子辞谢说:"君主的先臣我的祖父辈就住在这里。臣不足以继承先臣的业绩,这对臣已经过分了。况且小人靠近市场,早晚能得到自己所需要的东西,这是小人的利益。哪敢麻烦邻里迁居为我建房?"景公笑着说:"您靠近市场,了解物品的贵贱吗?"晏子回答说:"既然以它为利,岂敢不知道呢?"景公说:"什么贵?什么贱?"当时齐景公刑名繁多苛严,有出售踊(指古代受刖刑的人所穿的一种特制鞋子;一说假肢)的,所以晏子回答说:"踊贵,鞋子贱。"晏子已经告诉了国君,所以向叔在谈话中说到这个。齐景公听后便减省了刑罚。君子说:"仁义之人的话,它的利益广博啊!晏子一句话,齐侯就减少了刑罚。出自《晏子春秋·内篇杂下·景公欲更晏子宅晏子辞以近市得求讽公省刑》。

东平王苍传

【原文】东平王苍①，显宗同母弟也。少好经书，雅有智思②，显宗甚爱重之。及即位，拜骠骑将军，位在三公上。在朝数载，多所隆益③。而自以至亲辅政，声望日重，意不自安。数上疏，乞④上⑤印绶，退就藩国⑥，诏不听⑦。其后数陈乞⑧，辞甚恳切，乃许还国，而不听上将军印绶，加赐钱五千万、布十万匹。永平十一年，苍与诸王朝京师。月余还国，帝临送，归宫，凄然⑨怀思⑩，乃遣使手诏⑪，告诸国中傅曰："辞别之后，独坐不乐，因就车归，伏轼⑫而吟：瞻望永怀⑬，实劳我心。诵及《采菽》⑭，以增叹息。日者⑮问东平王，处家何等最乐，王言为善最乐。其言甚大，副是腰腹矣。"

【注释】①东平王苍：（？～公元83年）。刘苍为汉光武帝刘秀之子。生年不详，卒于汉章帝建初八年。建武十五年（公元39年），封东平公。十七年，进爵为王。②智思：犹智慧，才智。③隆益：谓建树。④乞：求讨，祈求，请求。⑤上：上缴。⑥藩国：古称分封及臣服之国。⑦听：听从，接受。⑧陈乞：陈述请求。⑨凄然：凄凉悲伤貌。⑩怀思：怀念；思念。⑪手诏：帝王亲手写的诏书。⑫轼：古代设在车厢前供立乘者凭扶的横木。⑬永怀：长久思念。⑭采菽：谓采摘豆叶。⑮日者：往日；从前。

【译文】东平王刘苍，是汉明帝的同胞兄弟。年轻时好读经书，文雅有智慧，明帝非常爱惜尊重他。到明帝即位，任刘苍为骠骑将军，位在三公之上。他在朝廷的几年中，有很多善政，但他自认为至亲辅政，声望一天天大，心里感到很不安。多次上疏，请求交还印绶，回到藩国，皇帝没有允许。以后又多次陈述请求，言辞非常恳切，才让他回国，却没有允许他交回上将军印绶，并另外赐钱五千万，布帛十万匹。永平十一年，刘苍和诸王到京师朝见天子，一个多月后回到属国。明帝亲自送别，回宫后心中凄凉，感伤思念，于是派遣使者持手诏告各诸侯国中傅说："辞别之后，独坐宫中，郁郁不乐。乘车返回，扶在车轼上吟咏，眺望着远方我长久怀念，心中感到劳苦。当吟诵到《诗经·采菽》一诗时，更增加了感叹。以前我问东平王在家做什么事情最快乐，东平王说做善事最快乐，这句话太伟大了，符合他的胸怀。"

【原文】肃宗①即位，尊重恩礼，逾于前世，诸王莫与为比。建初元年，地震，苍上便宜②。后帝欲为原陵、显节陵、起县邑，苍闻之，遽③上疏谏，（旧无后帝至疏谏十九字，补之）帝从而止。自是朝廷每有疑政，辄驿使④谘问，苍悉心⑤以对，皆见纳用。帝飨⑥卫士⑦于南宫，因从皇太后周行⑧掖庭⑨池阁，乃阅阴太后⑩旧时器服，怆然⑪动容。乃命留五时衣⑫各一袭⑬及常所御⑭衣，余悉分布诸王主及子孙在京师者。特赐苍及琅邪王京书曰："岁月骛⑮过，山陵浸⑯远，孤心凄怆⑰，如何如何！间飨卫士于南宫，因阅视⑱旧时衣物。闻于师曰：'其物存，其人亡，不言哀而哀自至。'信矣！惟王孝友之德，亦岂不然？今送光烈皇后假髻⑲帛巾各一及衣一箧⑳，可时奉瞻，以慰《凯风》寒泉之思㉑，又欲令后生子孙，得见先后衣服之制。愿王宝精神，加供养。苦言㉒至戒，望之如渴。"

【注释】①肃宗：孝章皇帝，讳炟，字著，明帝子也，永平元年生，母贾贵人。即位后尊明德皇后为太后，改元建初。②便宜：指有利国家，合乎时宜之事。③遽：赶快，疾速。④驿使：传递公文、书信的人。⑤悉心：尽心，全心。⑥飨：以隆重的礼仪宴请宾客。泛指宴请，以酒食犒劳、招待。⑦卫士：负责警卫的兵士。⑧周行：巡行；绕行。⑨掖庭：亦作"掖廷"。宫中旁舍，妃嫔居住的地方。⑩阴太后：阴丽华（公元4年～公元64年），南阳新野人。东汉王朝开国皇帝刘秀的第二任皇后。⑪怆然：悲伤貌。⑫五时衣：古代分别在五个时节所穿的五种不同颜色的衣服。⑬一袭：一身，一套。⑭御：穿戴；佩带。⑮骛：疾速行进，驰骋。⑯浸：副词，逐渐。⑰凄怆：悲伤；悲凉。⑱阅视：查看。⑲假髻：假发所作之髻，供妇女装饰用。古称编，汉以后称假髻。髻、紒、结，古字通。⑳箧：小箱子，藏物之具。大曰箱，小曰箧。㉑凯风寒泉之思：《诗·邶风·凯风》："凯风自南，吹彼棘薪。母氏圣善，我无令人。爰有寒泉，在浚之下。有子七人，母氏劳苦。"后以"凯风寒泉之思"指儿子感念母亲的心情。㉒苦言：诤言，逆耳之言。

【译文】肃宗章帝即位，刘苍受到的尊重和恩礼更超过明帝之时，诸王没有人比得上东平王的。建初元年，发生地震，刘苍上书说对国家有利之事。后来章帝准备为原陵、显节陵修建县邑，刘苍听到此事，立即上疏劝谏，章帝听从并停止了。从此以后朝廷每有疑难政务,便派驿使前去谘询他,刘苍都能尽心的予以答对,他的建议都被采纳施行。章帝在南宫犒赏卫士,因而跟着皇太后在披庭池阁之间游转,看到阴太后旧日使用的器皿衣物,不禁伤感动容,于是命令只留存春青、夏朱、季夏黄、秋白、冬黑五时的衣服各一套,以及平日所穿的衣服,其余都分送给诸侯及京师的子孙。特别在赏赐刘苍及琅邪王刘京衣物的书信中说:"岁月飞逝而过,山陵逐渐远去,我的心感到伤悲,怎么办!怎么办!最近,在南宫犒赏卫士,看到旧时帝后的衣物,听我的老师说:'他们的衣物存在,而人都亡故,不说悲哀而悲哀自然就来了。'这话我是真的体会到了啊。诸王那孝悌友爱的仁德,又何尝不是这样!现送去光烈皇后使用的发髻、帛巾各一件,及衣物一箱,可随时供奉瞻养,以慰'凯风'孝子的思念,还要让后世子孙看得见先后衣服的裁制。希望诸王注意涵养精神,保重身体。我还如饥似渴地企盼您的劝谏之言呢。"

【原文】建初六年冬,请朝。明年正月,(旧无明年正月四字,补之)帝许之。后有司奏遣诸王归国,帝特留苍。八月,饮酎①毕,有司后奏遣,乃许之,手诏赐苍曰:"骨肉天性,诚不以远近为亲疏,然数见颜色,情重昔时。念王久劳,思得还休,欲署大鸿胪奏,不忍下笔。顾授小黄门,中心②恋恋③,恻然④不能言。"于是车驾祖送⑤,流涕而诀。苍薨⑥后,帝东巡守⑦,幸东平宫,追感念苍,谓其诸子曰:"思其人,至其乡。其处在,其人亡。"因泣下沾襟,遂幸苍陵,祠以大牢⑧,亲拜祠坐,哭泣尽哀⑨,赐御剑于陵前而去。

【注释】①酎：反覆多次酿成的醇酒。②中心：心中。③恋恋：依依不舍。亦指依依不舍之情。④恻然：哀怜貌；悲伤貌。⑤祖送：犹饯行。祖饯送行。⑥薨：死的别称。自周代始，人之死亡，有尊卑之分，"薨"以称诸侯之死。⑦巡守：亦作"巡狩"。谓天子出行，视察邦国州郡。⑧大牢：即太牢。古代祭祀，牛羊豕三牲具备谓之太牢。⑨尽哀：竭尽哀思。

【译文】建初六年冬，刘苍请求朝见。第二年正月，章帝答应了他的请求。朝会后大鸿胪奏请送诸王回国，章帝特意留下刘苍。八月饮宴礼毕，有关官员又奏请送刘苍回国，皇上这才允许。章帝亲笔写诏书赠刘苍说："骨肉亲情是人的天性，的确不会因为相隔远近来确定亲疏，然多次见面，感情比以前更深重。只是考虑到您劳累很久了，要回国休养，想批准大鸿胪的奏书，却不忍心下笔，回头交给小黄门办理，心中仍感恋恋不舍，伤感之情无法表达。"于是章帝车驾饯行，挥泪而别。刘苍逝世后，章帝到东方视察，驾临东平宫，追思悼念刘苍，并向他的几个儿子说："想到他的人，来到他的封地，这个地方还在，而其人已不在世了。"说完泪水沾湿了衣襟，于是到刘苍的陵墓上，用太牢之礼祭祀刘苍，章帝亲自拜祭神位，哀伤之情溢于言表，之后，将自己的御剑放在陵前才离开。

朱晖传

【原文】朱晖,字文季,南阳人也。为尚书仆射。是时谷贵,县官经用①不足,朝廷忧之。尚书张林上言:"谷所以贵,由钱贱故也。可尽封钱,一取布帛为租,以通天下之用。又盐,食之急者,虽贵,民不得不须,官可自鬻②。又宜因交趾③、益州上计④吏往来市珍宝,收采⑤其利,武帝时所谓均输⑥者也。"帝然之,有诏施行。晖独奏曰:"《王制》,天子不言有无,诸侯不言多少,食禄之家不与百姓争利。今均输之法,与贾贩无异。盐利归官,则下人穷怨;布帛为租,则吏多奸盗。诚非明主所宜行也。"帝卒⑦以林等言为然,得晖重议⑧,因发怒,切责⑨诸尚书。晖因称病笃⑩,不肯复署议⑪。尚书令以下惶怖⑫,谓晖曰:"今临得谴让⑬,奈何称疾,其祸不细⑭!"晖曰:"行年⑮八十,蒙恩得在机密⑯,当以死报。若心知不可,而顺旨⑰雷同⑱,负臣子之义。今耳目无所闻见,伏待死命。"遂闭口不言。诸尚书不知所为,乃劾奏晖。帝意解,寝⑲其事。

【注释】①经用:经常用度。②鬻:卖。③交趾:亦作"交址"。原为古地区名,泛指五岭以南。④上计:战国、秦、汉时地方官于年终将境内户口、赋税、盗贼、狱讼等项编造计簿,遣吏逐级上报,奏呈朝廷,借资考绩,谓之上计。⑤收采:收取。⑥均输:汉武帝实行的一项经济措施。在大司农属下置均输令、丞,统一征收、买卖和运输货物。⑦卒:最后。⑧重议:从重议处。⑨切责:严词斥责。⑩病笃:病势沉重。⑪署议:谓上书议事。因上书须署名,故称。⑫惶怖:恐惧。⑬谴让:谴责,责备。⑭细:微小。与大相对。⑮行年:指将到的年龄。⑯机密:掌管机要大事的部门、职务。⑰顺旨:亦作"顺指"。谓曲意逢迎。⑱雷同:随声附和。⑲寝:止息,废置。

【译文】朱晖,字文季,南阳郡人。汉章帝时为尚书仆射。当时粮食很贵,官府日常用度不足,朝廷为这件事很担忧。尚书张林上书说:"粮食之所以贵,是因为钱币贬值的缘故。应该把钱全部封存起来,统一用布帛交纳租税,以布帛来代替钱在天下流通。还有盐,是日常食用最需用的东西,即使昂贵,百姓也不得不买来食用,可以实行官营专卖。还应该统计交趾、益州之间商贾往来买卖珍宝的利润,收取税利,这就是汉武帝时所说的'均输'制度啊。"皇帝认为这个意见对,颁诏施行。只有朱晖持异上奏说:"王者的法制,皇帝不谈有无,诸侯不言多少,吃朝廷俸禄的官家不和老百姓争利。现今实行的均输之法跟商贩没有差别,盐利归官,那么下边的老百姓就要因穷困而怨恨;用布帛交缴租税,那么官吏大多会从中作奸偷盗,这绝对不是英明君主所应该施行的办法啊。"章帝最后还是认为张林等人说的办法对,现在听到朱晖要重新商议,因而发怒,严词斥责诸尚书。晖因而声称自己病重,不肯再到署衙议事。尚书令以下的人害怕了,向朱晖说:"现在受到谴责,你怎么还称病不朝,这祸可不小!"朱晖说:"我快八十岁了,蒙受圣恩得以在机要部门工作,当以死来报答,如果明知不可行的事而顺旨附和,就违背做人臣的道义。现在我的耳不能听眼不能见,只有趴着等死了。"于是闭口不说话了。诸尚书不知道怎么做,于是共同弹劾朱晖。皇帝的怒气渐消,就将此事置而不问了。

袁安传

【原文】袁安①,字邵公,汝南人也。为司徒时,和帝②幼弱,太后临朝③。安以天子幼弱,外戚擅权④,每朝会进见,及与公卿言国家事,未尝不噫呜⑤流涕。自天子及大臣,皆倚赖之。章和四年薨⑥,朝廷痛惜焉。后数月,窦氏败⑦,帝始亲万机,追思前议者邪正之节,乃除⑧安子赏⑨郎。

【注释】①袁安:汝南汝阳(今河南商水西南)人。少承家学,举孝廉,任阴平长、任城令,吏人畏而爱之。明帝时,任楚郡太守、河南尹,政号严明,断狱公平。②和帝:汉和帝,为东汉第四代皇帝,名刘肇(公元79年~公元105年)。章帝第四子。③临朝:特指太后摄政,代理皇帝职权。④擅权:专权,揽权。⑤噫呜:感慨悲叹貌。⑥薨:死的别称。自周代始,人之死亡,有尊卑之分,"薨"以称诸侯之死。⑦败:衰落,衰弱。⑧除:拜官,授职。⑨赏:指袁安的儿子袁赏。

【译文】袁安,字邵公,汝南郡人。做司徒官的时候,和帝年幼力弱,窦太后临朝听政。袁安见皇帝幼小,外戚专权。每次朝会进见,和公卿们谈到国家政事时,都感慨流泪。从天子到大臣都依赖袁安。永元四年,袁安去世,朝廷非常痛惜。死后几个月,窦氏衰落,和帝开始亲自处理朝政,回想亲政以前,群臣谏议邪正的情节,于是赐封袁安的儿子袁赏为郎官。

郭躬传

【原文】郭躬①，字仲孙，颍川人也。明②法律。有兄弟共杀人者，而罪未有所归。帝以兄不训弟，故报③兄重，而减弟死。中常侍孙章宣诏，误言两报重。尚书奏章矫制④，罪当腰斩。帝复召躬问之，躬对："章应罚金。"帝曰："章矫诏杀人，何谓⑤罚金？"躬曰："法令有故误⑥，章传命⑦之谬，于事为误，误者其文则轻。"帝曰："章与囚同县，疑其故⑧也。"躬曰："'周道如砥，其直如矢⑨。''君子不逆诈⑩。'君王法天，刑⑪不可以委曲⑫生意⑬。"帝曰："善！"迁躬廷尉正。

【注释】①郭躬：颍川阳翟（今河南禹县）人。其父断狱三十年。他少时传父业，讲授法律，徒众数百人。主张审案定刑从宽从轻，章帝元和三年（公元86年）官至廷尉。曾奏请修改律令四十一条，皆改重刑为轻刑，为朝廷采纳，颁布施行。②明：懂得，了解，通晓。③报：根据犯罪者罪行的轻重大小，依法判处相应的刑罚。④矫制：指假托君命行事。制，制书。⑤何谓：为什么。⑥故误：法律用语。知而故犯与误犯。⑦传命：传达命令。⑧故：故意。⑨周道如砥，其直如矢：即是说，大道平坦似磨石，笔直像箭杆。出自《诗经·小雅·大东》。⑩逆诈：谓事先即猜疑别人存心欺诈。⑪天刑：上天

的法则。⑫委曲：邪曲不正。⑬生意：谓生发出别的意思。

【译文】郭躬，字仲孙，颍川郡人。通晓法律。有兄弟两个一起杀了人，然而罪状还没有判定。章帝认为做兄长的不教诲弟弟，所以判兄长重罪而减免了弟弟的死罪。中常侍孙章宣读诏书时，错误的说成兄弟俩都应受死罪，尚书上奏弹劾孙章假传诏令杀人，论罪应当腰斩。章帝又召郭躬询问此事。郭躬回奏："孙章应处以罚金。"帝曰："孙章假传诏令杀人，怎能就只判罚金？"郭躬说："法令规定有故意杀人和失误杀人，孙章错传诏令，属于失误，误杀人的法律条文应从轻处治。"章帝说："孙章和囚犯是同县人，怀疑他是故意杀人的。"郭躬说："'大路好象磨刀石那样平，又像箭一样笔直。'君子不事先怀疑别人存心欺诈。君王应该效法上天，对法律不可以随意曲解。"皇帝说："说得好。"升迁郭躬为廷尉正。

陈宠传

【原文】陈宠①，字昭公，沛国人也。章帝初为尚书，是时承永平故事②，吏治尚严切③，尚书决事④，率⑤近于重。宠乃上疏曰："臣闻先王之政，赏不僭⑥，刑不滥，与其⑦不得已，宁僭不滥。陛下即位，数诏群僚，弘⑧崇⑨晏晏⑩。而有司执事，犹尚深刻⑪。治狱者，急于旁格⑫酷烈之痛；执宪者，烦⑬于诋欺⑭放滥⑮之文。或因公行私，逞纵威福。夫为政犹张琴瑟，大弦急者小弦绝。故子贡非臧孙之猛法，而美郑乔之仁政⑯。《诗》云：'不刚不柔，布政⑰优优⑱。'方今圣德充塞⑲，假于上下⑳，宜隆㉑先王之道，荡涤㉒烦苛之法，轻薄㉓捶楚㉔，以济㉕群生。"帝敬纳宠言，每事务于宽厚。其后遂诏有司，绝诸惨酷㉖之科，解妖恶之禁，除文致之，请谳㉗五十余事，定著于令。是后民俗和平，屡有嘉瑞㉘。

【注释】①陈宠：沛国洨县（今安徽固镇）人。先祖世习律令，宠传其家业。初为州郡吏，后辟司徒府，掌狱讼，断案公平。迁尚书，上书要求去烦苛，行宽政，被章帝采纳。②故事：先例，旧日的典章制度。③严切：严峻,严厉。⑭决事:决断事情,处理公务。⑮率:大概,一般。⑯僭:犹言过分。⑰与其:连词。在比较两件事或两种情况的利害得失而表示有所取舍时,"与其"用在舍弃的一面。⑱弘:宽容。⑲崇:尊崇,推重。⑳晏晏:和悦貌。㉑深刻:严峻苛刻。㉒旁格:又为"笞格",笞击。用鞭、杖或竹板打人。笞,通"搒"。㉓烦:纷乱,纠结。㉔訛欺:毁谤丑化。㉕放滥:没有节制,放纵无度。㉖子贡非臧孙之猛法,而美郑乔之仁政:子贡,端木赐,字子贡,是孔门七十二贤之一。非:责备,反对。臧孙,鲁大夫,行猛政。郑乔,春秋时郑国大夫公孙侨,字子产,为相多年,有政绩。㉗布政:施政。㉘优优:宽和貌。㉙充塞:充满塞足。㉚上下:指天地。㉛隆:尊崇,尊重。㉜荡涤:冲洗,清除。㉝轻薄:谓减少,减轻。㉞捶楚:捶楚本指棍杖之类,引申为拷打。㉟济:救助。㊱惨酷:极其残酷;极其刻薄。㊲请谳:古代下级官吏遇到疑难案件不能决断,请求上级机关审核定案,称为"请谳"。㊳嘉瑞:祥瑞。

【译文】陈宠,字昭公,沛国人。章帝初年,陈宠为尚书。当时继承明帝永平年间的旧例,吏治崇尚严切,尚书断决政事大都偏严厉。陈宠于是上书说:"臣听闻先王时的政治,不过分赏赐,不滥施刑罚,事情到不得已时,宁可赏赐过分也不滥施刑罚。陛下即位,多次诏告群臣,主张崇尚温和,而有关官员们处理事务,却仍然偏向苛刻。审理案件的人急于给囚犯施加拷打的痛苦,执法的人乱搞訛毁欺诈不切实际的文案。或者假公济私,作威作福。为政之事好像调琴瑟,大弦弹得急速,小弦就会崩断。所以子贡批评臧孙苛刻的法令,而赞美郑乔的仁政。《诗经》说:'不刚不柔,施政温和'。当今圣德充实,至于天地,应该发扬先王的仁道,清除繁苛的刑法,少施加拷打,来造福众生。"章帝恭敬地采纳了陈宠的谏议,凡事都务求宽厚,以后就颁诏有司,废除那些惨酷的刑罚,解除那些怪异的禁令,删除那些需要呈请上级复核的律令五十多条,并定为法令。此后民风和平,多次出现祥瑞的现象。

宠子忠传

【原文】宠子忠，字伯始，擢①拜尚书。安帝始亲朝事，连有灾异，诏举②有道③。公卿百僚，各上封事④。忠以诏书既开谏争，虑⑤言事者必多激切⑥，或致不能容，乃上疏豫⑦通广帝意，曰："臣闻仁君广山薮⑧之大，纳切直⑨之谋，忠臣尽謇谔⑩之节，不畏逆耳之害。是以高祖舍周昌桀纣之譬⑪，孝文嘉爰盎人豕之讥⑫，世宗纳东方朔宣室之正⑬，元帝容薛广德自刎之切⑭。昔者晋平公问于叔向⑮曰：'国家之患，孰为大？'对曰：'大臣重禄不极谏⑯，小臣畏罪不敢言，下情不上通，此患之大者。'今明诏⑰崇高宗⑱之德，推宋景⑲之诚，引咎⑳克躬㉑，谘访㉒群吏。言事者见杜根㉓、成翊世㉔等，新蒙表㉕录㉖，显列㉗二台，必承风响应，争为切直㉘。若嘉谋㉙异策，宜辄纳用。如其管穴㉚，妄有讥刺㉛，虽苦口逆耳，不得事实，且优游㉜宽容，以示圣朝无讳㉝之美。若有道之士，对问高者，宜垂省览㉞，特迁一等，以广直言之路。"

【注释】①擢：举拔，提升。②举：推荐；选用。③有道：指有才艺或有道德的人。④封事：密封的奏章。古时臣下上书奏事，防有泄漏，用皂囊封缄，故称。⑤虑：忧虑，担心。⑥激切：激烈直率。⑦豫：预先，事先。⑧山薮：山林与湖泽。⑨切直：恳切率直。⑩謇谔：正直敢言。⑪高祖舍周昌桀纣之譬：舍：开释，赦免。譬，比喻，比方。李贤注："周昌为御史大夫，尝燕入奏事，高帝方拥戚姬，昌走出，高帝逐得，骑昌项问曰：'我何如主也？'昌仰曰：'陛下桀纣之主也。'上笑，不之罪也。"⑫孝文嘉爱盎人豕之讥：《汉书·爰盎晁错传》曰："上幸上林。皇后、慎夫人从。其在禁中，常同坐。及坐，郎署长布席，盎引却慎夫人坐。慎夫人怒，不肯坐。上亦起。盎因前说曰：'臣闻尊卑有序则上下和，今陛下既以立后，慎夫人乃妾，妾、主岂可同坐哉！且陛下幸之，则厚赐之。陛下所以为慎夫人，适所以祸之也。独不见人豕乎？'于是上乃说，入语慎夫人。夫人赐盎金五十斤。"⑬世宗纳东方朔宣室之正：李贤注："武帝为馆陶公主私人董偃置酒宣室，东方朔为太中大夫，谏曰：'不可。夫宣室者，先帝之正处也，非法度之正不得入焉。'上曰：'善。'更置酒北宫也。"⑭元帝容薛广德自刎之切：《汉书·薛广德传》曰："元帝酎祭宗庙，出便门，欲御楼船，广德当乘舆车，免冠顿首曰：'宜从桥。'诏曰：'大夫冠。'广德曰：'陛下不听臣，臣自刎，以血污车轮，陛下不得入庙矣！'上不说。光禄大夫张猛进曰：'臣闻主圣臣直，乘船危，就桥安，圣主不乘危。御史大夫言可听。'上曰：'晓人不当如是邪！'乃从桥。"⑮叔向：复姓。春秋晋大夫羊舌肸，字叔向，后以其字为姓。见《通志·氏族三》。⑯极谏：尽力规劝。古多用于臣下对君主。⑰明诏：公开宣示。⑱高宗：武丁（？—公元前1192年），姓子，名昭，是中国商朝第二十三位国王，庙号为高宗。⑲宋景：宋景公。《史记》曰："宋景公时荧惑守心星，太史子韦请移之大臣、国人与岁，公皆不听，天感其诚，荧惑为之退三舍也。"⑳引咎：归过失于自己。㉑克躬：严格要求自己。㉒谘访：谘询访问。㉓杜根：时为侍御史。永初元年官郎中，因反对外戚专权，太后欲杀之，遇救，逃入宜城山中为酒家保，隐居十五年。外戚除，拜侍御史。后常用作典故。㉔成翊世：时为尚书郎。㉕表：显扬，表彰。㉖录：指录用，任用。㉗显列：高位。㉘切直：恳切率直。㉙嘉谋：高明的经国谋略。㉚管穴：《史记·扁鹊仓公列传》载，虢太子死，扁鹊过虢，自荐能生之，虢中庶子好方技者不信，扁鹊仰天叹曰："夫子之为方也，若以管窥天，以郄视文。"却（隙）即穴。后因以"管穴"喻狭隘的识见。㉛讥刺：讥评讽刺。㉜优游：优容，宽待。㉝无讳：没有顾忌，没有隐讳。㉞省览：审阅，观览。

【译文】陈宠的儿子陈忠，字伯始，被选拔为尚书。汉安帝开始亲理朝事时，国内接连发生灾异。安帝下诏命令推荐有道德的人，公卿百官都递上密封的奏章。陈忠认为诏书打开谏诤之路以后，担心言事的人一定会有许多激烈直率的言辞，有的甚至会使皇上接受不了，于是上疏预先开导皇帝的心意，说："我听说仁慈的国君有比高山、湖泽还要大的胸怀，可以接纳恳切率直的谋略；忠心的臣下尽正直劝谏的节操，不害怕逆耳忠谏可能带来的祸患。所以汉高祖不计较周昌将他比作夏桀、商纣，汉文帝嘉奖爰盎'人豕之讥'，汉武帝采纳东方朔宣室不为董偃置酒的正当谏言，汉元帝宽容薛广德以自刎来谏诤的恳切。当日晋平公问叔向说：'国家的忧患什么为大？'叔向答称：'大臣看重俸禄不能极力劝谏，小臣害怕获罪不敢直言，下面的情况反映不上去，这就是国家最大的祸患。'现在您公开宣示发扬殷高宗的德行，推崇宋景公的真诚，能亲自承认过失约束自己，向广大官员征求意见。发表意见的人看到杜根、成翊世刚刚被表彰提拔，分别任侍御史和尚书郎的高位，必然会闻风响应，争相来进献忠言。如果有善计良策，应当立即采纳施行。如果他们的见解短浅狭隘甚至妄加讥讽，即使说得不好听，不符合事实，还是应该宽容善待，以表示圣明的朝廷无所忌讳的美德。

如果遇到有道德的人，对策的言论高见卓识，圣上应该亲自审阅，特予提升一级，以广开直言进谏的道路。"

杨终传

【原文】杨终①,字子山,蜀郡人。征诣兰台,拜校书郎。建初元年,大旱谷贵,终以为广陵、楚、淮阳。济南之狱,徙者万数,又远屯绝域②,吏民怨旷③,乃上疏曰:"臣闻善(旧善上有修字,删之)'善④及子孙,恶(旧恶上有行字,删之)恶⑤止其身',百王⑥常典⑦,不易之道也。秦政酷烈⑧,违忤⑨天心,一人有罪,延及三族。高祖平乱,约法三章⑩;太宗至仁。除去收孥⑪。万姓廓然⑫。蒙被⑬更生。泽及昆虫。功垂万世。陛下圣明。德被四表⑭。今以比年⑮久旱,灾疫未息,躬自菲薄⑯,广访得失。三代之隆,无以加⑰焉。

【注释】①杨终:蜀郡成都人,十三岁任郡小吏,后于京师受业,显宗时期,为校书郎。后永元十二年,病故。②绝域:极远之地。③怨旷:长期别离。④善善:褒奖善的。善,赞美,褒扬。《韩非子·说林上》:"夫以人言善我,必以人言罪我。"善,善行,善事,善人。⑤恶恶:憎恨邪恶。⑥百王:历代帝王。⑦常典:常例,固定的法典、制度。⑧酷烈:残暴。⑨违忤:亦作"违牾"。违背;不顺从。⑩约法三章:《史记·高祖本纪》:"与父老约,法三章耳:杀人者死,伤人及盗抵罪。"⑪收孥:亦作"收帑"。古时,一人犯法,妻子连坐,没为官奴婢,谓之收孥。⑫廓然:阻滞尽除貌。⑬蒙被:遭受,受到。⑭四表:指四方极远之地,亦泛指天下。孔颖达疏:"圣德美名,充满被溢于四方之外,又至于上下天地。"⑮比年:每年,连年。⑯菲薄:鄙陋。指德才等。常用为自谦之词。⑰无以加:不能再增加,比不上。

【译文】杨终,字子山,蜀郡人。被朝廷征召到兰台,任校书郎。建初元年,发生大旱灾,谷物价钱昂贵,杨终认为广陵、楚、淮阳、济南的监狱,被迁徙的囚徒多达万人,又在偏远的边疆屯守,官民和家人对长期别离都心怀怨恨。于是他上疏说:"臣听说'褒奖善行可以延及子孙,憎恨邪恶仅止于他本人(不殃及子孙)',这是历代帝王的常规,不可变更的道理。秦朝的政治残暴,违背了上天的好生之德,一个人犯罪,牵连三族。汉高祖平乱以后,约法三章。汉文帝非常仁慈,废止'收孥相坐'的法律。老百姓心里舒坦,像获得了新生,恩泽惠及昆虫,功德流传万代。陛下圣明,恩德遍布天下。而今连年干旱,灾祸和瘟疫都没有停止,您自责德行鄙陋,广泛询问朝政的得失,就是夏商周三代的盛世,也不会超过现代。"

【原文】臣窃案①《春秋》,水旱之变,皆应暴急②,惠不下流③。自永平以来,仍连大狱④,有司穷考⑤,转相牵引⑥,掠治⑦冤滥⑧,家属徙边。加以北征匈奴,西开三十六国,又远屯伊吾⑨、楼兰⑩、车师⑪、戊已。人怀土思⑫,怨结边域。昔殷民⑬近迁洛邑,且犹怨望⑭,何况去中土之肥饶,寄不毛之荒极⑮乎?且南方暑湿⑯,障毒⑰互生,(旧无南方至互生八字,补之)

愁困之民,足以感动天地、移变阴阳矣。惟陛下留念省察,以济元元⑱。孝元弃珠崖之郡,光武(旧无孝元至先武九字,补之)绝西域之国,不以介鳞⑲易我衣裳⑳。今伊吾之役、楼兰之屯,久而不还,非天意也。"帝从之。听还徙者,悉罢边屯。

【注释】①案:通"按"。查考,考核。②暴急:残暴急刻。③下流:喻君上的恩泽不布。④大狱:重大的案件。多指牵涉面广而处罚严厉者。⑤穷考:深究;彻底追查。⑥牵引:株连;连累。⑦掠治:拷打讯问。⑧冤滥:谓断狱冤枉失实。⑨伊吾:古地名。汉伊吾卢地区,隋大业六年置伊吾郡。治所在今新疆哈密县。亦泛指边疆。⑩楼兰:古西域国名,汉元封三年内附。元凤四年,汉遣傅介子斩其王安归,另立尉屠耆为王,更名为鄯善。⑪车师:古西域国名。汉宣帝时,分其地为车师前后两部等,后皆属西域都护。汉设戊已校尉屯田车师前王庭。⑫土思:谓对故乡的怀念。⑬殷民:殷商的百姓,亦指殷代遗民。⑭怨望:怨恨,心怀不满。⑮荒极:极远之地。⑯暑湿:炎热潮湿。⑰障毒:瘴气。障,通"瘴"。⑱元元:百姓,庶民。⑲介鳞:比喻远夷。含贬义。李贤注:"介鳞喻远夷,言其人与鱼鳖无异也。"⑳衣裳:指中国。

【译文】"臣私下考察《春秋》所记载水灾、旱灾的情况,都是因为政治残暴急刻,恩惠没有传播下去导致的。从永平年间以来,连年兴起大狱,官吏深入的查核,案件互相牵连,严刑拷打下产生很多冤案,把囚犯家属迁往边疆。加上向北征讨匈奴,向西部开发三十六国,又远到伊吾、楼兰、车师、戊已等地屯军,人民怀念故土,在边疆上充满愁怨。从前殷商的人民迁徙到很近的洛邑,尚且有埋怨之情,何况要离开中原肥饶的土地,寄身于连草都不生的偏远之地呢!再者南方暑热潮湿,瘴气到处都有。人民愁苦、困窘之情，足以感天动地、改变阴阳啊。期望陛下留意省察，来救济老百姓。汉元帝舍弃珠崖郡，光武帝拒绝给西域各国派遣都护官，他们不因为夷地之民而轻慢中原百姓。当今在伊吾的劳役，在楼兰的屯兵，他们长时间还不能回来，这不符合上天之意啊。"明帝采纳了杨终的谏议，让迁徙的人返回，在边疆的屯守全部停止了。

庞参传

【原文】庞参①,字仲达,河南人也。顺帝②以为太尉。是时三公之中,参名忠直,数为左右所陷,以所举用③忤帝旨,司隶④承风⑤案之。时会茂才⑥孝廉,参以被奏,称疾不得会。(旧无参以至得会九字,补之)上计掾⑦广汉段恭⑧,因会上疏曰:"伏见道路行人,农夫织妇,皆曰:'太尉庞参,竭忠尽节,徒以直道,不能曲心,孤立群邪之间,自处中伤之地。'臣犹冀⑨在陛下之世,当蒙⑩安全⑪,而复以谗佞伤毁忠正,此天地之大禁、人主之至诚。昔白起赐死⑫,诸侯酌酒相贺;季子来归,鲁人喜其纾难⑬。夫国以贤治,君以忠安。今天下咸⑭欣陛下有此忠贤,愿卒⑮宠任,以安社稷。"书奏,诏即遣小黄门视参疾,太医致羊酒⑯。复为太尉。

【注释】①庞参:河南缑氏人,青年时就名重乡里。史书说他"文武昭备,智略弘远,既有义勇之节,兼以博雅深谋之姿",被河南尹推举为孝廉,朝廷委任为左校令。②顺帝:刘保,汉安帝长子。在位二十年。③举用:选拔任用。④司隶:官名。《周礼》秋官之属。汉武帝置司隶校尉,领兵一千二百人，捕巫蛊，督察大奸猾。后罢其兵，改察三辅、三河、弘农七郡。哀帝时称司隶，东汉复旧称，仍察七郡。⑤承风：谓迎合上官的意图。风，口风。⑥茂才：即秀才。因避汉光武帝名讳，改秀为茂。⑦上计掾：古代佐理州郡上计事务的官吏。掾，音愿。⑧段恭：位元组英，雒县（今广汉）人，一生勤奋好学，曾周游七十余郡，求师受学长达三十年。平生刚直不阿，敢于仗义直言。⑨冀：希望，盼望。⑩蒙：遭受，蒙受。⑪安全：平安，无危险。⑫白起赐死：秦昭王赐剑命白起自刎。⑬纾难：解除危难。⑭咸：皆，都。⑮卒：尽，完毕。⑯羊酒：羊和酒。亦泛指赏赐或馈赠的物品。

【译文】庞参，字仲达，河南郡人。汉顺帝任命他为太尉。当时三公之中，庞参以忠贞正直闻名，多次被皇上身边的人诬陷。后因庞参所推荐的人违背皇帝的意旨，司隶秉承皇帝的意旨审察这件事。当时公卿会见被推举的茂才、孝廉，庞参因为被劾奏，就称自己有病不能参加。上计掾广汉人段恭因此上疏说："臣私下看到道路上的行人和农夫织妇都说：'太尉庞参是个尽忠尽节的人，只因为坚守正道而不做违心的事，在众奸邪小人中间孤立无援，处于被坏人中伤的位置。'臣还是盼望他在陛下的盛世，能够得到安全保护，但还是有谗佞小人毁伤、诽谤忠正的人，这是犯了天地之间的大禁，也是人主最大的禁诫。昔日白起被赐死，各国诸侯们酌酒互相祝贺；季子回到鲁国，鲁人欢迎他能解救国家的困难。国家因有贤才而能得到治理，君王因有忠臣而能安稳天下。现今天下都欣慰陛下有庞参这样的忠臣贤人，希望庞参最终能够被陛下宠任，来安定社稷。"奏疏上奏后，顺帝下诏，立即派小黄门看望庞参的疾病，太医送去羊和酒。庞参又恢复了太尉之职。

崔骃传

【原文】崔骃①,字亭伯,涿郡人也。窦太后②临朝(旧无窦字。补之),宪③以重戚出内④诏命。骃献书戒之曰:"生而富者骄,生而贵者傲。生富贵而能不骄傲者,未之有也。今宠禄⑤初隆,百僚观行,当尧舜之盛世,处光华⑥之显时,岂可不'庶几⑦夙夜⑧,以永终誉',弘⑨申伯⑩之美,致⑪周邵之事乎?语曰:'不患无位,患所以立。'昔冯野王⑫以外戚居位,称为贤臣;近阴卫尉克己复礼⑬,终受多福。郑氏之宗,非不尊也;阳侯之族,非不盛也。重侯⑭累将,建天枢⑮,执斗柄⑯。其所以获讥于时,垂愆⑰于后者,何也?盖在满而不挹⑱,位有余而仁不足也。汉兴以后,迄于哀、平,外家⑲二十,保族全身,四人而已。《书》曰:'鉴于有殷。'可不慎哉!夫谦德⑳之光,《周易》所美;满溢之位,道家(家下无之字)之所戒。故君子福大而愈惧㉑,爵隆而益恭,远察近览,俯仰㉒有则,铭㉓诸机杖,刻诸槃㉔杆,矜矜业业㉕,无殆无荒。如此,则百福是荷㉖,庆㉗流无穷矣。"及宪为车骑将军㉘,辟骃为掾㉚。宪擅权㉛骄恣㉜,骃数谏之。及出击匈奴,道路愈多不法,骃为主簿㉝,前后奏记㉞数十,指切㉟长短。

宪不能容，稍疏之。因察骃高第㊱，出为长岑㊲。骃长自以远去，不得意，遂不之㊳官而归，卒于家。

【注释】①崔骃：出身官宦世家。少游太学，与班固齐名。汉和帝时，为车骑将军窦宪属吏。为著名文学家。②窦太后：即章德窦皇后（？～公元97年），扶风平陵人，大司空窦融之曾孙。③宪：窦宪（？～公元92年），字伯度，东汉外戚、权臣、著名将领。是章德皇后的兄长。④出内：出纳。传达帝王命令，反映下面意见。⑤宠禄：荣宠和禄位。⑥光华：光荣，荣耀。⑦庶几：差不多，近似。⑧夙夜：朝夕，日夜。⑨弘：廓大，光大。⑩申伯：西周厉王至宣王时期人，周宣王之元舅也。西周著名政治家、军事家，申国（今河南省南阳市）开国君主。⑪致：求取，获得。⑫冯野王：字君卿。冯奉世之子，西汉上党潞（今山西潞城东北）人，后徙杜陵（今陕西西安东南）。⑬克己复礼：约束自我，使言行合乎先王之礼。⑭重侯：指古代五等爵位中的子、男两爵。⑮天枢：星名。北斗第一星。这里比喻国家的中央政权。⑯斗柄：北斗柄。指北斗的第五至第七星，即衡、开泰、摇光。北斗，第一至第四星象斗，第五至第七星象柄。比喻权柄，大权。⑰愆：罪过，过失。⑱挹：通"抑"。抑制，谦退。⑲外家：指外戚。就是皇后的亲族。⑳谦德：谦虚、俭约之德。㉑惧：恐惧，害怕。㉒俯仰：一举一动。㉓铭：文体的一种。古代常刻于碑版或器物，以以称功德，或用以自警。㉔槃：木盘。古代盛水器皿。㉕杅：盛汤浆的器皿。㉖矜矜业业：谨慎戒惧貌。㉗荷：承受。㉘庆：福泽。㉙车骑将军：汉制官名，仅次于大将军、骠骑将军，金印紫绶，地位相当于上卿，或比三公。典京师兵卫，掌宫卫。第二品，是战车部队的统帅。㉚掾：掾吏。辅助官吏的通称。㉛擅权：专权，揽权。㉜骄恣：亦作"骄姿"。骄傲放纵。㉝主簿：官名。汉代中央及郡县官署多置之。其职责为主管文书，办理事务。㉞奏记：用书面向公府等长官陈述意见。㉟指切：指摘，指责。㊱高第：指官吏的考绩优等。㊲长岑：李贤注，"长岑，县，属乐浪郡，其地在辽东。"后用以称颂不为权贵所容之官吏。㊳之：往，至。

【译文】崔骃，字亭伯，涿郡人。（和帝年幼）窦太后临朝听政，窦宪以显贵的外戚身分负责颁发诏命。崔骃上书告诫他说："生来就富有的人骄，生来就地位贵显的人傲，生来富贵而能够不骄不傲的人，是不曾有过的。如今您的荣宠和禄位刚刚显盛，百官都在看您的行动，您处在尧、舜一般的盛世，正是荣耀显赫之时，怎么能不昼夜勤劳，长久拥有大家的赞誉，发扬申伯的美德，获得像周公、邵公辅佐周王室那样的功业呢？《论语》中孔子说：'不担心没有职位，而担心没有能够建功立业的道德、才能。'昔日冯野王身为外戚而居于御史大夫高位，被称为贤臣；近世阴卫尉能克己复礼，终生享受福禄。郑氏的宗族，不是不尊贵，阳平的宗族，不是不兴盛。封侯的人很多，做将军的人不少，身居高位，执掌大权。他们所以受到当时的非议、又留罪名于后世的原因是什么呢？就在于骄傲自满而不知谦退，爵位过高而仁义不足啊。汉建国以后，到哀帝、平帝为止，外戚掌权的有二十家，能保全家族和自身的，只有四家而已。《尚书》说：'以殷商的灭亡为借鉴'，怎么能不谨慎呢？谦虚仁德的光彩，是《周易》所大力称美的；过满则溢的状况，是道家引以为戒的，所以君子福越大越惊惧，官越高越谦恭。通过观察古人和今人，一举一动都有准则，将铭文刻在书桌和拐杖上，刻写在盘盂上，兢兢业业，不敢怠慢。这样，就能多福多禄，福泽就会长久传衍下去。"等到窦宪做了车骑将军，任命崔骃为掾吏。窦宪专权骄横，崔骃屡次劝谏他。等他出击匈奴，一路上行为更加不守法纪。崔骃做主簿，前后上奏几十次，指责他的缺点，窦宪不能容忍，便渐渐疏远了崔骃。借机考察崔骃的考绩优等,就让他外任为长岑令。崔骃觉得要远离,很是失意,于是不去赴任,回到家乡,死在家中。

杨震传

【原文】杨震①，字伯起，弘农②人也。迁③东莱④太守⑤，道经昌邑⑥，故所举茂才⑦王密为昌邑令，谒见⑧，至夜，怀金十斤以遗⑨震。震曰："故人⑩知君，君不知故人，何也？"密曰："暮夜无知者。"震曰："天知、神知、我知、子知，何谓无知？"密愧而出。后转涿郡⑪太守。性公廉，子孙常蔬食步行⑫。故旧长者⑬，或欲令为开产业⑭，震曰："使后世称为清白吏子孙，以此遗之，不亦厚乎？"

【注释】①杨震（公元59年～公元124年）：字伯起，弘农华阴人。设塾授徒，当时人称"关西孔子杨伯起（后人亦称其为"关西夫子"）。"为官恪尽职守，秉公办事，勤政廉洁，为国为民，为历代官吏楷模。②弘农：弘农郡是中国汉朝至唐朝的一个郡置，其范围历代有一定变化，以西汉为最大，包括今天河南省西部的三门峡市、南阳市西部，以及陕西省东南部的商洛市。③迁：指调升官职。④东莱：地名，山东龙口市（黄县）的古称。⑤太守：原为战国时代郡守的尊称。西汉景帝时，郡守改称为太守，为一郡最高行政长官。⑥昌邑：位于胶东半岛西北部，隶属山东潍坊。⑦茂才：即"秀才"。东汉时，为了避讳光武帝刘秀的名字，将"秀才"改为"茂才"。⑧谒见：指进见地位或辈分高的人。⑨遗：给予，馈赠。⑩故人：对门生故吏既亲切又客气的谦称。⑪涿郡：今河北省涿州市，辖涿县、范阳县（今河北省定兴县固城镇）等二十一县。⑫蔬食步行：蔬食即粗食，以草菜为食；步行即徒步行走。形容生活节俭朴素。⑬故旧长者：故旧，旧交、旧友。长者，年纪大或辈分高的人。⑭产业：指私人财产，如田地、房屋、作坊等。

【译文】杨震，字伯起，弘农郡人。他被升迁为东莱太守，在赴任途中路经昌邑，从前他举荐的秀才王密当时正任昌邑县令，因此就来拜见杨震。到了夜里，王密怀揣了十斤金子来送给杨震。杨震说："我了解您，您却不了解我，这是为什么呢？"王密说："夜里没有人知道。"杨震说："天知，神知，我知，你知。怎么能说没人知道呢？"王密（听罢拿着金子）羞愧地走了。后来杨震调任为涿郡太守。杨震禀性公正廉洁，子孙们常常是粗茶淡饭、徒步出门。他年长的老朋友中有人劝他为子孙置办一些私人财产，杨震却说："让后世人称他们为清白官吏的子孙，把这个留给他们，不是很丰厚吗？"

【原文】为司徒①。安帝②乳母③王圣，因保养④之勤，缘⑥恩放恣。圣子女伯荣，出入宫掖⑦，传通奸赂。震上疏曰："臣闻政以得贤为本，理⑧以去秽⑨为务⑩。是以唐虞⑪俊乂⑫在官，四凶⑬流放，天下咸服，以致雍熙⑭。方今⑮九德⑯未事，嬖幸⑰充庭⑱。阿母⑲王圣，出自至微⑳，得遭千载，奉养圣躬㉑，虽有推燥居湿㉒之勤，前后赏惠，过报劳苦，而无厌之心，不知纪极㉓，外交㉔属托㉕，扰乱天下，损辱清朝㉖，尘点㉗日月。《书》㉘诫牝鸡牡鸣㉙，《诗》刺哲妇㉚丧国。夫女子小人，实为难养㉛。宜速出㉜阿母,令居外舍,断绝伯荣,莫使往来,令恩德两隆,上下俱美。惟陛下绝婉娈㉝之私,割不忍之心,留神万机㉞,诫慎拜爵,减省献御㉟,损节征发㊱,令野㊲无《鹤鸣》㊳之叹,朝㊴无《小明》㊵之悔,《大东》㊶不兴于今,'劳止'㊷不怨于下,拟踪往古㊸,比德哲王㊹,岂不休㊺哉!"

【注释】①司徒:官名。掌管国家的土地和人民的教化。②安帝:汉安帝,名刘祜(公元94年~公元125年)。在位十九年,于南下巡游途中病死,终年三十二岁。庙号"恭宗",谥号"安帝"。③乳母:奶妈。④保养:保护养育,保护培育。⑤勤:劳倦,辛苦。⑥缘:凭借,依据。⑦宫掖:指皇宫。掖,掖庭,宫中的旁舍,嫔妃居住的地方。⑧理:治理,整理。⑨秽:恶人,丑类。⑩务:事业,工作。⑪唐虞:唐尧与虞舜的并称。亦指尧与舜的时代,古人以为太平盛世。⑫俊乂:亦作"俊艾"。才德出众的人。⑬四凶:相传为尧舜时代四个恶名昭彰的部族首领。《书·舜典》"流共工于幽洲(州),放欢兜于崇山,窜三苗于三危,殛鲧于羽山"。⑭雍熙:谓和乐升平。⑮方今:当今,现时。⑯九德:称具有九德的人。九德内容,说法不一。《书·皋陶谟》:"皋陶曰:'都,亦行有九德……宽而栗、柔而立、愿而恭、乱而敬、扰而毅、直而温、简而廉、刚而塞、强而义。'"《逸周书·常训》:"九德:忠、信、敬、刚、柔、和、固、贞、顺。"⑰嬖幸:被宠爱的人。指姬妾、倡优、侍臣等。嬖,音必。⑱充庭:充满朝廷。⑲阿母:乳母。⑳至微:极卑微。㉑圣躬:犹圣体,臣下称皇帝的身体。亦代指皇帝。㉒推燥居湿:把干燥处让给幼儿,自己睡在幼儿便溺后的湿处。极言抚育幼儿的辛劳。㉓纪极:终极,限度。㉔外交:谓与朝臣交往、勾结。亦指依附于朝廷中某种势力。㉕属托:请托,托付。㉖清朝:清明的朝廷。㉗尘点:亦作"尘玷"。污染,玷辱。㉘书:指《尚书》。㉙牝鸡牡鸣:同"牝鸡司晨"。旧时贬喻女性掌权,所谓阴阳倒置,将导致家破国亡。语本《书·牧誓》:"牝鸡无晨,牝鸡之晨,惟家之索。"孔安国传:"喻妇人知外事。雌代雄鸣则家尽,妇夺夫政则国亡。"㉚哲妇:多谋虑的妇人。《诗·大雅·瞻卬》:"哲夫成城,哲妇倾城。懿厥哲妇,为枭为鸱。"孔颖达疏:"若为智多谋虑之妇人,则倾败人之城国。妇言是用,国必灭亡。"后因以指乱国的妇人。㉛女子小人,实为难养:出自《论语·阳货》:"唯女子与小人难养也。近之则不逊,远之则怨。"㉜出:驱逐。㉝婉娈:亦作"婉恋"。依恋貌。㉞万机:同"万几",指帝王日常处理的纷繁的政务。㉟献御:指进献食物给皇上。㊱征发:谓征集调遣人力或物资。㊲野:指民间,不当政的地位。与"朝"相对。㊳鹤鸣:指贤者隐居之义。《诗·小雅·鹤鸣序》:"诲宣王也。"郑玄笺:"教宣王求贤人之未仕者。"㊴朝:指以帝王为首的中央政府。㊵小明:《诗经》篇名。《诗·小雅·小明序》:"小明,大夫悔仕于乱世也。"后用为悔仕乱世的典实。㊶大东:周代东方诸侯小国怨刺西周王室诛求无已、劳役不息的诗。《毛诗序》曰:"《大东》,刺乱也。东国困于役而伤于财,谭大夫作是诗以告病。"㊷劳止:辛劳,劳苦。《诗·大雅·民劳》:"民亦劳止,汔可小康。"郑玄笺:"今周民罢劳矣,王几可以小安之乎?"㊸拟踪往古:拟踪,谓打算达到。往古,古昔、从前。㊹比德哲王:比德,谓德行、德教可与之比拟、比配。哲王,贤明的君主。㊺休:喜庆,美善,福禄。

【译文】杨震担任司徒时,安帝的乳母王圣,因为有过抚养皇帝的辛劳,便凭着皇帝的恩宠放纵恣意。王圣的女儿伯荣,(常常)出入皇宫内外,传递消息,行奸受贿。杨震上疏说:"我听说为政以得到贤能之人为根本,治国以铲除奸邪之人为要务。所以在尧舜的时候,贤俊之人在朝为官,四大恶人被流放,天下人全都心悦诚服,从而达到了升平和乐的局面。当今具有九德的贤人没有得到任用,受宠的姬妾侍臣却充满宫廷。乳母王圣,出身微贱,得遇千载

难逢的机会奉养皇上。虽然有推干就湿的劳苦,但对她前后的赏赐恩惠,已超过了对她所付出劳苦的回报。而她却仍然有贪得无厌之心,不懂得约束自身、行有所止,私下与朝臣勾结交往,受人请托,扰乱天下,损害辱没了清明的朝廷,使日月的光辉遭到了玷污。《尚书》曾警诫过母鸡报晓这种僭位的举动,《诗经》也讽刺过哲妇丧国之事。没有德行的女子与小人,确实是最难教养的人。陛下应当立即逐乳母出宫,让她住在外面,禁止伯荣随意出入禁宫。这样会使恩情与德义都得以隆盛,对上对下都是好事。请陛下断绝不舍之情,割弃不忍之心,关心朝廷大事,谨慎地对待封官拜爵之事,省减各地的进贡,减少人力和物资的征集调遣。让民间没有像《鹤鸣》中贤者隐居的悲叹,让朝廷没有像《小明》中大夫悔仕于乱世的后悔之声,使讽喻赋敛过多的《大东》之诗不会在今天兴起、民间没有劳苦的怨言。追踪效法古圣先贤,让自己的德行可以与古代圣王比配,这难道不是很好吗?"

【原文】奏御,帝以示阿母等,内幸①皆怀忿恚②。而伯荣骄淫③尤甚,与故朝阳侯刘护再从兄④瓌⑤交通⑥,瓌遂以为妻,得袭护爵,位至侍中⑦。震深疾⑧之,复诣阙⑨上疏曰:"臣闻高祖与群臣约,非功臣不得封。故经制⑩,父死子继,兄亡弟及,以防篡也。伏⑪见诏书,封故朝阳侯刘护再从兄瓌,袭⑫护爵为侯。护同产弟⑬威,今犹见在。臣闻天子专封封有功,诸侯专爵⑭爵有德。今瓌无他功行⑮,但以配阿母女,一时之间,既忝侍中,又至封侯,不稽⑯旧制,不合经义,行人喧哗⑰,百姓不安。陛下宜览镜⑱既往⑲,顺帝之则。"书奏,不省⑳。

【注释】①幸:指受帝王亲幸宠爱的佞人。②忿恚:怒恨。③骄淫:骄纵放荡。④再从兄:同曾祖而年长于己者。⑤瓌:刘瓌,生平不详。"瓌"古同"瑰"。⑥交通:勾结,串通。⑦侍中:古代职官名。秦始置,两汉沿置,为正规官职外的加官之一。⑧疾:厌恶,憎恨。⑨诣阙:谓赴朝堂。阙,借指官廷,帝王所居之处。后也借指京城。⑩经制:治国的制度。⑪伏:敬词。古时臣对君奏言多用之。⑫袭:继承,沿袭。⑬同产弟:谓同母之弟。⑭爵:授爵或授官。⑮功行:功绩和德行。⑯稽:相合,相同。⑰行人喧哗:行人,出行的人。喧哗,声大而嘈杂。⑱览镜:比喻借鉴。⑲既往:以往,过去。⑳不省:不理会。

【译文】奏书呈上后,安帝拿给王圣等人看。宫内受宠的佞人都心怀怨恨,而伯荣则比以前更加骄纵放荡。她与已故的朝阳侯刘护的远房堂兄刘瓌勾结串通,刘瓌于是娶她为妻,因此得以承袭刘护的爵位,官至侍中。杨震对此深恶痛绝,再次赴朝堂上疏说:"臣听说高祖和群臣约定,非功臣不能受封为侯。所以国家制度规定:父亲死了,其爵位由儿子继承;哥哥亡故了,爵位由弟弟袭封。(这样做)是为了防止篡夺爵位!臣看到诏书上封已故朝阳侯刘护的远房堂兄刘瓌承袭刘护的爵位为侯,但刘护的亲弟弟刘威现在仍然在世。我听说天子独有分封之权,是为了封侯给有功之人;诸侯独有授爵之权,是为了授爵给有德之人。而今刘瓌没有其他的功劳和德行,只因与乳母的女儿婚配,便一下子位至侍中,又被封为诸侯。这样做既不符合旧制,也不合乎经义,路人议论纷纷,百姓深感不安。陛下应当借鉴过去的成例,遵循帝王的法度(来处理国事)。"奏书呈上后,安帝没有理睬。

【原文】时诏遣使者大为阿母治第①,中常侍②樊丰,及侍中周广、谢恽等,更相扇动③,倾摇④朝廷。震复上疏曰:"臣伏念方今灾害发起,百姓空虚⑤,不能自赡,重以螟蝗⑥,羌虏⑦抄掠⑧,三边⑨震扰,兵甲军粮,不能复给。大司农⑩帑藏⑪匮乏,殆⑫非社稷安宁之时。伏见诏书,为阿母兴起津城门⑬内第舍⑭,合两为一⑮,连里竟街⑯,雕治缮饰⑰,穷极巧技,转相迫促⑱,为费巨亿。周广、谢恽兄弟,与国无肺腑枝叶⑲之属,依倚近幸,分威共权,属托州郡,倾动⑳大臣。宰司辟召㉑,承望㉒旨意,招来海内贪污㉓之人,受其货赂㉔,至有赃锢㉕弃世之徒,复得显用㉖。白黑溷淆㉗,清浊同源,天下喧哗,为朝结讥。臣闻师言:'上之所取,财尽则怨,力尽则叛。'怨叛之民,不可复使。惟陛下度之。"丰、恽等,见震连切谏不从,无所顾忌,遂诈作诏书,调发司农钱谷㉘、大匠㉙见徒㉚材木㉛,各起家舍㉜、园、池㉝、庐观㉞(观下旧有阁字,删之),役费无数。震因地震,复上疏,前后所上,转有切至㉟。帝既不平㊱之,而樊丰等,皆侧目㊲愤怨,俱以其大儒,未敢加害。

【注释】①治第:治,修建、修缮。第,官邸、大的住宅。②中常侍:西汉时皇帝近臣,给事左右,职掌顾问应对。中常侍是仅有虚衔的加官。安帝时,和熹邓皇后临朝,中常侍都任用宦官,并授以重任。③扇动:煽动,鼓动。④倾摇:动摇。⑤空虚:空无,不充实。⑥螟蝗:螟和蝗,都是食稻麦的害虫。此指螟虫、蝗虫成灾。⑦羌虏：羌，我国古代民族名，主要分布地相当于今甘肃、青海、四川一带。秦汉时，部落众多，总称西羌。以游牧为主。虏，古时对北方外族或南人对北方人的蔑称。⑧抄掠：抢劫，掠夺。⑨三边：指东、西、北边陲。⑩大司农：官名。秦置治粟内史，汉景帝时改称大农令，武帝太初元年更名大司农。⑪帑藏：国库。帑，音躺。⑫殆：大概。⑬津城门：又名津阳门，在洛阳南面，靠近洛河。⑭第舍：宅第，住宅。⑮合两为一：李贤注："合两坊而为一宅。"⑯连里竟街：形容屋舍毗连不绝。李贤注："里即坊也。"里，城邑的市廛、街坊。今称巷弄。⑰雕治缮饰：雕，饰以彩绘、花纹。后亦写作"彫"。缮饰，修葺装饰。⑱迫促：逼迫，催促。⑲肺腑枝叶：肺腑，同"肺附"，比喻帝王的宗室近亲。枝叶，喻同宗的旁支。⑳倾动：倾覆，动摇。㉑辟召：征召。㉒承望：迎合，逢迎。㉓贪污：贪利忘义。㉔货赂：财物。㉕赃锢：《后汉书》原文作"臧锢"，谓因收受贿赂而被监禁。李贤注："有臧贿禁锢之人也。"㉖显用：犹重用。㉗溷淆：亦作"溷殽"，混乱、杂乱。㉘钱谷：钱币、谷物。常借指赋税。㉙大匠：官名，全称为"将作大匠"，掌管宫室修建之官。㉚见徒：现被拘禁执役的囚犯。㉛材木：可作木材的树，木材。㉜家舍：家庭屋舍。㉝园池：指有池塘的园林。㉞庐观：泛指楼阁亭台。㉟转有切至：转，副词，渐渐、更加。有，助词，无义，作形容词词头。切至，切直尽理。㊱不平：愤慨，不满。㊲侧目：斜目而视，形容愤恨。

【译文】当时皇上下诏，委派使者大规模地为乳母修建府第。中常侍樊丰及侍中周广、谢恽等人更是相互煽动，整个朝廷都为之震荡。杨震再次上疏道："臣想到当今灾害接连发生，百姓生活匮乏，无法养活自己。再加上遭受螟蝗之灾和羌人的劫掠，东西北三边边陲受到侵扰，兵器和粮草都无力供应了。大司农所掌管的国库已经空虚匮乏，大概眼下并不是国家安宁的时候。我见到诏书上

说要为乳母兴建津城门内的府第,将两条街巷合并为一个宅院,屋舍(毗连不绝)贯通整个里弄。房屋雕梁画栋,用尽各种精巧的工艺。各方面加紧督造这座府第,花费数以亿计。周广和谢恽兄弟,不是帝王的宗室近亲,也不是同宗的旁亲,只仗着是皇帝的宠臣,就得以分夺威势,共操权柄,向各州郡请托营私,使大臣们为之动摇,掌控征召的权力,逢迎皇上的意图。招用的都是国内那些贪利忘义之人,接受他们的财货贿赂,以至于那些因收受贿赂而被监禁或被判死刑的人重新得到了重用。黑白颠倒,清浊难辨,天下人议论纷纷,致使朝廷招致讥讽。臣听老师说:'皇上向百姓索取,如果耗竭了民间的财物,百姓就会怨恨;如果用尽了民间的力役,百姓就会叛乱。'那些怀有怨恨和叛乱之心的人,是很难再听从国家的调遣的。'希望陛下三思。"樊丰、谢恽等人看到杨震接连几次进行的恳切劝谏都不被皇上采纳,就更加无所顾忌了。于是假颁诏书,调发司农掌管的国库钱财谷物和将作大匠掌管的执役的囚徒和木材,用来修建自家的宅第、园林、池塘、楼观等,耗费的人力和钱财难以计数。杨震趁发生地震,再次上疏。先后所上的奏书,言辞一次比一次恳切。安帝看了心中非常不满,而樊丰等人对他则更是侧目而视,怨恨不已。但因杨震是当世的大儒,他们都不敢加害他。

【原文】寻①有河间男子赵腾,诣阙②上书,指陈③得失。帝发怒,遂收考诏狱④,结⑤以罔上不道。震复上疏救之,曰:"臣闻尧舜之世,谏鼓谤木⑥,立之于朝;殷周哲王,小人怨詈⑦,则洗目改听⑧。所以达聪明⑨,开不讳⑩,博采负薪⑪,尽极下情⑫也。

今赵腾所坐⑬,激讦谤语⑭为罪,宜与手刃⑮犯法有差。乞为亏除⑯,全腾之命,以诱刍荛⑰舆人⑱之言。"帝不省,腾竟⑲伏尸⑳都市。

【注释】①寻:不久。②诣阙:谓赴朝堂。③指陈:指明和陈述。④收考诏狱:收考,拘捕拷问。诏狱,关押钦犯的牢狱。⑤结:判决,治罪。⑥谏鼓谤木:谏鼓,设于朝廷供进谏者敲击以闻的鼓。谤木,相传尧舜时于交通要道竖立木柱,让人在上面写谏言,称"谤木"。⑦小人怨詈:小人,平民百姓。怨詈,怨恨咒骂。詈,音立。⑧洗目改听:《后汉书》原文作"还自敬德"。⑨聪明:谓明察事理。⑩不讳:不隐讳。⑪负薪:指地位低微的人。⑫下情:指下级或群众的情况或心意。⑬坐:犯罪,判罪。⑭激讦谤语:激讦,激烈率直地揭发、斥责别人的隐私、过失,讦,音劫。谤语,犹谤言,怨恨、指责的话。⑮手刃:亲自杀了某某。手,指亲手。刃,名词作动词,杀。⑯亏除:减免。⑰刍荛:本指割草采薪之人。亦指草野之人。⑱舆人:本指造车工人,亦有众人之意。⑲竟:终于,到底。⑳伏尸:谓杀人致死。

【译文】不久,有一位河间的男子赵腾到朝堂上书,指陈政事上的得失。皇帝大怒,就把赵腾关入监牢拷问,判处以欺君犯上、大逆不道的罪名。杨震又上奏疏营救赵腾说:"臣听说尧舜的时候,在朝堂设敢谏之鼓,立诽谤之木;殷周二朝的圣王,(如果听到)百姓的怨骂,就会改变视听,真诚接受。正因为如此,他们才能达到明察事理,同时让别人直言不讳,做到广泛听取普通百姓的意见、全面细致地了解民情。现今赵腾因指责朝政而被判有罪,这与杀人犯法是不同的。臣乞求能减免他的罪过,保全他的性命,以引导众人能够直抒其言。"皇上没有理睬杨震的建议,最后赵腾被处死于京城中的集市。

【原文】会东巡岱宗①,樊丰等因乘舆②在外,竞治第宅。震部掾③高舒召大匠④、令史⑤考校⑥之,得丰等所诈下诏书,具奏。须⑦行还上之。丰等闻,惶怖,遂共谮⑧震云:"自赵腾死后,深用怨怼⑨,且邓氏故吏⑩,有恚恨心。"及车驾⑪行还,遣使者策⑫收震太尉⑬印绶⑭,震于是柴门⑮绝宾客。丰等复恶之,乃请大将军耿宝⑯,奏震大臣不服罪,怀恚望⑰,有诏遣归本郡。震行至城西夕阳亭⑱,乃慷慨⑲谓其诸子门人⑳曰:"死者士之常分㉑。吾蒙恩居上司㉒,疾奸臣狡猾㉓而不能诛,恶嬖女㉔倾乱而不能禁,何面目复见日月! 身死之日,以杂木㉕为棺,布单被,裁足盖形㉖,勿归冢次㉗,勿设祭祠㉘。"因饮酖㉙而卒。

【注释】①东巡岱宗:东巡,古代谓天子巡视东方。语本《书·舜典》:"岁二月,东巡守,至于岱宗。"岱宗,即泰山,泰山旧谓居五岳之首,为诸山所宗,故称。②乘舆:皇帝的代称。③掾:官府中佐助官吏的通称。④大匠:"将作大匠""将作监"的别称。⑤令史:汉丞相府及以后三公府的属吏,在诸曹的掾史之下,秩百石。⑥考校:考察、校核。⑦须:等待。⑧谮:谗毁,诬陷。⑨深用怨怼:用,介词,犹言"以",表示凭借或者原因。怨怼,怨恨、不满。⑩邓氏故吏:邓氏,指大将军邓骘。故吏,原来的属吏。因杨震曾在大将军邓骘幕府任职,故称。⑪车驾:帝王所乘的车。亦用为帝王的代称。⑫策:古代君主对臣下封土、授爵、免官或发布其他教令的文件。引申为策命、策免。⑬太尉:官名。秦至西汉设置,为全国军政首脑,与丞相、御史大夫并称三公。汉武帝时改称大司马。东汉时太尉与司徒、司空并称三公。⑭印绶：印信和系印信的丝带。古人印信上系有丝带，佩带在身。⑮柴门：犹杜门、闭门。⑯大将军耿宝：汉安帝舅父，任大鸿胪。公元124年至公元125年任大将军。⑰恚望：怨望，怨恨。⑱夕阳亭：亭名，故址在河南省洛阳市西。东汉延光年间，太尉杨震被谴遣归，饮鸩死于此亭。⑲慷慨：情绪激昂。⑳门人：弟子。㉑常分：定分。㉒上司：汉时对三公的称呼。㉓狡猾：诡诈习钻。亦指诡诈习钻之人。㉔嬖女：受宠爱的姬妾。㉕杂木：杂色木材，劣质木材。《礼记·丧服大记》："君松椁，大夫柏椁，士杂木椁。"孔颖达疏："士杂木椁者，士卑，不得同君，故用杂木也。"㉖裁足盖形：裁，通"才"，仅仅。盖，遮盖、覆盖。形，形体、身体。㉗冢次：冢，坟墓。次，间，际。㉘祭祠：祭祀，陈物供奉始祖。㉙饮酖：亦作"饮鸩"。喝用鸩鸟羽毛泡制的毒酒。

【译文】后来正逢皇上东巡泰山，樊丰等人趁皇上在外，争相大修宅第。杨震的属官高舒把将作大匠的令史召来进行考察核对，获得樊丰等人伪造下发的诏书，准备好了奏章，只等皇上回来就递上去。樊丰等人听到这个消息，十分害怕，于是就一起诬陷杨震说："自从赵腾被处死以后，杨震就因此而深怀怨恨，而且杨震作为前大将军邓骘的属下，也对朝廷心存怨恨。"等皇上回京后，就派使者收回了杨震的太尉印绶，于是杨震就闭门谢客。樊丰等人还嫉恨他，就请大将军耿宝上奏说，杨震身为大臣却不服罪，心中怀有怨恨。皇上就下诏把杨震遣送回原籍。杨震走到洛阳城西的夕阳亭，情绪激昂地对儿子和弟子们说："死亡是士人的常分。我承蒙皇上恩典，身居三公之位，痛恨奸臣狡猾却无法诛杀他们，疾恶嬖女作乱而无法禁止她们，有何面目再见日月呢！我死以后，只用杂木来做棺材，用布做成单被，只要能盖住身体就可以了，不要把我埋葬在祖坟之间，也不要为我设立祭祠。"（说罢）就饮鸩而死了。

【原文】震中子秉①，字叔节。延熹②五年，为太尉。是时宦官方炽③。中常侍侯览④弟参，为益州刺史⑤，累⑥有臧罪⑦，暴虐一州。秉劾奏⑧参，槛车征诣廷尉⑨。参自杀。秉因奏览及中常侍具瑗⑩，免览官，而削瑗国。每朝廷有得失，辄尽忠规谏，多见纳用。秉性不饮酒，尝从容言曰："我有三不惑，酒、色、财也。"

【注释】①中子秉：秉，杨秉，字叔节，大儒杨震中子，少传父业，兼明《京氏易》，博通书传，以廉洁称。②延熹：东汉皇帝汉桓帝刘志的第六个年号。公元158年6月至公元167年6月。③宦官方炽：宦官，古代以阉割后失去男性功能之人在宫中侍奉皇帝及其家族，称为宦官。炽，昌盛、兴盛。④侯览（？～公元172年）：东汉桓帝时宦官，山阳防东（今山东单县东北）人。因诛梁冀有功，进封高乡侯，后迁为长乐太仆。任官期间，专横跋扈，贪婪放纵，大肆抢掠官民财物。为了报复私仇，侯览又诬陷张俭、李膺、杜密等为党人，造成了历史上有名的党锢之祸。⑤益州刺史：益州，中国古地名，其范围包括今天的四川盆地和汉中盆地一带。刺史，古代官名，原为朝廷所派督察地方之官，后沿为地方官职名称。⑥累：连续，屡次。⑦臧罪：贪污受贿之罪。⑧劾奏：向皇帝检举官吏的过失或罪行。⑨槛车征诣廷尉：槛车，用栅栏封闭的车，用于囚禁犯人。征诣，召往。廷尉，官名，秦始置，九卿之一，掌刑狱。景帝时改称大理，武帝时复称廷尉。东汉以后，或称廷尉，或称大理，又称廷尉卿。⑩具瑗：东汉魏郡元城（治今河北大名东）人。宦官。桓帝时，任中常侍，与宦官单超、左悺、徐璜、唐衡合谋诛灭外戚梁冀，封东武阳侯。他和左悺等骄横贪暴，兄弟亲戚都为州郡刺史、太守，侵夺人民。

【译文】杨震的中子杨秉，字叔节，汉桓帝延熹五年，担任太尉。这正是宦官当道的时候,中常侍侯览的弟弟侯参时任益州刺史,多有贪污罪行,危害整个益州。杨秉弹劾侯参,(皇帝下令)用槛车把侯参征召到廷尉。侯参(畏罪)自杀。杨秉接着参奏侯览和中常侍具瑗,最终侯览被免去了官职,具瑗被削减了封国。每逢朝廷有得失,他都尽忠规谏,意见多被采纳。杨秉生性不饮酒,曾从容安详地说:"我不会被三种东西所迷惑,即酒、色、财。"

【原文】秉子赐①,字伯献。为司徒。坐辟党人免②。复拜光禄大夫③。光和元年④,有虹霓⑤昼降于嘉德殿⑥前。帝恶之,引赐入金商门⑦,使中常侍曹节⑧、王甫⑨,问以祥异祸福所在。赐仰天而叹,谓节等曰:"吾每读《张禹传》⑩,未尝不愤恚叹息,既不能竭忠尽情⑪,极言⑫其要,而反留意少子、乞还女婿⑬,至令朱游⑭欲得尚方斩马剑⑮以治之,固其宜也。吾以微薄之学,充师傅之末⑯,累世见宠,无以报国,猥当大问⑰,死而后已。"乃手书对曰:"臣闻之经传⑱。或得神⑲以昌,或得神以亡。国家休明⑳,则鉴㉑其德;邪辟昏乱㉒,则视其祸。今殿前之气,应为虹霓,皆妖邪所生,不正之象,诗人所谓'蝀蝃'㉓者也。今内多嬖幸,外任小臣,上下并怨,喧哗盈路,是以灾异屡见,前后丁宁㉔。今复投霓㉕,可谓孰㉖矣。《易》曰:'天垂象㉗,见吉凶,圣人则之。'今妾媵、嬖人、阉尹㉘之徒,共专国朝㉙,欺罔日月㉚。又鸿都㉛门下,招会群小㉜,造作赋说㉝,以虫篆㉞小技,见宠于时,如欢兜、共工㉟,更相荐㊱说,旬月㊲之间,并各拔擢㊳。乐松处常伯㊴,任芝居纳言㊵,郤俭、梁鹄㊶以便辟㊷

之性、佞辩㊵之心,各受丰爵不次之宠㊸。而令搢绅㊺之徒,委伏畎亩㊻,口诵尧舜之言,身蹈㊼绝俗之行,弃捐㊽沟壑,不见逮及。冠履倒易,陵谷㊾代处,从小人之邪意,顺无知㊿之私欲,不念《板》《荡》[51]之作、'虺蜴'[52]之诫。殆哉之危,莫过于今。幸赖皇天垂象谴告[53]。《周书》[54]曰:'天子见怪[55]则修德,诸侯见怪则修政。'惟[56]陛下慎经典之诫,图变复[57]之道,斥远佞巧[58]之臣,速征鹤鸣之士[59],内亲张仲[60],外任山甫[61],断绝尺一[62],抑止盘游[63],留思庶政[64],无敢怠遑[65]。冀上天还威,众变可弭[66]。老臣过受师傅之任,数蒙宠异[67]之恩,岂敢爱惜垂没[68]之年,而不尽其偻偻[69]之心哉!"

【注释】①赐:杨赐,字伯献,少传家学,笃志博闻。后以司空高第,再迁侍中、越骑校尉。②坐辟党人免:坐,因为、由于。辟,征召、荐举。党人,朋党。免,解职。③光禄大夫:战国时代置中大夫,汉武帝时始改为光禄大夫,秩比二千石,掌顾问应对,隶于光禄勋。④光和元年:公元178年。光和,公元178年至公元184年,汉灵帝刘宏的第三个年号,共七年。⑤虹霓:即蟒蝀。虹霓常有内外二环,内环称虹,也称正虹、雄虹;外环称霓,也称副虹、雌虹或雌霓。又以虹霓为二气不正之交,象征淫奔、作乱。⑥嘉德殿:李贤注:"《洛阳记》,殿在九龙门内。"⑦金商门:戴延之《西征记》曰:"太极殿西有金商门。"⑧曹节(?~公元181年):字汉丰,南阳新野(今河南新野)人。东汉时大宦官。汉桓帝时受宠,以迎立汉灵帝之功封长安乡侯。⑨王甫:东汉大宦官。⑩张禹传:《汉书·张禹传》。张禹(?~公元前5年),字子文,河内轵(今河南济源东)人。⑪竭忠尽情:竭忠,竭尽忠诚。尽情,尽心尽力。⑫极言:竭力陈说。⑬留意少子,乞还女壻:壻,古同"婿"。

禹每疾,成帝辄以起居闻,车驾日临问之,拜禹床下。禹顿首谢恩,言"老臣有四男一女,爱女甚于男,远嫁为张掖太守萧咸妻,不胜父子私情,思与女相近"。成帝即时徙咸为弘农太守。又禹少子未有官,成帝临候禹,禹数视其少子,成帝即禹床下拜为黄门给事中。⑭朱游:李贤注:"朱云字游。张禹以帝师尊,云上书求见,公卿在前,云曰:'今朝廷大臣不能匡主,臣愿得尚方斩马剑,断佞臣一人头,以厉其余。'上问:'谁也?'对曰:'安昌侯张禹。'"⑮尚方斩马剑:颜师古曰:"尚方,少府之属官也,作供御器物,故有斩马剑,剑利可以斩马也。"⑯末:泛指末位、后列。多用作谦词。⑰猥当大问:猥,副词,犹辱、承,谦词。大问,谓帝王的垂询。⑱经传:儒家典籍经与传的统称。传是阐释经文的著作。⑲得神:谓得到神灵(降临)。⑳休明:美好清明。用以赞美明君或盛世。㉑鉴:照察。㉒邪辟昏乱:邪辟,亦作"邪僻",乖谬不正。昏乱,昏庸无道、糊涂妄为。㉓蝃蝀:亦作"螮蝀"。虹的别名。《诗·鄘风·蝃蝀》:"蝃蝀在东,莫之敢指。"毛传:"蝃蝀,虹也。"㉔丁宁:嘱咐,告诫。㉕投霓:谓天降虹霓,示天下将乱。《后汉书·杨赐传》:"案《春秋谶》曰:'天投霓,天下怨,海内乱。'"㉖孰:"熟"的古字。程度深,指事物发展到最终的阶段或相当的程度。李贤注:"孰,成也。"㉗垂象:显示征兆。㉘妾媵嬖人阉尹:妾媵,古代诸侯贵族女子出嫁,以侄娣从嫁,称媵,后因以"妾媵"泛指侍妾。嬖人,身份卑下而受宠爱的人,指姬妾、侍臣、左右等。阉尹,管领太监的官。㉙国朝:国政,朝政。㉚日月:喻指帝后。语本《礼记·昏义》:"故天子之与后,犹日之与月。"㉛鸿都:光和元年设在鸿都门的学校。专习辞赋书画,出授高级官职。因校址设在洛阳鸿都门而得名。㉜群小:众小人。㉝赋说:赋,文体名,是韵文和散文的综合体,讲究词藻、对偶、用韵。说,文体名,一种用来阐述某种道理或主张的文章。㉞虫篆:犹雕虫。喻指末技。李贤注:"《法言》曰:'赋者,童子雕虫篆刻,壮夫不为也。'"㉟欢兜、共工:欢兜,人名,尧时佞臣。共工,古史传说人物,为尧臣,和欢兜,三苗,鲧并称为"四凶"被流放于幽州。㊱荐：推荐，介绍。㊲旬月：十天至一个月。指较短的时日。㊳拔擢：选拔提升。㊴乐松处常伯：乐松，东汉大臣，历任鸿都文学、侍中、奉车都尉，为汉灵帝宠臣。常伯，周官名，君主左右管理民事的大臣，以从诸伯中选拔，故名，后因以称皇帝的近臣，如侍中、散骑常侍等。㊵任芝居纳言：任芝，生平不详。纳言，古官名，主出纳王命。㊶郗俭、梁鹄：郄俭，生平不详。梁鹄，字孟皇（也有记作孟黄），安定乌氏人，东汉书法家。㊷便辟：亦作"便僻"。谄媚逢迎。㊸佞辩：谄媚善辩。㊹各受丰爵不次之宠：丰爵，尊显的爵位。不次，不依寻常次序，犹言超擢、破格。㊺搢绅：插笏于绅。搢，插。绅，古代仕宦者和儒者围于腰际的大带，后用为官宦或儒者的代称，此地指儒者或有识之士大夫。㊻委伏畎亩：委伏，委弃埋没。畎亩，亦作"甽亩"，本指田地、田野，引申指民间。㊼蹈：履行，遵循。㊽弃捐：抛弃，废置。㊾陵谷：《诗·小雅·十月之交》："高岸为谷，深谷为陵。"毛传："言易位也。"郑玄笺："易位者，君子居下，小人处上之谓也。"后因以"陵谷"比喻君臣高下易位。㊿无知：指不明事理的人。(51)板、荡：《板》《荡》都是《诗·大雅》中讥刺周厉王无道而导致国家败坏、社会动乱的诗篇。后因以指政局混乱或社会动荡。(52)虺蜴：蜥蜴。《诗·小雅·正月》："哀今之人，胡为虺蜴。"朱熹《诗集传》："虺、蜴，皆毒螫之虫也……哀今之人，胡为肆毒以害人？"后用以为典，比喻肆毒害人者。(53)谴告：谴责警告。(54)周书：《尚书·周书》。(55)见怪：见到怪异的事物。(56)惟：愿，希望。(57)变复：古时主张"天人感应"的儒家学者提倡以祭祀祈祷来消除灾祸，恢复正常，谓之"变复"。(58)佞巧：谄佞巧诈。(59)鹤鸣之士：指有才德声望的隐士。(60)张仲：周宣王贤臣。《诗经》曰："张仲孝友。"(61)山甫：即仲山甫。一作仲山父。封地为樊，为樊姓始祖，所以又叫"樊仲山甫""樊仲山""樊穆仲"。(62)断绝尺一：尺一，亦称"尺一牍""尺一板"。古时诏板长一尺一寸，故称天子的诏书为"尺一"。(63)盘游：游乐。(64)留思庶政：留思，犹留心、关心。庶政，各种政务。(65)怠遑：懈怠而闲暇。(66)弭：止息。(67)宠异：指帝王给以特殊的尊崇或宠爱。(68)垂没：亦作"垂殁"。垂死。⑩偻偻：音楼楼。勤恳、恭谨貌。

【译文】 杨秉的儿子杨赐，字伯献，官居司徒。曾因荐举党人被免职，后又被拜为光禄大夫。灵帝光和元年，有虹霓白天降落在嘉德殿前。灵帝对这种现象很厌恶，召杨赐进金商门，让中常侍曹节、王甫询问这种现象的祥异祸福。杨赐仰天而叹，对曹节等说："我每次读《张禹传》，没有不愤恨叹息的。张禹既不能竭尽忠诚，尽心尽力地陈说国家的紧要事项，却只关心小儿子，乞求成帝调回在远地的女婿，以至使朱云想得到尚方斩马剑来惩处他，这的确是应该的。我以微薄的才学，充任帝师之列，累世受到宠爱，却无以报效国家。如今受到皇上的垂询，（唯有尽心尽力）死而后已。"于是亲自写奏书回答说："臣从经传上得知，有时国家因出现神异现象而昌盛，有时国家因出现神异现象而败亡。国家政治清明，则可从此看出其仁德；国家混乱，则可从中看出其祸患。现在殿前的云气，应当是虹霓，这都是因妖邪所形成的，是一种不正常的现象，这也就是诗人所说的蝃蝀。当今朝廷内多是皇上宠爱的狎昵之人，对外则信任小人，上下都在怨恨，路人议论纷纷，所以灾异现象多次发生，上天反复地叮嘱提醒。现在又降下虹霓，可说是告诫得很周详了。《易经》上说：'上天垂示各种征兆，从中可见吉凶之理，圣人遵照天意来行事。'现在妾媵、嬖人、阉宦这一类人共同把持朝政，欺罔皇上与皇后。又在鸿都门下招揽了一群小人，造赋作说，用雕虫小技得宠于当朝，像古代的欢兜、共工等坏人一样互相吹捧，短时间内都会得到提拔。乐松做了常伯，任芝官居纳言，郤俭、梁鹄都以谄媚逢迎的习性、奸佞善辩之心术，各自被授予显要的爵位，得到破格提拔的宠爱。而有识之士则被埋没在民间，虽

然口中述说着尧舜的言论，践行着超俗的行谊，却被遗弃在沟壑乡野之中，不能被朝廷任用。鞋子帽子穿戴颠倒，高山深谷变换位置。（在上者）听从小人们的邪意，顺遂不明事理之人的私欲，不考虑《板》《荡》之诗创作的缘由，和《小雅·正月》中以虺蜴（毒虫）比喻恶人的告诫。形势危险，再没有像今天这么严重了。幸亏上天垂示征兆以谴责警告。《周书》上说：'天子看到怪异现象就会修养德行，诸侯看到怪异现象就会整顿政务。'希望陛下慎重对待经典上的告诫，谋求消除灾异恢复正常的办法，斥退疏远谄佞巧诈的臣子，赶快征召有才德声望的隐士。在朝内亲近像张仲那样的孝友之人，在外任用像仲山甫那样的贤臣。断绝不当的诏书，抑制游乐之事，关心政务，不敢懈怠，以期上天收回其威怒，各种怪异现象就可以止息了。老臣愧受帝师之任，多次蒙受陛下特殊的尊宠之恩，怎么敢爱惜垂暮之年，而不竭尽勤恳的忠心呢？"

张皓传

【原文】张皓①,字叔明,犍为②人也。子纲③,字文纪,为侍御史④。时顺帝⑤委纵⑥宦官,有识危心⑦。纲常感激⑧,慨然⑨叹曰:"秽恶⑩满朝,不能奋身出命⑪,埽⑫国家之难,虽生吾不愿也。"退而上书曰:"《诗》云:'不愆不忘,率由旧章⑬。'寻⑭大汉初隆,及中兴之世⑮,文、明二帝⑯,德化⑰尤盛。观其治为,易循易见,但恭俭守节、约身尚德而已。中官常侍⑱,不过两人,近幸赏赐,裁满数金,惜费重民,故家给人足⑲。而顷者⑳以来,不遵旧典㉑,无功小人,皆有官爵,富之骄之,而复害之,非爱民重器㉒、承天顺道㉓者也。伏愿陛下割损㉔左右,以奉天心。"书奏,不省。

【注释】①张皓(公元49年~公元132年):汉留侯张良六世孙。以向朝廷推荐贤才闻名。②犍为:古郡名,汉置,治所在今四川省宜宾市,属益州。③纲:张纲(公元108年~公元143年),张皓之子。顺帝时任侍御史后在广陵任职,病殁于任上,年仅三十六岁。④侍御史:官名。秦置,汉沿设,在御史大夫之下。受命于御史中丞,或给事殿中,或举劾非法,或督察郡县,或奉使出外执行指定任务。⑤顺帝:汉顺帝刘保(公元115年~公元144

年),东汉第七位皇帝。⑥委纵:放任。⑦有识危心:有识,指有见识的人。危心,谓心存戒惧。⑧感激:感奋激发。引申指激动,有生气之意。⑨慨然:感慨貌。⑩秽恶:邪恶,污浊。⑪奋身出命:奋身,谓奋力投身于某一活动。出命,献出生命。⑫埽:除掉,消灭。⑬不愆不忘,率由旧章:语出《诗·大雅·假乐》。李贤注:"愆,过也。率,循也。言成王令德,不过循用旧典之文。"⑭寻:重温。⑮中兴之世:此指东汉初年的"光武中兴"。⑯文明二帝:指(西汉)文帝和(东汉)明帝。⑰德化:犹德教。⑱中官常侍:中官,宦官。常侍,官名,皇帝的侍从近臣。⑲家给人足:家家富足,人人饱暖。⑳顷者:近来。㉑旧典:旧时的制度、法则。㉒器:指鼎彝等传国之重器。亦指政权。㉓承天顺道:承天,承奉天道。顺道,顺从道义、遵循规律。㉔割损:割削,减损。

【译文】张皓,字叔明,犍为郡人。他的儿子张纲,字文纪,为侍御史。当时汉顺帝任用并纵容宦官,有远见卓识的人感到忧心。张纲常常感怀激忿,慨然叹息说:"邪恶之人遍满朝廷,而不能奋不顾身出来扫除国家的危难,既使活在世上我也不愿意。"退朝后又上书说:"《诗经》上说:'不愆不忘,率由旧章(不失误,不忘祖,一切都按照原来的规章制度来办事)。'想当年大汉初隆和中兴的时候,文帝和明帝的德教尤为兴盛。观察他们治国的措施,很容易被遵循和理解,无非是(能做到)恭敬节俭、坚守节操、约束自己的行为并且崇尚道德罢了。宦官和常侍不过才有两个人,对身边宠幸之人的赏赐顶多数金,(皇帝能够)节俭费用,重视人民,所以百姓都能丰衣足食。可是近年以来,(朝廷)不遵守旧时法度,没有功劳的小人,都有了官爵,使得他们富贵和骄纵起来,然后又诛杀了他们。这不是爱民重国、承奉天道、顺从道义的做法呀。乞望陛下削减左右小人,以承奉上天之心。"奏书呈上,顺帝不予理睬。

【原文】汉安元年①，选遣八使，巡行②风俗，皆耆儒知名③，多历显位④，唯纲年少，官次⑤最微。余人受命之部⑥，而纲独埋其车轮于洛阳都亭⑦，曰："豺狼当路⑧，安问狐狸⑨！"遂奏曰："大将军冀⑩、河南尹不疑⑪，蒙外戚⑫之援，荷⑬国厚恩，以芻荛之资，居阿衡⑭之任，不能敬敷扬五教⑮，翼赞日月⑯，而专为封豕长蛇⑰，肆其贪叨⑱，甘心好货⑲，纵恣⑳无底，多树谄谀㉑，以害忠良。诚天威㉒所不赦，大辟㉓所宜加也。谨条㉔其无君之心十五事，斯皆臣子所以切齿者也。"书奏御，京师震竦㉕。时冀妹为皇后㉖，内宠方盛，诸梁姻族㉗满朝，帝虽知纲言直，终不忍用。

【注释】①汉安元年：即公元142年。汉安，公元142年至公元144年，东汉顺帝刘保的第四个年号。②巡行：出行巡察，巡视。③耆儒知名：耆儒，德高的老儒。知名，声名为世所知。④显位：高位。⑤官次：官阶，官吏的等级。⑥部：古时行政区域名。⑦都亭：都邑中的传舍。秦法，十里一亭，郡县治所则置都亭。⑧豺狼当路：比喻暴虐奸邪的人掌握国政。豺狼，豺与狼，皆凶兽，比喻凶残的恶人。⑨狐狸：兽名。狐和狸本为两种动物，后合指狐。常喻奸佞狡猾的坏人。⑩冀：梁冀（？～公元159年），字伯卓，安定（今甘肃泾川）人，是东汉时期外戚出身的权臣。⑪河南尹不疑：河南尹，东汉时期官职，掌管洛阳附近的二十一县。不疑，梁不疑，汉朝安定（今甘肃泾川）人。梁商之子，喜读经书，善待士人，与其兄梁冀关系不好。晚年与弟梁蒙居乡，不预外事。⑫外戚：指帝王的母族、妻族。⑬荷：承受，承蒙，特指承受恩德。⑭阿衡：商代官名。师保之官。引申为任国家辅弼之任、宰相之职。⑮敷扬五教：敷扬，传播宣扬。五教，五常之教，指父义、母慈、兄友、弟恭、子孝五种伦理道德的教育。⑯翼赞日月：翼赞，辅佐。日月，喻指帝后。《礼记·昏义》："故天子之与后，犹日之与月"。⑰封豕长蛇：亦作"封豨修蛇"。大猪与长蛇。喻贪暴者。⑱贪叨：贪得。⑲甘心好货：甘心，纵情。好货，贪爱财物。⑳纵恣：亦作"纵姿"。肆意放纵。㉑谄谀：指长于阿谀奉承的人。㉒天威：上天的威严，上天的威怒。㉓大辟：古五刑之一，谓死刑。㉔条：条奏。㉕震竦：震惊，惊惧。㉖冀妹为皇后：指顺烈皇后（公元106年~公元150年）梁妠，汉顺帝刘保的皇后。安定乌氏（今甘肃省平凉县西北）人，梁商之女，梁冀之妹。㉗姻族：有姻亲关系的各家族或其成员。

【译文】顺帝汉安元年，朝廷选派八位使者到各地视察民情。使者大多是年老而德高的知名儒者，都曾先后担任过要职，只有张纲年纪轻轻，官位最低。其他人都奉命前往各地巡行去了，只有张纲把车轮埋在洛阳都亭，说："豺狼一般暴虐奸邪的人当政，为什么还要查问那些像狐狸一样奸佞狡猾的坏人呢！"遂即上书说："大将军梁冀，河南尹梁不疑，承蒙是外戚的关系，受到国家的厚恩，以割草打柴这种卑微小人的资质，却身居国家辅弼之职。他们不能恭敬地弘扬五伦教义，辅佐帝后，而专做贪暴的坏事，放纵贪欲，贪财好货，肆意放纵没有限度，培植了很多善于阿谀奉承的人，来陷害忠良。这些实在是天威所不能赦免，应该处以死刑的罪行呀。现谨列举他们目无君王的十五件事，这些都是为人臣子所切齿痛恨的啊。"这封上书呈给皇帝后，整个京师为之震惊。当时梁冀的妹妹是皇后，正受皇上宠幸，梁姓的姻亲布满朝廷。皇上虽然知道张纲之言忠直，最终还是不忍采纳。

【原文】时广陵①贼张婴等众数万人，杀刺史、二千石②，寇乱③杨、徐间，积④十余年，朝廷不能讨⑤。冀乃讽⑥尚书，以纲为广陵太守，因欲以事中⑦之。前遣郡守，率⑧多求兵马，纲独请单车之职。既到，乃将吏卒十余人，径造婴垒⑨，申示国恩⑩。婴初大惊，既见纲诚信，乃出拜谒⑪。纲延置⑫上坐，问所疾苦⑬。乃譬⑭之曰："前后二千石，多肆贪暴，故致公等怀愤相聚。二千石信⑮有罪矣，然为之者又非义⑯也。今主上仁圣，欲以文德⑰服叛，故遣太守，思以爵禄相荣，不愿以刑罚相加，今诚转祸为福之时也。若闻义不服，天子赫然⑱震怒，荆、杨、兖、豫大兵云合⑲，岂不危乎？若不料疆弱⑳，非明也；弃善取恶，非智也；去顺效逆，非忠也；身绝血嗣㉑，非孝也；背正从邪，非直也；见义不为，非勇也。六者成败之几，利害所从，公其深计之。"婴闻之泣下，曰："荒裔㉒愚民，不能自通㉓朝廷，不堪侵枉㉔，遂复相聚偷生㉕，若鱼游釜㉖中，喘息㉗须臾间耳。今闻明府㉘之言，乃婴等更生之晨㉙也。既自陷不义，实恐投兵㉚之日，不免孥戮㉛。"纲约之以天地，誓之以日月，婴深感悟，乃辞还营。明日将所部万余人，与妻子面缚㉜归降。纲乃单车入婴垒，大会，置酒为乐，散遣㉝部众，任从所之，亲为卜居宅㉞、相田畴㉟，子弟欲为吏者，皆引召之。民情悦服，南州晏然㊱。朝廷论功当封，梁冀遏绝㊲，乃止。天子嘉美㊳，欲擢㊴用纲，而婴等上书乞留，乃许之。

【注释】①广陵：即广陵郡。②二千石：汉官秩，汉郡守俸禄为两千石，即月俸百二十斛，因有此称。③寇乱：侵扰。④积：经过。⑤讨：惩治有罪，征讨。⑥讽：用委婉的语言暗示、劝告或讥刺、指责。⑦中：中伤，陷害。⑧率：大概，一般。⑨径造婴垒：径造，直接往访，谓不请人介绍而径自拜访。垒，指军营。⑩申示国恩：申示，申明表示。国恩，指封建时代王朝或君主所赐予的恩惠。⑪拜谒：拜见。⑫延置：延，邀请。置，安置。⑬疾苦：憎恶，厌恨。⑭譬：晓谕，劝导。⑮信：果真，确实。⑯非义：不义，不合乎道义。⑰文德：指礼乐教化。与"武功"相对。⑱赫然：盛怒貌。⑲云合：云集，集合。⑳疆弱：《后汉书》原文作"强弱"，即强弱。㉑血嗣：指子孙。李贤注："凡祭皆用牲，故曰血嗣。"㉒荒裔：指边远地区。㉓通：通报，传达。㉔侵枉：侵害而使受冤枉。㉕偷生：苟且求活。㉖釜：古炊器。敛口，圜底，或有二耳。其用如鬲，置于灶口，上置甑以蒸煮。盛行于汉代。有铁制的，也有铜和陶制的。㉗喘息：呼吸。㉘明府：汉魏以来对郡守牧尹的尊称。又称明府君。㉙更生之晨：更生，新生，重新获得生命。晨，通"辰"，时、日。㉚投兵：放下武器。㉛孥戮：多用为杀戮之意。㉜面缚：双手反绑于背而面向前。古代用以表示投降。㉝散遣：遣散。㉞卜居宅：卜，选择。居宅，住宅。㉟相田畴：相，看、观察。田畴，泛指田地。㊱南州晏然：南州，泛指南方地区。晏然，安宁；安定。㊲遏绝：阻止禁绝。㊳嘉美：称许，赞美。㊴擢：举拔，提升。

【译文】当时，广陵的反贼张婴等数万人，杀了刺史、太守，侵扰扬州、徐州一带，经过十多年了，朝廷却一直不能讨伐征服他们。于是梁冀暗示尚书，派张纲担任广陵太守，想借此来陷害他。先前派遣的郡守，一般都会向朝廷要求很多的兵马，唯独张纲却请求单车赴任。到任以后，就率领十多个官兵，径直造访张婴的军营，（向张婴）表明了朝廷的恩惠。张婴起初非常吃惊，既而见到张纲诚恳忠信，才出来拜见。张纲请他坐在上座，询问他的疾苦，接着就劝导他说："前后任职的太守大多放纵其贪暴之行，所以致使你们心怀愤怒聚到了一起。以往的太守确实有罪，然而你们这样做也不合乎道义。如今皇上仁慈圣明，希望以文德平服叛乱，所以派我前来，想用赐予爵禄使你们荣耀，不想用刑法惩罚你们，现今实在是转祸为福的好时机啊！如若听闻仁义的诏命却不顺服，一旦天子赫然震怒，派遣荆、扬、兖、豫等州的大军聚集于此，你们岂不就危险了吗？如果不能正确估量双方力量的强弱，就是不明智；放弃良善而趋从邪恶，就是不聪明；放弃顺服而效仿叛逆，就是不忠诚；身死绝嗣，就是不孝顺；违背正道而走向邪路，就是不正直；看到正义的事而不去做，就是不勇敢。这六方面是关系到你们成败的关键，从利还是从害，希望您仔细考虑。"张婴听罢泪下，说："我们是荒远地区的愚民，无法和朝廷直接沟通，因不堪忍受（地方官的）侵害而受冤枉，才聚在一起苟且求生，我们就好像是游在锅中的鱼，只能喘息苟活一时罢了。今天听了大人您的一番话，就是我张婴等人的重生之日啊！（但是）我们自己已经陷于不义之地，实在害怕投降之后，仍然免不了被杀戮的命运。"张纲（于是）便以天地为约定，并对着日月发誓，张婴被深深地感动并醒悟，于是拜辞回营。第二天，张婴率领部下一万余人和妻子儿女，双手反绑投降归顺。张纲就驾着单车进入张婴的营地和大家相会，置酒为乐，然后遣散了张婴的部下，任由他们离去。他并亲自为他们选住宅、看田地。他们的子弟想要当差的，都引用征召他们。于是人民心悦诚服，南方得以平定。朝廷评定其功劳应当封赏，而梁冀从中阻挠，于是没有封赏。天子对他称许赞美,想提拔重用张纲,而张婴等人上书乞求让张纲留任广陵,皇上就应允了。

【原文】纲在郡一年卒。百姓老幼相携诣府,赴哀①者不可胜数。纲自被疾②,吏民咸为祠祀③求福,皆言:千秋万岁,何时复见此君。张婴等五百余人,制服行丧④,送到犍为,负土成坟⑤。诏拜纲子续为郎中⑥,赐钱百万。

【注释】①赴哀:奔丧(古代凡闻君、亲、尊长之丧,从外地赶往吊唁或料理丧事均称"奔丧")。②被疾:犹被病(疾病缠身)。③祠祀:祭祀,立祠祭神。④制服行丧:制服,指丧服。行丧,举办丧事。⑤负土成坟:背土筑坟。古代认为是一种孝义的行为。⑥郎中:官名。掌管门户、车骑等事。内充侍卫,外从作战。另尚书台设郎中,司诏策文书。晋武帝置尚书诸曹郎中,郎中为尚书曹司之长。

【译文】张纲在广陵郡任职一年后逝世。百姓们扶老携幼,到张纲府邸吊唁的人多得无法计数。自从张纲患病,官吏和百姓就都为他立祠祭神求福,(大家)都说:"千秋万世,什么时候才能再见到这样的太守呢?"(张纲过世后)张婴等五百多人穿着丧服为他举办丧事,(他们把灵柩)送到犍为(张纲的老家),背土筑坟。后来皇帝下诏任张纲的儿子张续为郎中,赏赐钱财百万。

【原文】种暠①,字景伯,河南人也。举孝廉②。顺帝(旧无顺帝二字,补之)擢暠,监太子③于承光宫中。常侍高梵从中④单驾出迎太子,时太傅杜乔⑤等疑不欲从,惶惑⑥不知所为。暠乃手剑当车⑦,曰:"太子国之储副⑧,民命所系⑨。今常侍来无诏信⑩,何以知非奸邪？今日有死而已。"梵辞屈⑪,驰命奏之。诏报,太子乃得去。乔退而叹息,愧暠临事不惑。帝亦嘉其持重⑫,称善者良久。出为益州刺史,宣恩远夷⑬,开晓殊俗⑭,岷山⑮杂落,皆怀服⑯汉德焉。

【注释】 ①种暠:暠,东汉大臣。父亲是定陶县令,有资财三千万。父亲去世后,种暠全都赈济了宗族及邑里贫穷的人。曾推举桥玄、皇甫规等人,都是称职的名臣。②孝廉:孝,指孝悌者；廉,清廉之士。汉朝"举孝廉"制度规定:每二十万户中每年要推举孝廉一人,由朝廷任命官职。被举之学子,除博学多才外,更须孝顺父母,行为清廉,故称为孝廉。③监太子:监,本指察看、督察,此有监护之意。太子,汉顺帝太子刘炳(即后来之冲帝)。④中:特指宫禁之内。亦借指朝廷。⑤太傅杜乔:太傅,此指太子太傅。杜乔(？~公元147年),字叔荣,后汉河内林虑(今河南林州)人。杜乔为官正直,不与贪官同流合污,最终在牢狱中身陨。⑥惶惑:疑惧；疑惑。⑦手剑当车:手剑,持剑。当,阻挡。⑧储副:国之副君。指太子。⑨系:维系。指将事物联结聚集起来,使不涣散。⑩诏信:诏,诏书。信,符契、凭证。⑪辞屈:谓理屈辞穷。⑫持重:稳重,谨慎。⑬宣恩远夷:宣恩,宣扬皇帝的恩德。远夷,指远方的少数民族。⑭开晓殊俗:开晓,开导使明白。殊俗,指风俗不同的远方。⑮岷山:山名。在四川省北部,绵延四川、甘肃两省边境。为长江、黄河分水岭,岷江、嘉陵江支流白龙江发源地。⑯怀服:亦作"怀伏"。内心顺服。

【译文】 种暠,字景伯,河南人,曾被推举为孝廉。汉顺帝提拔种暠在承光宫中监护太子。常侍高梵从宫中驾驶单车出来迎接太子,当时太傅杜乔等犹豫着不想依从,但又惶惑而不知该怎么办好。种暠于是手持利剑挡在车前,说道:"太子是国家皇位的继承人,关系到天下百姓的命运。如今常侍来迎接太子,却没有诏书符契,怎么知道不是奸邪呢?今日宁死不从。"高梵理屈辞穷,只好快速回朝奏明皇帝。皇帝有诏报来,太子这才得以跟随而去。杜乔回去后十分感叹,自愧不能像种暠那样临事不惑。皇帝也称赞种暠稳重谨慎,赞扬了他很长时间。后来种暠出任益州刺史,向边远的少数民族宣扬皇上的恩德,开导晓谕远方风俗不同的人民。岷山地区的许多部落都由衷地顺服汉朝的恩德。

【原文】刘陶①,字子奇,一名伟,颍川②人也。时大将军梁冀专朝,而桓帝③无子,连岁荒饥,灾异数见,陶时游④大学,乃上疏陈事曰:"臣闻人非⑤天地无以为生,天地非人无以为灵。是故帝非民不立,民非帝不宁。夫天之与帝,帝之与民,犹头之与足,相须⑥而行也。伏惟陛下袭常存之庆⑦,循不易之制,目不视鸣条之事⑧,耳不闻檀车⑨之声,天灾不有痛于肌肤,震食⑩不即损于圣体,故蔑三光⑪之谬,轻上天之怒。伏念高祖之起,始自布衣,合散扶伤⑫,克成⑬帝业,功既显矣,勤亦至矣。流福遗祚⑭,至于陛下。陛下既不能增明烈考之轨⑮,而忽高祖之勤,妄假利器⑯,委授国柄⑰,使群丑刑隶⑱,芟刈⑲小民,雕敝诸夏⑳,虐流远近,故天降众异,以戒陛下。陛下不悟,而竟令虎豹窟于麑场㉑,豺狼乳于春囿㉒,斯岂唐咨禹稷㉓、益典朕虞㉔之意哉!又今牧守长吏㉕,上下交竞㉖,封豕长蛇㉗,蚕食㉘天下,货殖㉙者为穷冤之魂,贫馁㉚者作饥寒之鬼,高门获东观之辜㉛,丰室罗㉜妖叛㉝之罪,死者悲于窀穸㉞,生者戚㉟于朝野。是愚臣所为咨嗟㊱长怀叹息者也。且秦之将亡,正谏者诛,谀㊲进者赏,嘉言结于忠舌,国命㊳出于谗口,擅阎乐于咸阳㊴,授赵高以车府㊵,权去已㊶而不知,威离身而弗顾。古今一揆㊷,成败同势㊸。愿陛下远览强秦之倾,近察哀、平㊹之变,得失昭然㊺,祸福可见。臣敢吐不时㊻之议于讳言㊼之朝,犹冰霜见日,必至消灭。臣始悲天下之可悲,今天下亦悲臣之愚惑也。"书奏,不省。

【注释】①刘陶:约公元157年前后在世,为人居简不拘小节。举孝廉,累官侍御史,封中陵卿侯。②颍川:郡名,以颍水得名。治所在阳翟(今河南省禹州市),辖境相当于今河南登封市、宝丰以东,尉氏、鄢城以西,新密市以南,叶县、舞阳以北地。③桓帝:汉桓帝(公元132年~公元167年)刘志,东汉第十位皇帝,汉章帝曾孙,在位二十一年。谥号孝桓皇帝,庙号为"威宗"。④游:外出求学。⑤非:无,没有。⑥相须:亦作"相需"。互相依存,互相配合。⑦伏惟陛下袭常存之庆:伏惟,亦作"伏维",下对上的敬词,多用于奏疏或信函,意为念及、想到。袭,继承、沿袭。常存,永久存在、长期存在。庆,福泽。⑧鸣条之事:指伊尹相汤伐桀,与桀战于鸣条之野的史实。借指征战之事。⑨檀车:古代车子多用檀木为之,故称。常用以指役车、兵车。李贤注:"檀车,兵车也。"⑩震食:亦作"震蚀"。地震和日、月食。⑪三光:日、月、星。⑫扶伤:谓扶助受伤的人。⑬克成:完成,实现。⑭遗祚:犹余福。⑮烈考之轨:烈考,显赫的亡父,后多用为对亡父的美称,此指先祖。轨,法则、制度、规矩。⑯妄假利器:妄,胡乱、随便。假,授予、给予。利器,李贤注:"利器谓威权也。"⑰国柄:国家权柄。⑱群丑刑隶:群丑,邪恶之众。刑隶,因犯罪被官府判作奴隶的人,亦特指阉人。⑲芟刈:

割。引申为杀戮。⑳雕敝诸夏：雕敝，谓使衰落破败。诸夏，周代分封的中原各个诸侯国，泛指中原地区，亦指中国。㉑虎豹窟于麂场：窟，穴居、作巢。麂，幼鹿。㉒豺狼乳于春囿：乳，鸟兽等产卵、产子。李贤注："乳，产也。"囿，古代帝王畜养禽兽以供观赏的园林，汉以后称苑。㉓唐咨禹、稷：唐，即唐尧，祁姓，名放勋，号陶唐，谥曰尧，因曾为陶唐氏首领，故史称唐尧。咨，赞叹、赞赏。稷，后稷，周的始祖，名弃，曾经被尧举为"农师"，被舜命为后稷。㉔益典朕虞：益，即伯益，亦作伯翳、柏翳、柏益、伯鹥，又名大费，相传为尧舜时大臣。《书·舜典》："帝曰：'俞！咨益，汝作朕虞。'"典，掌管、主持、任职。朕虞，古官名，管理山泽。㉕牧守长吏：牧守，州郡的长官。州官称牧，郡官称守。长吏，指州县长官的辅佐。㉖交竞：相互争斗。㉗封豕长蛇：亦作"封豨修蛇"。大猪与长蛇。喻贪暴者。㉘蚕食：亦作"蚕蚀"。蚕食桑叶。喻逐渐侵占。㉙货殖：谓经商营利。㉚贫馁：贫穷饥馁。㉛东观之辜：《孔子家语·始诛》："孔子为鲁司寇，摄行相事……七日而诛乱政大夫少正卯，戮之于两观之下。"两观，汉刘向《说苑·指武》作"东观"。后因以"东观之殃"谓杀身之祸。辜，灾难、祸害。㉜罹：通"罹"。遭遇。㉝妖叛：妖，不正。叛，背叛。㉞窀穸：亦作"窀夕"。墓穴。㉟戚：忧愁，悲伤。㊱咨嗟：音资接，叹息。㊲谀：谄媚的话。㊳国命：国家的法令。㊴擅阎乐于咸阳：擅，擅自、随意。阎乐，生卒年待考，秦朝人，赵高的女婿，曾任咸阳县令。㊵授赵高以车府：赵高（？～公元前207年），秦二世时丞相，著名宦官（一说并非宦官），曾任中车府令，兼行符玺令事。车府，即车府令，古代执掌乘舆之官。㊶已：《后汉书》原文作"己"。㊷一揆：谓同一道理、一个模样。㊸势：这里指情势。㊹哀、平：汉哀帝和汉平帝。㊺昭然：明白貌。㊻不时：不适时，不合时。李贤注："不时谓不合于时也。"㊼讳言：谓忌讳臣下谏诤。李贤注："讳言谓拒谏也。"

【译文】 刘陶，字子奇，又名刘伟，颍川郡人。当时大将军梁冀在朝专权，桓帝尚没有子嗣，国家连年饥荒，灾异现象多次发生。

刘陶这时正在太学读书，于是上书陈述说："我听说人没有天地就无法生存，天地如果没有人就不能显示它的灵气。所以帝王没有人民就无法存在，人民没有皇帝就无法安宁。上天和帝王、帝王和人民，就像头和脚的关系一样，是相互配合而行动的。臣想到陛下承袭着永久的福泽，遵循着恒定不变的制度，眼不见征战之事，耳不闻兵车之声，天灾不会刺痛您的肌肤，地震和日月之蚀也损害不到您的圣体，所以您才轻视日、月、星三光运行错乱的现象，看轻上天的威怒。想当初汉高祖兴兵起事，是从一介平民开始，他逐渐聚合已经离散的大众，救助被暴秦伤害过的百姓，终于成就了帝王的功业。高祖的功绩既已十分显赫，而勤苦也达到了极点，流传下来的福德和基业，一直延续到陛下。然而陛下既不能光显先祖制定的法度，又忽视了高祖的勤政爱民，随便授予（小人）威权，将国家大权委托给别人，使得邪恶之众和宦官阉人像割草一样地杀戮人民，使国家衰败，远近的百姓都受到暴虐流毒的伤害。因此，上天降下许多异象来警诫陛下。然而，陛下您却并不悔悟，反而竞相让虎豹在鹿场中打洞穴居，任豺狼在春日的园林中繁衍生息，这难道是唐尧赞叹大禹、后稷，让伯益担任朕虞的本意吗？再者，当今的牧守长吏这些官员，上下之间互相争斗，如同大猪长蛇一样贪暴的人，逐渐蚕食天下。经商的人成为穷冤之魂，贫困的人成为饥寒之鬼，高门望族遭受杀身之祸，富裕人家蒙受反叛的罪名。死去的人在坟墓中悲痛，活着的人在朝野间忧伤。这些都是愚臣所为之叹息，长怀感慨的事啊。况且，当初秦朝将要灭亡时，直言谏诤者被杀，进谄言者受赏；于国于民有利的话凝结在忠臣的舌间不敢说出来，国家的法令却出于奸邪之人的口中。让阎乐在咸阳擅自妄为，授予赵高车府令的重任，权柄离开自己却浑然不知，威势远离自身也全然不顾。古今的道理都是一样的，成败的情势也是相同的。希望陛下远观强秦的倾覆，近察哀帝、平帝时代的变乱，那么得失就会明明白白，祸福也可看得清清楚楚。臣敢于在忌讳臣下谏诤的朝廷说出不合时宜的言论，臣将像冰霜见到太阳，必然会被消融。一开始臣是哀痛天下令人痛心的时局，现在，天下人也要怜悯臣的愚昧与糊涂了。"奏书呈上后，皇上不予理睬。

【原文】是时天下日危，寇贼方炽，陶复上疏曰："臣闻事之急者不能安言①，心之痛者不能缓声。窃见天下前遇张角之乱②，后遭边章之寇③，每闻羽书④告急之声，心灼内热⑤，四体惊竦。今西羌⑥逆类，晓习⑦战陈，变诈万端，军吏士民，悲愁相守，人有百走退死之心，而无一前斗生之计。西羌侵前，去营咫尺⑧，胡骑⑨分布，已至诸陵。将军张温⑩，天性精勇⑪，而主者旦夕迫促⑫，军无后殿⑬，假令失利，其败不救。臣自知言数见厌，而言不自裁⑭者，以为国安则臣蒙其庆，国危则臣亦先亡也。谨复陈当今要急八事，乞须臾之间，深垂纳省⑮。"其八事，大较⑯言大乱皆由宦官。宦官事急，共谮⑰陶曰："前张角事发，诏书示以威恩⑱，自此以来，各各改悔。今者四方安静⑲，而陶疾害圣政，专言妖孽⑳。州郡不上，陶何缘知疑陶与贼通情㉑。"于是收㉒陶下狱，掠治㉓日急。陶自知必死，对使者曰："朝廷前封臣云何㉔？今反受邪谮㉕。恨不与伊、吕同畴㉖，而以三仁为辈㉗。"遂闭气㉘而死,天下莫不痛之。

【注释】①安言:谓言谈从容不迫、言辞迂缓。②张角之乱:张角(?~公元184年),巨鹿(治今河北平乡)人,东汉末年"黄巾军"领袖,太平道的创始人。他因得到道士于吉等人所传《太平清领书》(即《太平经》),中平元年(公元184年),自称"天公将军",率领群众发动起义,史称"黄巾起义"。③边章之寇:边章,人名,凉州金城(今甘肃永靖东北)人。中平元年,凉州宋扬、北宫玉、李文侯等反,推举边章、韩遂为主,杀刺史郡守以叛,众十余万,天下骚动。寇,暴乱。④羽书:犹羽檄(古代军事文书,插鸟羽以示紧急,必须迅速传递)。⑤内热:谓内心忧煎焦灼。⑥西羌:西汉时对羌人的泛称。亦指东汉羌人内徙定居在金城、陇西、汉阳等郡的一支。⑦晓习:精通,熟悉。⑧咫尺:周制八寸为咫,十寸为尺。形容距离近。⑨胡骑:胡人的骑兵。亦泛指胡人军队。⑩张温(?~公元191年):字伯慎,荆州南阳穰县(今河南邓县)人,官至卫尉,封互乡侯。⑪精勇:精强勇敢。⑫迫促:逼迫,催促。⑬后殿:指后盾。比喻后边的支援力量。⑭自裁:自制,自己约束。⑮深垂纳省:垂,用作敬词,多用于上对下的动作。纳,接受。省,视察,察看。⑯大较:大略,大致。⑰谗:说别人的坏话,说陷害人的话。⑱威恩:声威和恩泽。⑲安静:安定,平静。⑳妖孽:犹祸害,危害。㉑通情:传递消息或情况。㉒收:拘捕。㉓掠治:拷打讯问。㉔云何:为何,为什么。㉕谮:谗毁,诬陷。㉖恨不与伊、吕同畴:伊、吕,商朝贤相伊尹和周朝太师吕尚。同畴,同俦,犹同伴。㉗以三仁为辈:三仁,三位仁人,指殷末之微子、箕子、比干。《论语·微子》:"微子去之,箕子为之奴,比干谏而死。孔子曰:'殷有三仁焉。'"辈,同一类群的人。㉘闭气:暂时抑止呼吸。

【译文】这时候天下形势日益危急,各处贼寇势力正强,刘陶又上疏说:"臣听说事情紧急时,就不能从容地说话;心中痛苦时,

就不能和缓地出声。臣私下看到国家先是遇到张角的叛乱，后来又遭到边章的暴乱。每次听到羽书告急的消息，都感到内心忧愁焦急，四肢惊恐战栗。现在西羌的反叛者，不仅精通作战的阵法，而且巧变诡诈多端，军吏百姓在悲伤忧愁的气氛中相互依傍，人人都怀着逃跑退走以避免死亡的想法，而没有一点奋勇向前战斗以求生的打算。西羌在前面侵扰，距离营寨只有咫尺之遥；胡人骑兵的分布，已到达诸位先帝的陵墓。将军张温，生性精强勇敢，但主事者日夜催逼他（前进）。他的军队并没有后续力量的支援，假使失利，其败势将不可挽救。臣自己知道多次上书言事已使您厌烦，可是臣之所以不能缄口不言的原因，是认为国家安定了，臣子就能蒙受其福；国家危亡了，臣子也会先遭灭亡。仅再次陈述当今紧要的八件事，乞求陛下能抽出片刻时间，省察臣的意见。"刘陶所说的八件事，大致是说国家大的动乱都来自宦官。宦官们感到事情危急，一起谗害刘陶说："从前张角的叛乱发生时，陛下颁布诏书向他们表示了朝廷的天威与恩泽，从此以后，（这些叛乱者）各自改悔。如今四方安宁，而刘陶嫉恨损害大好的政治局面，专门谈论祸害之事。地方州郡没有上报，刘陶为何会知道这些消息的呢？（我们）怀疑刘陶和贼人勾结。"于是将刘陶逮捕，投入监狱，拷问一天比一天厉害。刘陶自知必死，就对使者说："朝廷当初任命微臣是为什么呢？今天反而受到奸邪的诬陷。可恨我不能与伊尹、吕尚同列，而却与微子、箕子、比干这三位仁人为伴了。"于是气绝身亡，天下人没有不为他感到痛惜的。

李云传

【原文】李云①,字行祖,甘陵②人也。举孝廉,迁白马令。桓帝诛大将军梁冀,而中常侍单超③等五人,皆以诛冀功,并封列侯,专权选举④。又立掖庭⑤人女亳氏⑥为皇后,数月间,后家封者四人⑦,赏赐巨万。是时地数震裂,众灾频降。云素刚,忧国将危,心不能忍,乃露布⑧上书,移副三府⑨,曰:"臣闻皇后天下之母,德配坤灵⑩。得其人,则五氏⑪来备;不得其人,则地动摇宫。比年⑫灾异,可谓多矣;皇天下之戒,可谓至矣。举厝⑬至重,不可不慎;班⑭功行赏,宜应其实。梁冀虽持权专擅,虐流天下,今以罪行诛,犹召家臣扼杀之耳⑮。而猥⑯封谋臣万户以上,高祖闻之得无见非⑰?西北列将⑱,得无解体⑲耶?孔子曰:'帝者,谛也⑳。'今官位错乱,小人谄进,财货公行㉑,政治日损,尺一拜用㉒,不经御省㉓。是帝欲不谛乎?"

【注释】①李云:东汉白马令。因直谏汉桓帝下狱,与杜众同死狱中。②甘陵:在今邢台市清河县南部。③单超(?~公元160年):东汉专权朝政的首要宦官之一,河南(今河南洛阳)人。桓帝初为中常侍,与宦官徐璜、具瑗、唐衡共谋诛灭外戚梁冀兄弟,以功封新丰侯,为"五侯"之一。④选举：古代指选拔举用贤能。自隋以后，分为二途：举士属礼部，包括考试与学校；举官属吏部，掌管铨选与考绩。⑤掖庭：亦作"掖廷"。宫中旁舍，妃嫔居住的地方。⑥亳氏：此指邓皇后，即邓猛女，汉桓帝的第二任皇后。梁皇后病死后，桓帝诛灭梁冀，即立邓猛女为皇后。⑦后家封者四人：李贤注："时封后兄康为比阳侯，弟统昆阳侯，统从兄会安阳侯，统弟秉为淯阳侯。"⑧露布：不缄封的文书。亦谓公布文书。⑨移副三府：李贤注："……以副本上三公府也。"副，书籍、文献等的复制本。三府，汉制，三公皆可开府，因称三公为"三府"，后世因之，亦用以泛称国家最高行政长官。⑩坤灵：古人对大地的美称。⑪五氏：同"五征"。李贤注："《史记》曰：'庶征，曰雨，曰旸，曰燠，曰风，曰寒。五者来备，各以其叙，庶草繁庑。'"⑫比年：近年。⑬举厝：亦作"举措"。举动，行为。亦指措施、任用与废黜。⑭班：分等列序，排列。⑮犹召家臣扼杀之耳：家臣，春秋时各国卿大夫的臣属。卿大夫家的总管叫宰，宰下又有各种官职，总称为家臣。后亦泛指诸侯、王公的私臣。扼杀，扼杀、用力掐死。⑯猥：副词。苟，随便。⑰得无见非：得无，亦作"得亡"。亦作"行毋"，犹言能不、岂不、莫非、见，用在动词前面表示被动。相当于被，受到。非，责备。⑱西北列将：李贤注："列将谓皇甫规、段颎等。"⑲解体：比喻人心离散。⑳孔子曰一句：李贤注引《春秋运斗枢》曰："五帝修名立功，修德成化，统调阴阳，招类使神，故称帝。帝之言谛也。"郑玄注云："审谛于物也。"㉑财货公行：货，本指财物，亦有贿赂、买通之意。公行，公然行动、公然进行。㉒尺一拜用：尺一，亦称"尺一牍""尺一板"。古时诏板长一尺一寸，故称天子的诏书为"尺一"。拜用，拜，授官、封爵；用，任用。㉓御省：谓帝王过目。

【译文】李云，字行祖，甘陵人。曾被举荐为孝廉，后升迁为白马县令。桓帝诛杀了大将军梁冀，而中常侍单超等五人因共诛梁冀有功，被一同封侯，独掌选拔任用官员的大权。（桓帝）又册立后宫宫女亳氏为皇后。几个月的时间里，皇后家族中受封的人就有四位,赏赐的钱财达巨万之多。这个时候,多次发生地震,各种灾害频繁出现。李云一向刚直,担忧国家将要面临危难,于心不忍,于是公开上书,并将副本移交三公府,奏书中说:"臣听说皇后为天下之母,德配大地。得到这样贤德的人做皇后,则风调雨顺,万物繁茂;得不到这样的人,则大地震动,摇撼宫廷。近年来的灾异,可以说是很多了;皇天垂示的告诫,可以说是很严厉了。每一个举措都至关重要,不能不慎重。论功行赏,应该与实际情况相对应。梁冀虽然掌握大权擅自行事,祸害遍及天下,现如今已经按他的罪行将其处死,这如同召来家臣将其扼杀而已。然而皇上却随意封赏谋臣万户以上的食邑,若是高祖听到了,能不受责备吗?西北的那些将领能不人心离散吗?孔子说:'帝,是审谛万物之意。'当今朝廷官位错乱,小人因为谄谀而被进用,贿赂公然进行,政事的治理一天天败坏,诏书的颁布与官员的任用,甚至都不经皇帝过目,难道是皇帝不想审谛万物了吗?"

【原文】帝得奏震怒①,下有司逮云送狱,使中常侍管霸与御史廷尉杂考之②。时弘农五官掾杜众③,伤云以忠谏④获罪,上书愿与云同日死。帝愈怒,遂并下⑤廷尉。大鸿胪陈蕃⑥上疏救云曰:"李云所言,虽不识禁忌,干⑦上逆旨,其意归于忠国而已。昔高祖忍周昌不讳之谏⑧,成帝赦朱云腰领之诛⑨。今杀云,臣恐剖心⑩之讥,复议于世矣。故敢触龙鳞⑪,冒昧⑫以请。"太常杨秉⑬、洛阳市长沐茂⑭、郎中上官资⑮,并上疏请云。帝恚甚,有司皆奏以为大不敬。诏切责⑯蕃、秉,免归田里⑰,茂、资贬秩⑱

二等。云、众皆死狱中。

【注释】①震怒：盛怒，大怒。旧常用于君主。②使中常侍管霸与御史廷尉杂考之：管霸，东汉宦官，桓帝时受命杂考李云。御史，官名。专司纠弹。杂考，犹会审。③弘农五官掾杜众：弘农，西汉元鼎四年，汉武帝设立弘农郡，郡治弘农县。五官掾，州郡的属官。杜众，东汉三李杜之一，下层官吏代表，因上疏桓帝"愿与云同日死"，被下狱，与李云同死狱中。④忠谏：忠心规劝。⑤下：交付，发给。⑥大鸿胪陈蕃：大鸿胪，官职名。主掌接待宾客之事。东汉以后，大鸿胪主要职掌为朝祭礼仪之赞导。陈蕃（？～公元168年），字仲举，汝南平舆人氏（今河南平舆北），东汉末大臣，汉桓帝时为太尉，汉灵帝时为太傅。⑦干：干犯，冲犯。⑧高祖忍周昌不讳之谏：见前注。周昌（？～公元前192年），西汉大臣，刘邦同乡，沛县（今属江苏）人，为御史大夫。耿直敢言。不讳，不隐讳。⑨成帝赦朱云腰领之诛：朱云，字游，原居鲁地，后移居平陵，少好任侠。汉成帝时，朱云进谏攻击丞相张禹为佞臣，帝怒，欲斩之，他死抱殿槛，结果殿槛被折断。后以左将军辛庆忌死争，遂获赦，皇帝亦下令不换断槛。腰领，腰部与颈部，两者为人体的重要部分，断之即死，故常喻致命之处。⑩剖心：破胸取心，古代的一种酷刑。其事起于商纣王怒比干之谏，遂剖其心，见《书·泰誓》。⑪触龙鳞：触犯龙的逆鳞。比喻臣子对君主的过失犯颜直谏。龙鳞，指人主。⑫冒昧：冒犯，无知而妄为。多用于自谦。⑬太常杨秉：太常，官名。秦置奉常，汉景帝六年更名太常，掌宗庙礼仪，兼掌选试博士。杨秉，字叔节，大儒杨震中子。⑭洛阳市长沐茂：市长，古官名，职掌同市令（掌管市场之官）。汉代于长安置东西市令，于都邑置市长。沐茂，生平不详。⑮郎中上官资：郎中，官名，掌管门户、车骑等事；内充侍卫，外从作战。上官资，生平不详。⑯切责：严词斥责。⑰免归田里：免归，犹免遣（免除职务并遣送回乡）。田里，指故乡。⑱贬秩：贬职，削减俸禄。

【译文】桓帝看到奏书后大怒,下令有关部门逮捕李云投入狱中,派中常侍管霸和御史、廷尉一同会审他。当时弘农郡的五官掾杜众,痛惜李云因忠心规谏而获罪,上书称自己愿与李云同一天被处死。桓帝越发恼怒,于是将杜众一同交付廷尉治问。大鸿胪陈蕃上奏疏营救李云说:"李云所说的话,虽然不知道禁忌,冒犯了皇上,违逆了圣意,但他的用心归根到底是忠于国家的。昔日高祖能够容忍周昌不知忌讳的谏言,成帝赦免了朱云腰斩的重罪,如今要杀李云,臣恐怕(纣王)剖忠臣比干之心的讥讽,又会在今世被人议论了。所以臣胆敢犯颜直谏,冒昧地来请求(宽恕李云)。"太常杨秉、洛阳市长沐茂、郎中上官资也一起上书为李云请罪。桓帝更加愤恨,有关部门上奏称这些人是大不敬,于是皇帝下诏严责陈蕃、杨秉,将二人免官遣送回乡,沐茂、上官资则被减俸两级,李云、杜众都死在了狱中。

刘瑜传

【原文】刘瑜①,字季节,广陵人也。举贤良方正②。及到京师,上书陈事曰:"臣在下土,听闻歌谣③,骄臣虐政之事,远近呼嗟④之音,窃为辛楚⑤,泣血连如⑥。诚愿陛下且以须臾之虑,览今往之事。民何为咨嗟⑦?天曷为动变⑧邪?盖诸侯之位,上法四七⑨,关之盛衰者也。今中官邪孽,比肩裂土⑩,皆竞立胤嗣⑪,继体⑫传爵,或乞子疏属⑬,或买儿市道,殆乖⑭开国承家⑮之义。古者天子,一娶九女,娣姪⑯有序。今女婢令色⑰,充积闺帷⑱,皆当盛其玩饰⑲,冗食空宫⑳,劳散精神,生长六疾㉑。此国之费也、性㉒之伤也。且天地之性,阴阳正纪,隔绝其道,则水旱为灾。又常侍、黄门㉓,亦广妻娶㉔,怨毒之气,结成妖眚㉕。行路之人言,官发略㉖人女,取而复置,转相惊惧。孰不悉㉗然,无缘空生此谤也?邹衍匹夫㉘,杞氏匹妇㉙,尚有城崩霜霣之异㉚,况乃群辈咨嗟,能无感乎!昔秦作阿房㉛,国多刑人㉜。今第舍增多,穷极奇巧,掘山攻石,不避时令㉝。促以严刑,威以峻法,民无罪而覆入㉞之,民有田而覆夺之。民愁郁结,起入贼党,官辄兴兵,诛讨其罪。贫困之民,或有卖其首级㉟,以要酬赏。父兄相伐残身，妻孥㊱相视分裂。穷之如彼，伐之如此，岂不痛哉！又陛下以北辰㊲之尊、神器㊳之宝，而微行近习之家㊴，私幸㊵宦官之舍。宾客市买㊶，熏灼㊷道路，因此暴纵㊸，无所不容。今三公㊹在位，皆博达道艺㊺，而莫或匡益㊻者，非不智也，畏死罚也。惟陛下设置七臣㊼，以广谏道，远佞邪之人，放郑卫之声㊽，则治致和平，德感祥风㊾矣。"于是特诏㊿召瑜，拜为议郎㉛。

【注释】①刘瑜：生卒年不详，少好经学，尤善图谶、天文、历算之术。②贤良方正：汉代选拔统治人才的科目之一。始于汉文帝。被举者对政治得失应直言极谏。如表现特别优秀，则授予官职。③歌谣：民歌、民谣、儿歌、童谣的统称。古代以合乐为歌，徒歌为谣，现则统称为歌谣。④呼嗟：呼号哀叹。⑤辛楚：辛酸痛楚。⑥泣血连如：泣血，无声痛哭，泪如血涌。一说，泣血为泪尽血出。形容极度悲伤。连如，《后汉书》原文作"涟如"，同"涟洳"，泪流貌。《易·屯》："上六，乘马班如，泣血涟如。"⑦咨嗟：叹息。⑧动变：变动，变异。⑨上法四七：法，仿效，效法。李贤注："四七，二十八宿也。诸侯为天子守四方，犹天之有二十八宿。"⑩比肩裂土：比肩，并列、居同等地位。裂土，分封土地。⑪胤嗣：后嗣，后代。⑫继体：泛指继位。⑬乞子疏属：乞子，求子嗣。疏属，远宗、旁系亲属。⑭乖：背离，违背。⑮开国承家：谓建立邦国，继承封邑。《易·师》："大君有命，开国承家。"孔颖达疏："若其功大，使之开国为诸侯；若其功小，使之承家为卿大夫。"⑯娣姪：古时诸侯的女儿出嫁，从嫁共事一夫的同宗妹妹和侄女称"娣姪"。⑰女嬖令色：女嬖，受君王宠爱的女人。令色，美丽的姿容。⑱闺帷：亦作"闺帏"。闺房的帷幕。借指妇女居住的地方。⑲玩饰：供赏玩的佩饰。⑳宄食空宫：宄食，吃闲饭，亦指坐食官禄的人。宄同"冗"。空宫，深宫、冷宫。㉑六疾：六种疾病：寒疾、热疾、末（四肢）疾、腹疾、惑疾、心疾。《左传·昭公元年》:"淫生六疾……阴淫寒疾,阳淫热疾,风淫末疾,雨淫腹疾,晦淫惑疾,明淫心疾。"后用以泛指各种疾病。㉒性:身体,体质。㉓常侍黄门:常侍,官名,皇帝的侍从近臣。黄门,原指官名,此指宦者、太监。因东汉黄门令、中黄门诸官,皆为宦者充任,故称。㉔妻娶:嫁人和娶妻。㉕妖眚:指灾异。㉖略:夺取,掳掠。㉗悉:知道,了解。㉘邹衍匹夫:邹衍,亦作驺衍,齐国人,战国时代思想家,阴阳家学派的代表人物。匹夫,古代指平民中的男子,亦泛指平民百姓。㉙杞氏匹妇:杞氏,春秋齐国大夫杞梁之妻。匹妇,古代指平民妇女。㉚城崩霜霣之异:李贤注引《淮南子》曰:"邹衍事燕惠王尽忠,左右谮之,王系之,仰天而哭,五月天为之下霜。"《列女传》曰:"齐人杞梁袭莒,战死。其妻无所归,乃就夫尸于城下而哭之,七日城崩也。"霣,坠落。㉛阿房:指阿房宫。㉜刑人:受刑之人。古代多以刑人充服劳役的奴隶。㉝时令:犹月令。古时按季节制定有关农事的政令。㉞覆入:覆,反、相反。入,谓定以罪名,使受刑罚。㉟首级:秦制以斩敌首多少论功晋级。后因称斩下的人头为"首级"。㊱妻孥:亦作"妻帑",妻子和儿女。㊲北辰:原指北极星。喻帝王或受尊崇的人。㊳神器:代表国家政权的实物,如玉玺、宝鼎之类。借指帝位、政权。㊴微行近习之家:微行,旧时谓帝王或有权势者隐匿身分,易服出行或私访。近习,指君主宠爱亲信的人。㊵私幸:古时天子私自出行。㊶市买:买,交易。㊷熏灼:亦作"燻灼"。喻声威气势逼人。亦喻指逼人的声威气势。㊸暴纵:放纵无度。㊹三公:古代中央三种最高官衔的合称。㊺博达道艺:博达,博学通达。道艺,指学问和技能。㊻莫或匡益:莫或,没有。匡益,匡正补益。㊼七臣:泛指谏臣。《孝经·谏诤》:"昔者天子有争臣七人,虽无道,不失其天下。"郑玄注:"七人谓三公及左辅、右弼、前疑、后丞。"唐玄宗注:"争谓谏也。"㊽放郑卫之声:放,舍弃、废置。郑卫之声,春秋战国时郑卫两国的民间音乐,亦泛指淫靡的音乐。㊾祥风:预兆吉祥的风。《尚书大传》卷五:"王者德及皇天,则祥风起。"㊿特诏:帝王的特别诏令。㉛议郎:官名。汉代设置;为光禄勋所属郎官之一,掌顾问应对,无常事。汉秩比六百石。多征贤良方正之士任之。晋以后废。

【译文】刘瑜,字季节,广陵郡人,被推举为贤良方正。等他到了京师,上书陈事说:"臣在民间曾听到歌谣,讲的是骄狂之臣肆虐朝政的事情,以及远近百姓呼号哀叹的声音,臣私下为之感到辛酸痛楚,血泪如雨。臣诚恳希望陛下能够抽出少许考虑的时间,考察古往今来的政事,看看老百姓为什么会叹息,上天又因何事而发生灾变。诸侯的爵位效法于上天的二十八星宿,关系到国家的盛衰。如今的宦官都是邪恶之人,他们也像诸侯一样被分封土地,都竞相树立后代,以继承他们的爵位。有的向远房亲戚乞求子嗣,有的在集市上买来小孩以充后代,实在背离了开创邦国传承家业的本义。古代的天子,一人娶九个女子,从嫁的妹妹、侄女都上下有序。如今,姿容美丽而受宠幸的女子,充盈整个后宫,要供给她们许多玩饰之物,每天在内宫安坐受食,使帝王耗散精神,(容易因女色)生出六疾。这是对国家财物的浪费、对皇上身体的伤害啊。再者,天地的本性在于阴阳调和;如果背离了正道,就会发生水旱的灾害。再加上常侍黄门等宦官,也大量娶妻,所造成的怨毒之气,凝聚而形成灾祸。行路之人都说官家强掠民间女子,娶了一个又一个,百姓们彼此惊慌害怕,有谁不知道这一情况而去无缘无故生出这种毁谤的言论呢?邹衍是个平民百姓,杞梁的妻子是个平民妇女,他们含冤尚且有让城墙崩塌、五月降霜的灾异。何况这么多人怨恨叹息,能没有感应吗?昔日秦始皇修建阿房宫,国内有很多人受刑。现在官家的府第增多,极尽巧妙,挖山采石,不避开农事时令。他们用严厉的刑罚催促人民,用残酷的法令威逼大众。老百姓

无罪的反而要遭受刑罚,有田地的却被抢夺去。人民愁怨郁结,于是加入到贼寇之中,而官府动辄发兵讨伐他们的反叛之罪。贫困的百姓,有的出卖自己的首级,来求得酬劳赏赐。父子兄弟相互残害,妻子儿女眼睁睁地分离。百姓窘迫到如此地步,而官府残伐到这样的境地,难道不让人痛心吗?又陛下以如同北极星的尊贵,手握象征帝位的宝物,却更换服装私访宠臣之家,私自出行到宦官之所,(权宦们的)宾客在市场上交易,威赫的声势充塞道路。因此横行霸道,无所不为。当今三公在位,都是博学通达的人,但却无人能够匡正这些不正之风。这并不是因为他们没有智慧,而是他们惧怕死罪和刑罚。惟愿陛下设置谏诤之臣,以广开进谏之路,远离奸邪之人,舍弃郑卫淫乱之声,这样就可使国家政治达到和谐安定,您的德行就会感召来预兆吉祥的风了。"于是桓帝下达特别诏令,征召刘瑜,拜他为议郎。

虞诩传

【原文】虞诩①，字升卿，陈国人也。永建元年②，为司隶校尉③。时中常侍张防，特用权埶，每请托受取④，诩辄案⑤之，而屡寝⑥不报。诩不胜其愤，乃自系⑦廷尉，奏言曰："昔孝安皇帝，任用樊丰，遂交乱嫡统⑧，几亡社稷。今者张防复弄威柄⑨，国家之祸，将重至矣。臣不忍与防同朝，谨自系以闻，无令臣袭杨震之迹。"书奏，防流涕诉帝，诩坐论输左校⑩。防必欲害之，二日之中，传考⑪四狱。

【注释】①虞诩（？～公元37年）：字升卿，陈国武平（今河南鹿邑西北）人，东汉名将。顺帝时，官至尚书仆射。②永建元年：即公元126年。永建，东汉顺帝刘保的第一个年号，公元126年至公元132年。③司隶校尉：旧号'卧虎'，是汉至魏晋监督京师和地方的监察官。④每请托受取：每，副词，常常、屡次。请托，谓以私事相嘱托。受取，指贪污受贿。⑤案：通"按"。查办，审理。⑥寝：止息，废置。⑦自系：拘禁自己，自请囚禁。⑧交乱嫡统：交乱，共乱。嫡统，正统。⑨威柄：威权，权力。⑩诩坐论输左校：坐，遂，乃。论输，定罪而罚作劳役。左校，官署名，汉将作大匠属官有左校令、右校令，秩各六百石，分掌左右工徒，主要负责京师工程劳作。⑪传考：

传，传讯。考，按问。

【译文】虞诩，字升卿，陈国人。顺帝永建元年为司隶校尉。当时中常侍张防滥用权势，经常受人请托，贪污受贿。虞诩每次都审查据实上报，虽屡次上书，但都被搁置不报。虞诩不胜愤怒，于是自行捆缚到廷尉处，并上奏说："往日孝安皇帝任用樊丰，于是扰乱了皇家正统，几乎使国家败亡。现在张防又玩弄权柄，国家的祸患又将再次来临了。臣不愿意与张防同朝共事，谨自我捆绑禀告皇上，不要让臣重蹈杨震的覆辙。"虞诩的奏章呈上后，张防痛哭流涕向皇上申诉，虞诩因此被送左校罚作劳役。张防决意要害死虞诩，两天之内，派人传审了四次。

【原文】宦者孙程①等，知诩以忠获罪，乃相率②奏曰："陛下始与臣等造事③之时，常疾奸臣，知其倾国④。今者即位，而复自为，何以非先帝乎？司隶校尉虞诩，为陛下尽忠，而更被拘系⑤；常侍张防，臧罪明正⑥，反构⑦忠良。今客星守羽林⑧，其占⑨宫中有（旧无有字，补之）奸臣。宜急收⑩防送狱，以塞天变⑪。"防坐徙边⑫，即日⑬赦出诩。拜议郎，迁尚书仆射⑭。

【注释】①孙程（？～公元132年）：字稚卿，涿郡新城（今河北徐水县）人，东汉宦官。②相率：亦作"相帅"。相继，一个接一个。③造事：犹起事。李贤注："谓顺帝为太子，被江京等废为济阴王，程等谋立之时也。"④倾国：倾覆邦国。⑤拘系：亦作"拘系"。拘禁。⑥臧罪明正：臧罪，贪污受贿之罪。明正，明确的证据。⑦构：诬陷。⑧今客星守羽林：客星，对天空中新出现的星的统称，如新星、超新星等。羽林，星名。⑨占：预测，预示。⑩收：

亦作"扷"。拘捕。⑪以塞天变：塞，遏制、约束。天变，指天象的变异，如日蚀、星陨等。⑫徙边：将犯人流放边境服劳役。古代的一种刑罚。⑬即日：当日。⑭尚书仆射：官名。东汉置尚书台，主官为尚书令，以尚书仆射为其副职。献帝时分设左、右仆射，历代沿置。

【译文】宦官孙程等人知道虞诩是因为忠诚获罪，便相继上奏说："陛下开始和臣等起事的时候，常常痛恨奸臣，知道他们会倾覆国家。现在即位了，反而自己做起了这样的事，那又拿什么来非议先帝呢？司隶校尉虞诩为陛下尽忠职守，却反被拘禁；常侍张防贪污受贿之罪证据确凿，反而诬陷忠良之臣。现在客星守在羽林星旁，这种星相预示宫中有奸臣。应该尽快拘捕张防投入监牢，以遏止天象的变异。"张防于是被判流放边地服役，顺帝当天就赦免了虞诩，拜他为议郎，后来又升迁为尚书仆射。

【原文】先是①宁阳主簿诣阙②，诉其县令之枉③，积六七岁不省。主簿乃上书曰："臣为陛下子，陛下为臣父。臣章百上，终不见省，臣岂可北诣单于④以告怨乎？"帝大怒，持章示尚书，尚书遂劾⑤以大逆。诩驳⑥曰："主簿所讼，乃君父之怨；百上不达，是有司之过。愚蠢之民，不足多诛。"帝纳诩言，笞⑦之而已。诩好刺举⑧，无所回容⑨，数忤权戚，遂九见谴考⑩，三遭刑罚⑪，而刚正之性，终老⑫不屈。迁尚书令⑬。

【注释】①先是：在此以前。多用于追述往事之词。②宁阳主簿诣阙：宁阳，位于鲁中偏西，今泰安市南部。主簿，官名，汉代中央及郡县官署多置之，其职责为主管文书，办理事务。诣阙，指赴京都。③枉：冤屈。④单于：

汉时匈奴君长的称号。⑤劾以大逆：劾，审理、判决。大逆，封建时代称危害君父、宗庙、宫阙等罪行为"大逆"，为"十恶"之一。⑥驳：辩正是非，驳斥。⑦笞：古代的一种刑罚。用荆条或竹板敲打臀、腿或背。为五刑之一。⑧刺举：检举。⑨回容：曲法宽容。⑩谴考：贬谪传考。⑪刑罚：刑指肉刑，罚指以金钱赎罪。后泛指依照法律对违法者实行的强制处分。⑫终老：终身，到老。⑬尚书令：官名。始于秦，本为少府属官，掌文书及群臣的奏章。东汉政务归尚书台，其主官尚书令成为总揽一切政令的首脑，直接对皇帝负责。

【译文】此前，宁阳县主簿来到京都，陈述他们县令的冤屈，但过了六七年都不被理会。主簿于是上书说："臣是陛下的子民，陛下是臣的君父，臣上了很多次奏章，却始终无人理会，臣难道要到北方面见单于来诉说怨情吗？"皇帝大怒，拿主簿的这篇奏章给尚书看。尚书于是判处主簿犯下大逆不道之罪。虞诩驳斥说："主簿所诉讼的，不过是对君父的不满，而奏章上奏多次却不能送达皇帝手上，则是主管官员的过错。这样的愚昧小民，是不值得多杀的。"皇帝采纳了虞诩的话，只对主簿处以笞刑而已。虞诩爱直言检举别人过失，从不曲法宽容，多次违逆有权势的贵戚，因而九次被降职拷问，三次遭受刑罚，但他刚正的性格，到老都不屈服。后迁为尚书令。

傅燮传

【原文】傅燮①,字南容,北地②人也。为护军司马③,与左中郎皇甫嵩④,俱讨贼张角。燮素疾中官,既行,因上疏曰:"臣闻天下之祸,不由于外,皆兴于内。是故虞舜升朝,先船⑤四凶,然后用十六相⑥,明恶人不去,则善人无由⑦进也(也旧作者。改之)。今张角起于赵、魏,黄巾乱于六州⑧。此皆衅发萧墙⑨,而祸延四海也。臣受戎⑩任,奉辞伐罪,始到颍川,战无不克。黄巾虽盛,不足为庙堂忧也。臣之所惧,在于治水不息其源,末流⑪弥⑫增其广耳。陛下仁德宽容,多所不忍,故阉竖⑬擅权,忠臣不进。诚使张角枭夷⑭,黄巾变服,臣之所忧,愈益深耳。何者?夫邪正之人,不宜共国⑮,亦犹冰炭不可同器。彼知正人之功显,而危亡之兆见,皆将巧辞饰说,共长虚伪。夫孝子疑于屡至⑯,市虎成于三夫⑰。若不详察真伪,忠臣将复有杜邮之戮⑱矣。陛下宜思虞舜四罪⑲之举,速行谗佞放殛⑳之诛,则善人思进,奸凶自去矣。臣闻忠臣之事君,犹孝子之事父也。子之事父,焉得不尽其情?使臣身备鈇钺㉑之戮,陛下少用其言,国之福也。"书奏,宦者赵忠㉒见而忿恶。及破张角,燮功多当封,忠诉譖㉓之,竟亦不封,以为安定㉔都尉㉕。

【注释】①傅燮(?~公元187年):字南容,东汉北地郡灵州(今宁夏吴忠市境内)人。为护军司马,与左中郎将皇甫嵩俱讨张角。后战死沙场,追封为壮节侯。②北地:即北地郡。秦始置,为秦初三十六郡之一。东汉时,郡治富平县(在今宁夏灵武市和宁夏吴忠市附近),后几经迁徙,富平县内徙至今陕西富平县。③护军司马:护军,秦汉时临时设置护军都尉或中尉,以调节各将领间的关系。司马,官名。《周礼》夏官大司马之属官,有军司马、舆司马、行司马。④左中郎皇甫嵩:左中郎,左中郎将。中郎将,官名,中郎署的长官。皇甫嵩(?~公元195年),字义真,安定朝那(今甘肃镇原东南)人,东汉末期军事家,官至太尉,封槐里侯,领冀州牧。⑤艅:《后汉书》原文作"除"。⑥十六相:即十六族。指古代传说的高阳氏的后代八恺和高辛氏的后代八元,为舜向尧推荐的十六个贤臣。因其各有大功,皆赐氏族,故称。⑦无由:没有门径,没有办法。⑧六州:李贤注:"《皇甫嵩传》曰:'连接郡国,自青、徐、幽、冀、荆、杨、兖、豫八州之人,莫不毕应。'此云'六州',盖初起时也。"⑨衅发萧墙:衅,祸患,祸乱。萧,通"肃"。萧墙,古代宫室内作为屏障的矮墙,借指内部。⑩戎:军队。⑪末流:水流的下游。⑫弥:益,更加。⑬阉竖:对宦官的蔑称。⑭枭夷:诛戮。⑮共国:谓同治国事。⑯孝子疑于屡至:孝子,指代曾参。《战国策·秦策二》:"昔者曾子处费,费人有与曾子同名族者而杀人。人告曾子母曰:'曾参杀人。'曾子之母曰:'吾子不杀人。'织自若。有顷焉,人又曰'曾参杀人。'其母尚织自若也。顷之,一人又告之曰:'曾参杀人。'其母惧,投杼逾墙而走至暗沙。夫以曾参之贤与母之信也,而三人疑之,则慈母不能信也。"⑰市虎成于三夫:市虎,市中的老虎。市本无虎,因以比喻流言蜚语。语本《韩非子·内储说上》:"庞恭与太子质于邯郸,谓魏王曰:'今一人言市有虎,王信之乎?'曰:'不信。''二人言市有虎,王信之乎?'曰:'不信。''三人言市有虎,王信之乎?'王曰:'寡人信之。'庞恭曰:'夫市之无虎也明矣,然而三人言而成虎。今邯郸之去魏也远于市,议臣者过于三人,愿王察之。'王曰:'寡人自为知。'于是辞行,而谗言先至,后太子罢质,果不得见。"⑱杜邮之戮:事间《史记·白起王翦列传》。后世称忠臣无辜被杀为"杜邮之戮"。杜邮,古地名。战国属秦,又名杜邮亭,在今陕西省咸阳市东。⑲四罪:谓舜治共工、欢兜、三苗、鲧四凶之罪。⑳放殛:放逐诛杀。㉑备鈇钺:备,通"服",承受、承担。鈇钺,斫刀和大斧,腰斩、砍头的刑具。㉒赵忠:东汉灵帝时期"十常侍"之一。灵帝时信任宦官,以张让与赵忠最受重用。㉓诉谮:诉,谗害、毁谤。谮,谗毁、诬陷。㉔安定:郡名。东汉时属凉州,改治临泾县,领六县,原领临泾、彭阳、泾阳、祖厉、乌支(乌氏更名)四县,另置阴盘、朝那二县。㉕都尉:官名。汉景帝时改秦之郡尉为都尉,辅佐郡守并掌全郡的军事。

【译文】傅燮,字南容,北地郡人。任护军司马,与左中郎将皇甫嵩一起讨伐贼人张角。傅燮向来痛恨宦官,随军出发后,就上书说:"臣听说天下的祸患,并不是由外引起的,都是由内产生的。所以虞舜升朝议事,首先除掉四凶,然后任用十六位贤臣。表明如果恶人不除去,善人就无法得到进用。如今张角在赵、魏起兵造反,黄巾军在六个州郡反叛作乱,这都是祸乱发生于内部而祸患延及天下的结果。臣接受军职,奉命讨伐贼寇,刚到颍川,战无不胜。黄巾军虽然强盛,但不值得朝廷担忧。臣所担心的,在于治理水患而不止息其源头,那下游的水流就会更加泛滥了。陛下仁德宽容,许多事情不忍心去做,所以使得宦官专权,忠臣得不到进用。即使真的把张角诛灭,黄巾军归服,而臣的担忧,也依然会日益加深。这是为什么呢?邪恶与正义的人,是不适合共理国事的,就好比冰和炭不能放在同一个容器中一样。那些邪恶的人知道正直的人功劳显著的时候,他们危亡的征兆就开始出现了,于是就都巧言掩饰,共同捏造不实之辞。像曾参那样的孝子(虽没杀人)也会因多人的传言而被母亲怀疑,集市有老虎的谣言也会因为多次传播而被人相信。如果不能详细审察其中的真伪,忠臣将又会遭遇到像白起在杜邮被迫自杀的事情啊。陛下应该思考虞舜放逐四凶的做法,迅速将谗佞之辈放逐诛杀,那么良善之人就会想着积极进取,奸诈凶恶之人自然就会离去。臣听说忠臣事奉君主,就好像孝子事奉自己的父亲一样,儿子侍奉父亲,哪有不竭尽心力的?即使让臣遭受斧钺杀戮的刑罚,只要陛下能稍稍采用臣的话,这就是国家的福气了。"奏书呈上以后,宦官赵忠看到后非常忿怒。等攻破了张角,傅燮的功劳多,应该受到封赏。赵忠却毁谤诬陷他,(朝廷)最终也没有封赏傅燮,只让他做了安定都尉。

【原文】顷之①,赵忠为车骑将军②,诏忠论讨黄巾之功,执金吾甄举③等谓忠曰:"傅南容前在东军,有功不侯,故天下失望。今将军当重任,宜进贤理屈④,以副⑤众心。"忠遣弟延致殷勤⑥,延谓燮曰:"南容少答⑦我常侍,万户侯不足⑧得也。"燮正色⑨拒之曰:"遇⑩与不遇,命也;有功不论,时⑪也。傅燮岂求私赏⑫哉!"忠愈怀恨,权贵亦多疾之,是以不得留,出为汉阳太守⑬。贼围汉阳,城中兵少粮尽,燮犹固守。时北地胡骑数千,随贼攻郡,皆夙怀⑭燮恩,共于城外叩头,求送燮归乡里。子干⑮进曰:"国家昏乱,遂令大人⑯不容于朝。今天下已叛,而兵不足自守,乡里羌胡⑰先被恩德,欲令弃郡而归,愿必许之。"言未终，燮慨然而叹曰："盖圣达节，次守节⑱。且殷纣之暴，伯夷不食周粟而死⑲。今朝廷不甚殷纣，吾德亦岂绝⑳伯夷？世乱不能养浩然㉑之志，食禄㉒人间，欲避其难乎？吾行何之？"遂麾㉓左右进兵，临陈战殁㉔。谥㉕曰"壮节侯"。

【注释】①顷之：不久。②车骑将军：官名。西汉置，掌领车骑士。仅次于大将军、骠骑将军，金印紫绶，地位相当于上卿，或比三公。典京师兵卫，掌宫卫。③执金吾甄举：执金吾，秦汉时率禁兵保卫京城和宫城的官员，本名中尉，其所属兵卒也称为北军。武帝太初元年（公元前104年），改中尉为执金吾。甄举，东汉大臣。④理屈：谓以理折服对方。⑤副：相称，符合。⑥殷勤：衷情，心意。⑦答：报礼，答谢，报答。引申为酬答。⑧万户侯不足得也：万户侯，食邑万户之侯。用以泛指高爵显位。不足，不难。⑨正色：谓神色庄重、态度严肃。⑩遇：得志，见赏。⑪时：时运。⑫私赏：以私意赏赐。⑬汉阳太守：汉阳郡太守。治冀县（今甘肃甘谷县东），属凉州，辖境相当于今甘肃省定西、陇西、礼县等市县以东，静宁、庄浪等县以西，黄河以南，幡冢山以北地区。太守，官名。为一郡最高的行政长官。⑭凤怀：素所萦怀（萦怀，牵挂在心）。⑮子干：即傅燮之子傅干。⑯大人：对父母叔伯等长辈的敬称。此指傅燮。⑰羌胡：指我国古代的羌族和匈奴族，亦用以泛称我国古代西北部的少数民族。⑱盖圣达节，次守节：《左传·成公十五年》："圣达节，次守节，下失节。"杨伯峻注："最高道德为能进能退，能上能下，而俱合于节义。"守节，坚守节操。⑲伯夷不食周粟而死：商末孤竹君之子，伯夷、叔齐耻食周粟，逃隐于首阳山，采集野菜而食，饿死于首阳山。⑳绝：超过。㉑浩然：正大豪迈貌。㉒食禄：享受俸禄。㉓麾：指挥，挥动。㉔临陈战殁：临陈，亦作"临阵"，谓身临战阵。战殁，战死、阵亡。㉕谥：古代帝王、贵族、大臣、士大夫或其他有地位的人死后，据其生前业迹评定的带有褒贬意义的称号。

【译文】 过了不久，赵忠做了车骑将军，皇帝诏令赵忠评定讨伐黄巾军将领的功劳，执金吾甄举等人对赵忠说："傅南容以前在东军中，有功却没有被封侯，故而天下人感到失望。现在将军担当重任，应当进用贤能，以理服人，以符合天下人心。"赵忠（采纳了这一意见）于是派遣他的兄弟赵延向傅燮表达心意，赵延对傅燮说："南容只要能稍稍答谢我们常侍，被封为万户侯是不难的。"傅燮态度严肃地拒绝说："得志与不得志，这是命运；有功劳而不论赏，那是时运。我傅燮怎么会乞求私下的封赏呢？"赵忠对他更加怀恨，权贵们也大都憎恨傅燮，因此傅燮无法留在朝廷任职，被外调担任汉阳太守。后来（王国、韩遂的）贼兵围困了汉阳，城中兵少粮绝，傅燮仍然坚守。当时北地的数千胡人军队，也随贼众一同围攻汉阳郡。这些人向来感怀傅燮的恩德，共同在城外叩头，请求把傅燮送回他的家乡。傅燮的儿子傅干进言说："国家政治黑暗混乱，才使得父亲您不能在朝中容身。如今天下已经叛乱，而我们的兵力不足以自守，乡里、羌胡先前都受过您的恩惠，打算让您弃城回乡，请您一定要答应他们的请求。"话还没有说完，傅燮慨然叹息道："圣人无论怎样行动进退都合于节义，次而则坚守节操。况且以纣王那样的暴虐，伯夷仍不食周粟而死。如今朝廷还不像商纣那样残暴，我的德行操守又怎么能超过伯夷呢？世道昏乱不能长养正大豪迈的志向，在世上享受俸禄却又想逃避所遇到的危难，我能到哪儿去呢？"于是指挥左右进兵，临阵战死，后加谥号为"壮节侯"。

盖勋传

【原文】盖勋①,字元固,敦煌②人也。为汉阳长史③。时武威④太守,倚恃⑤权埶,恣行贪横⑥,从事武都苏正和⑦案致⑧其罪。凉州刺史梁鹄⑨,畏惧贵戚,欲杀正和以免其负⑩,乃访⑪之于勋。勋素与正和有仇,乃谏鹄曰:"夫绁食鹰鸢⑫,欲其鸷⑬,鸷而亨⑭之,将何用哉?"鹄从其言。正和喜于得免,而诣勋求谢。勋不见,曰:"吾为梁使君⑮谋,不为苏正和。"怨之如初。

【注释】①盖勋:生卒年不详,字元固,敦煌郡广至县(今甘肃安西县西南)人,东汉末期著名清官。②敦煌:古代郡名。治所在今甘肃省敦煌县。西汉元鼎六年(公元前111年)置,北魏改为敦煌镇,后复改为郡。③长史:官名。秦置。汉相国、丞相,后汉太尉、司徒、司空、将军府各有长史。④武威:武威郡。西汉元鼎二年(公元前115年),置武威郡。西汉武威郡,治姑臧县(今武威市凉州区),领姑臧、武威等十县。东汉武威郡,属凉州,辖十三县。⑤倚恃:依靠仗恃。⑥恣行贪横:恣行,任意而行、横行。贪横,贪婪横暴。⑦从事武都苏正和:从事,官名。汉以后三公及州郡长官皆自辟僚属,多以从事为称。武都,位于甘肃省东南部的白龙江中游地带,西汉属益州刺史部武都郡所辖,东汉隶凉州刺史部武都郡辖。苏正和,任凉州刺史从事，生平不详。⑧案致：审查而确立。⑨凉州刺史梁鹄：凉州，又称西凉，古代十三州之一，因凉州在中国的西部，故称西凉，意为"地处西方，常寒凉也"。刺史，原为朝廷所派督察地方之官，后沿为地方官职名称。梁鹄，字孟皇，安定乌氏（今宁夏固原市原州区南）人，东汉书法家，以善八分书知名。⑩负：连累，拖累。⑪访：咨询。⑫继食鹰鸢：拴，缚。食，喂养。鸢，鸟名，鸷鸟，属猛禽类，俗称鹞鹰、老鹰。⑬鸷：凶猛，狠戾。⑭亨："烹"的古字。煮。⑮使君：汉时称刺史为使君。

【译文】盖勋，字元固，敦煌郡人。任汉阳郡的长史。当时武威郡太守依仗权势，恣意贪污横行，凉州刺史从事武都人苏正和审查并确立了他的罪行。凉州刺史梁鹄畏惧权贵，想杀掉苏正和以免自己受到连累，于是向盖勋谘询这件事（该如何处理）。盖勋素来与苏正和有仇，却向梁鹄进谏说："拴住鹰鸢来喂养它们，就是想要它们凶猛，可等他们凶猛了却要烹杀它们，那它们还有什么用呢？"梁鹄听从了他的意见。苏正和庆幸自己免于受难，到盖勋那里致谢。盖勋不肯见他，说："我这是为梁使君考虑，不是为了你苏正和。"仍像当初一样怨恨苏正和。

【原文】征拜①讨虏校尉，灵帝②召见，问："天下何苦，而反乱③如此？"勋曰："幸臣④子弟扰之。"时宦者上军校尉蹇硕⑤在坐，帝顾⑥问硕，硕惧，不知所对，而以此恨勋。司隶校尉张温，举勋为京兆尹⑦。帝方欲延接⑧勋，而蹇硕等心惮之，并劝从温奏，遂拜京兆尹。时长安令扬党⑨父为中常侍，恃势贪放⑩，勋案⑪得其臧⑫千余万。贵戚⑬咸为之请，勋不听，具以事闻，并连党父，有诏穷治⑭，威震京师。时小黄门京兆高望⑮,为尚药监⑯,幸于皇太子。太子因蹇硕,属⑰望子进为孝廉,勋不肯⑱用。或曰:"皇太子副主⑲,望其所爱,硕帝之宠臣,而子违之,所谓三怨成府⑳者也。"勋曰:"选贤所以报国也。非贤不举,死亦何悔!"董卓废少帝㉑,杀何太后㉒,勋与书曰:"昔伊尹㉓、霍光㉔,权以立功,犹可寒心。足下小丑㉕,何以终此?贺者在门,吊㉖者在庐,可不慎哉!"卓得书,意甚惮之。征为议郎。自公卿以下,莫不卑下㉗于卓,唯勋长揖㉘争礼,见者皆为失色。勋虽强直不屈㉙,而内厌于卓,不得意,疽发背㉚卒,遗令㉛勿受卓赗赠㉜。

【注释】①征拜:征召授官。②灵帝:汉灵帝刘宏(公元156年~公元189年),东汉第十一位皇帝,公元168年至公元189年在位。终年三十四岁。死后谥号孝灵皇帝,葬于文陵。③反乱:叛乱。④幸臣:帝王宠幸嬖爱的臣子。⑤上军校尉蹇硕:上军校尉,东汉灵帝时,在京都洛阳设立西园八校尉,即上军校尉、中军校尉、下军校尉、典军校尉、左校尉、助军左校尉、右校尉、助军右校尉。由上军校尉统率八校尉。蹇硕(?~公元189年),东汉时期的宦官。⑥顾:回首,回视。⑦京兆尹:官名。汉代管辖京兆地区的行政长官,职权相当于郡太守。后因以称京都地区的行政长官。⑧延接:引见接纳,接待。⑨扬党:《后汉书》原文作"杨党"。⑩贪放:贪婪放纵。⑪案:通"按"。查办,审理。⑫臧:贪污受贿或窃取之财。⑬贵戚:帝王的亲族。⑭穷治:彻底查办。⑮小黄门京兆高望:小黄门,汉代低于黄门侍郎一级的宦官。高望(?~公元189年),东汉宦官,十常侍之一。⑯尚药监:古代医官名,是宫廷中一种中层医官,其职责主要是对和合、修制、供奉御药的整个过程实行监督。⑰属:委托,嘱咐。⑱肯:乐意、愿意。⑲副主:储君。谓

太子。⑳三怨成府：言与三人结怨则仇恨集身，难以免祸。李贤注："府，聚也。"㉑董卓废少帝：董卓（？～公元192年），字仲颖，陇西临洮（今甘肃省岷县）人，东汉末年少帝、献帝时权臣，西凉军阀，官至太师、郿侯。少帝，汉少帝弘农怀王刘辩（公元176年～公元190年），他是汉灵帝刘宏与皇后何氏的独生子，在位仅五个月。㉒何太后：汉灵帝皇后，何进之妹，少帝刘辩之母，曾毒杀刘协生母王美人。㉓伊尹：商初大臣，助汤灭夏。汤死后，历佐外丙、仲壬、太甲，为商朝理政安民五十余载，治国有方，世称贤相。㉔霍光：字子孟，河东平阳（今山西临汾市）人。是汉昭帝的辅政大臣，执掌汉室最高权力近二十年，为西汉历史发展中的重要政治人物。㉕小丑：微贱之辈。㉖吊：祭奠死者或对遭丧事及不幸者给予慰问。㉗卑下：谦敬，退让。㉘长揖：拱手高举，自上而下行礼。㉙强直不屈：强直，刚强正直。不屈，不屈折，犹言不卑下。㉚疽发背：疽，中医指局部皮肤肿胀坚硬的毒疮。发背，发于背部。㉛遗令：临终前的告诫、嘱咐。㉜赙赠：指赠送给丧家的财物。

【译文】盖勋被征召授予讨虏校尉，汉灵帝召见他，问道："天下（究竟）有什么苦难，以至于人们叛乱到如此地步？"盖勋说："这都是那些宠臣的子弟们扰乱的结果。"当时宦官上军校尉蹇硕在座，灵帝就回头问他。蹇硕心中害怕，不知道该怎么回答，但因此对盖勋怀恨在心。司隶校尉张温举荐盖勋做京兆尹，灵帝当时正打算接见盖勋，而蹇硕等人心中惧怕他，就一起劝灵帝听从张温的奏议，于是灵帝拜盖勋为京兆尹。当时长安县令杨党的父亲是中常侍，（杨党）依仗权势贪婪放纵，盖勋审查到他贪污受贿的赃款有一千余万。贵戚都为杨党请免罪，盖勋不为所动，把事情全都奏报朝廷，并牵连到杨党的父亲。皇帝下诏彻底查办，于是盖勋威震京师。当时小黄门京兆人高望担任尚药监，受到皇太子的宠幸。太子通过蹇硕嘱托盖勋让高望的儿子高进为孝廉，盖勋不肯这样做。有人对他说:"皇太子是储君,高望是太子宠爱的人,蹇硕是皇帝的宠臣,可是您违背他们的意愿,这是人们所说的结三个人的怨恨于一身啊!"盖勋说:"选拔贤才是用来报效国家的。不是贤才就不举荐,即便是死,又有什么可后悔的!"(后来)董卓废掉少帝,杀了何太后。盖勋给董卓写信说:"往昔伊尹、霍光,掌权而为国家立下大功,还有令人寒心的地方。您只不过是个微贱之人,这样做,以后如何收场呢?祝贺的人在门口,而吊丧的人已在屋内,能不谨慎吗?"董卓得到这封信,内心非常惧怕盖勋,征召他做议郎。当时朝廷自公卿以下的百官,见到董卓没有不卑躬曲膝的,只有盖勋对董卓依礼相见,拱手作揖而已。在场的人都因此大惊失色。盖勋虽然刚强正直,不屈于董卓,但实际上却受到董卓的厌恶,在朝而不得志。后来因背部发毒疮而死。临终时嘱咐家人,不要接受董卓的丧葬赠礼。

蔡邕传

【原文】蔡邕①,字伯喈,陈留②人也。灵帝时,信任阉竖,灾变数见,天子引咎③,诏群臣各陈政要。邕上封事④曰:"臣闻古者取士⑤,诸侯岁贡⑥。孝武之世,郡举孝廉,又有贤良文学之选,于是名臣辈出,文武并兴。汉之得人,数路⑦而已。夫书画辞赋,才之小者,匡国理政,未有其能。陛下即位之初,先涉经术⑧,听政余日⑨,观省篇章,聊⑩以游意,当代博奕⑪,非以为教化取士之本也。而诸生竞利,作者⑫鼎沸。其高者,颇⑬引经训风喻⑭之言,下则连偶俗语⑮,有类俳优⑯,或窃⑰成文,虚冒⑱名氏。臣每受诏于盛化门,差次录第⑲,其未及者,亦复随辈,皆见拜擢⑳。既加之恩,难复收改,但守奉禄,于义已弘,不可复使治民及仕州郡。昔孝宣会诸儒于石渠㉑,章帝集学士于白虎㉒。通经㉓义释,其事优大㉔;文武之道,所宜从之。若乃小能小善㉕,虽有可观㉖,孔子以为'致远则泥㉗',君子故当志㉘其大者也。"

【注释】①蔡邕(公元133年~公元192年):字伯喈,陈留(今河南省开封市陈留镇)人,东汉文学家、书法家。著诗、赋、碑、诔、铭等共一百零四篇,以《述行赋》最知名。②陈留:今河南省开封市陈留镇。③引咎:归过失于己。④封事:密封的奏章。此处指《陈政要七事疏》。古时臣下上书奏事,防有泄漏,用皂囊封缄,故称。⑤取士:选取士人。⑥岁贡:李贤注引《尚书大传》:"古者诸侯之于天子,三年一贡士。"⑦路:途径,门路。⑧经术:犹经学。⑨余日:闲暇时日。⑩聊:姑且,暂且,勉强。⑪博奕:局戏和围棋。奕,通"弈",围棋。⑫作者:指从事文章撰述或艺术创作的人。⑬颇:大抵,大致。⑭经训风喻:经训,经籍义理的解说。风喻,亦作"风谕",以委婉的言辞劝告开导。⑮连偶俗语:连偶,连而成双,使成对偶。俗语,通俗流行并已定型的语句。⑯俳优:古代以乐舞谐戏为业的艺人。⑰窃:抄袭。⑱虚冒:假冒,冒充。⑲差次录第:差次,分别等级次序。录第,按名次录用。⑳拜擢:选拔任用。㉑石渠:即石渠阁,西汉皇室藏书之处,在长安未央宫殿北。汉宣帝曾在此召开石渠阁会议,又名石渠阁奏议。石渠讲论的一百五十五篇奏疏经过汇集,辑成《石渠议奏》。㉒白虎:白虎观,汉宫观名。章帝建初四年(公元79年),召集各地著名儒生于洛阳白虎观,讨论五经异同。章帝亲自主持,参加者有魏应、淳于恭、贾逵、班固、杨终等,班固将讨论结果纂辑成《白虎通德论》,又称《白虎通义》。㉓通经:解释经旨。㉔优大:盛大。㉕小善:犹小技、小的长处。㉖可观:可以看,值得看。㉗孔子以为致远则泥:语出《论语·子张》。小道,如农圃医卜之属。泥,不通。㉘志:向慕,有志于。

【译文】蔡邕,字伯喈,陈留郡人。当时汉灵帝信任宦官,国家多次发生灾变。皇帝归罪于己,诏告群臣各自陈述施政的要务。蔡邕呈上密封的奏章,说:"臣听说古代选取士人,要求诸侯定期向朝廷举荐人才。汉武帝时,除各郡推举孝廉外,另有贤良文学之士的选拔。于是名臣辈出,文治武功同时兴盛。汉王朝获得人才,主要就是通过这几个方面。书画辞赋,不过是一种小才,至于匡正国家管理政治,就不是他们力所能及的了。陛下即位之初,先涉猎经学,处理政务的闲暇之时,阅览一些辞赋篇章,作为放松精神的消遣,以此代替局戏、围棋等娱乐,并不是要以此(辞赋篇章)作为施行教化、获得人才的根本办法。但是读书人(因为陛下的爱好)而竞相贪图利益,兴辞作赋的人越来越多,喧嚷不休。他们中学问高的,还能引用经典中的经训和讽喻的言辞,学问低下的则使用对偶俗语等,有点类似于以歌舞为业的艺人,有的人甚至抄袭现成的文章,冒名顶替。臣每次受诏在盛化门分别等级次序,按名次录用人才,都会发现其中一些不够资格的人,也跟随别人一同被选拔任用。已经赐予的恩典,难以再收回更改,让他们只是保住俸禄,这在道义上已经够宽大的了,不可以再让他们治理百姓或在州郡中任职。昔日,宣帝召集诸多儒生于石渠阁,章帝集中有学之士于白虎观,解释经旨,阐明义理,这两件事十分盛大。文王和武王的治国之道,确实是应当遵循的。如果只是小能小善,即使有可取的地方,孔子认为'如果让他们致力于远大的事业,就会有所阻滞'。所以君子应当有志于大的方面。"

【原文】又特诏问曰:"比^①灾变互生,未知厥咎^②,朝廷焦心^③,载^④怀恐惧。每访群公^⑤,庶^⑥闻忠言,而各存括囊^⑦,莫肯尽心。以邕经学深奥,故密特稽问。宜披露^⑧失得,指陈^⑨政要,勿有依违^⑩,自生疑讳^⑪。"邕对曰:"臣伏思诸异,皆亡国之怪也。天于大汉,殷勤^⑫不已,故屡出妖变^⑬,以当谴责,欲令人君感悟，改危即⁽¹⁴⁾安。今灾眚⁽¹⁵⁾之发，不于他所，远则门垣⁽¹⁶⁾，近在寺署⁽¹⁷⁾，其为监戒⁽¹⁸⁾，可谓至切。霓堕鸡化⁽¹⁹⁾，皆妇人干政之所致也。前者乳母赵娆⁽²⁰⁾，贵重天下，生则资藏侔于天府⁽²¹⁾，死则丘墓逾于园陵⁽²²⁾，两子受封，兄弟典郡⁽²³⁾，续以永乐；门史⁽²⁴⁾霍玉，依阻城社⁽²⁵⁾，又为奸邪。今者道路纷纷⁽²⁶⁾，复云有程大人者，察其风声⁽²⁷⁾，将为国患。宜高为堤防⁽²⁸⁾，明设禁令，深惟赵、霍，以为至戒⁽²⁹⁾。今圣意勤勤⁽³⁰⁾，思明邪正。而闻太尉张颢⁽³¹⁾，为玉所进，光禄勋伟璋⁽³²⁾，有名贪浊。又长水校尉⁽³³⁾赵玹、屯骑校尉⁽³⁴⁾盖升，并叨⁽³⁵⁾时幸⁽³⁶⁾，荣富优足⁽³⁷⁾。宜念小人在位之咎，退思引身避贤之福⁽³⁸⁾。伏见廷尉郭禧⁽³⁹⁾纯厚老成⁽⁴⁰⁾，光禄大夫桥玄⁽⁴¹⁾聪达方直⁽⁴²⁾，故太尉刘宠⁽⁴³⁾忠实守正⁽⁴⁴⁾，并宜为谋主⁽⁴⁵⁾，数见访问⁽⁴⁶⁾。夫宰相大臣，君之四体，委任责成⁽⁴⁷⁾，优劣已分，不宜听纳小吏，雕琢⁽⁴⁸⁾大臣也。又尚方工技之作⁽⁴⁹⁾，鸿都篇赋之文⁽⁵⁰⁾，可且消息⁽⁵¹⁾，以示惟忧。《诗》云：'畏天之怒，不敢戏豫⁽⁵²⁾。'天戒⁽⁵³⁾诚不可戏也。夫君臣不密，上有漏言⁽⁵⁴⁾之戒，下有失身⁽⁵⁵⁾之祸。愿寝⁽⁵⁶⁾臣表，无使尽忠之吏，受怨奸仇。"

【注释】①比：副词。近日，近来。②厥咎：厥，代词。咎，罪过、过失。③焦心：忧虑，着急。④载：承受。⑤群公：总称诸侯和朝臣。⑥庶：希望，但愿。⑦括囊：结扎袋口。亦喻缄口不言。⑧披露：陈述，表白。⑨指陈：指明和陈述。⑩依违：谓模棱两可。⑪疑讳：疑虑忌讳。⑫殷勤：恳切丁宁。⑬妖变：指反常、怪异的现象或事物。⑭即：至，到。⑮灾眚：灾殃，祸患。⑯门垣：官门附近。⑰寺署：官署。⑱监戒：鉴察往事，警戒将来。监，通

"鉴"。⑲霓堕鸡化：霓堕，《后汉书》原文作"霓堕"，指霓进入内环。霓，副虹，又称雌虹、雌霓。虹霓常有内外二环，内环称虹，也称正虹、雄虹；外环称霓，也称副虹，雌虹或雌霓。鸡化，指雌鸡变化为雄鸡，旧时认为是灾难之兆。⑳乳母赵娆：汉桓帝乳母赵娆，旦夕在太后侧，中常侍曹节、王甫等与共交结，谄事太后。见《后汉书·陈蕃传》。㉑资藏侔于天府：资藏，储藏的财物。侔，齐等、相当。天府，原为周官名，掌祖庙之守藏，后因称朝廷藏物之府库为天府。㉒园陵：帝王的墓地。㉓典郡：主管一郡政事，谓任郡守。㉔门史：守卫官门的官吏。㉕依阻城社：依阻，凭借、仗恃。城社，本指城池和祭地神的土坛，此喻靠山（含贬义）。㉖道路纷纷：道路，路上的人，指众人。纷纷，乱貌、众多貌。形容社会上人们纷纷传告。㉗风声：指传播出来的消息。㉘堤防：本指堤，有提防之意。㉙至戒：亦作"至诫"。犹深戒。㉚勤勤：恳切至诚。㉛太尉张颢：按《后汉书·灵帝纪》：光和元年"（三月辛丑）太常常山张颢为太尉。……九月，太尉张颢罢。"㉜光禄勋伟璋：光禄勋，官名，秦汉负责守卫宫殿门户的宿卫之臣，后逐渐演变为专掌宫廷杂务之官。伟璋，《后汉书》原文作"姓璋"，生平不详。㉝长水校尉：官名。汉武帝置。八校尉之一，掌屯于长水与宣曲的乌桓人、胡人骑兵，秩比二千石。所属有丞及司马，领骑兵七百三十六人。长水，关中河名。宣曲亦河名。东汉时属北军中侯，校尉秩为比二千石，魏、晋、南朝及北朝魏、齐均置，属领军将军。㉞屯骑校尉：官名。汉武帝置。八校尉之一。掌骑士，秩比二千石。所属有丞及司马，领兵七百人。东汉时属北军中侯，校尉秩为比二千石。魏、晋、南朝及北朝魏、齐均置，属领军将军。㉟叨：犹忝。表示承受之意。㊱幸：亲近，宠爱。㊲优足：富足。㊳退思引身避贤之福：退思，语出《左传·宣公十二年》："林父之事君也，进思尽忠，退思补过，社稷之卫也。"后因以指退归思过，事后反省。引身，抽身、引退。避贤，让贤。㊴廷尉郭禧：廷尉，官名。秦始置，九卿之一，掌刑狱。郭禧，东汉大臣，按《后汉书·灵帝纪》：建宁二年十一月，"太仆郭禧为太尉"。又同卷：建宁三年，

"夏四月，太尉郭禧罢"。㊵纯厚老成：纯厚，纯朴淳厚。老成，稳重、持重。㊶光禄大夫桥玄：光禄大夫，战国时代置中大夫，汉武帝时始改为光禄大夫，秩比二千石，掌顾问应对，隶于光禄勋。桥玄（公元109年~公元183年），字公祖，梁国睢阳人，汉末名臣，曾任大鸿胪、司空、司徒等职，建宁中曾任光禄大夫，光和元年（公元178年）迁太尉，数月后因病罢免。㊷聪达方直：聪达，聪明而通达事理。方直，指人品端方正直。㊸故太尉刘宠：故，过去、从前。刘宠，字祖荣，东汉牟平人。刘宠曾因"明经"被推荐为孝廉，出任济南郡东平陵县令，有仁惠之政。后升任豫章、会稽太守，在会稽郡时，简除烦苛政令，禁察官吏的非法行为，政绩卓著。㊹守正：恪守正道。㊺谋主：出谋划策的主要人物。㊻访问：咨询，求教。㊼责成：指令专人或机构负责完成任务。㊽雕琢：比喻罗织罪名。李贤注："雕琢，犹镌削以成其罪也。"㊾尚方工技之作：尚方，古代制造帝王所用器物的官署。㊿鸿都篇赋之文：鸿都，光和元年设在鸿都门的学校。专习辞赋书画，出授高级官职。篇，特指诗歌、辞赋等文艺著作。赋，文体名。是韵文和散文的综合体，讲究词藻、对偶、用韵。(51)消息：停止，平息。(52)戏豫：亦作"戏渝"。戏嬉安逸。毛传："戏豫，逸豫也。"(53)天戒：谓上天给予的儆戒。(54)漏言：泄漏密言或情况。(55)失身：丧失生命。(56)寝：谓湮没不彰，隐蔽。

【译文】又有一次灵帝特别下诏询问（蔡邕）道："最近灾变接连发生，不知其过失究竟在哪里？朝廷为此而忧虑着急，深感恐惧。每次问到各位朝臣，希望能听到忠直之言，然而他们却各自缄口不言，不肯尽心回答。因你（蔡邕）的经学造诣精深，所以特意秘密相问，你应该陈述政事上的得失，指明施政的要领，不要模棱两可，自生疑虑和忌讳。"蔡邕回答说："臣考虑这些灾异都是亡国的怪象。上天对于大汉王朝，殷勤恳切，所以多次出现反常的怪异现象，用来作为谴责，目的是想让人君有所感触而醒悟，转危为安。而今灾害的发生,并不在其他地方,远的不过在宫门附近,近的就在官署之中,以此作为监察往事、警戒将来的警示,可以说是极为恳切。霓入内环,雌鸡化雄,都是妇人干预政事所导致的。以前(桓帝)乳母赵娆,尊贵显赫于天下,她在世时储藏的财货和国库相当,死后的坟墓规模甚至超过帝王的陵墓。她的两个儿子受到封赏,其兄弟也担任郡守。后来又有永乐门史霍玉,依仗权势,专做奸诈邪恶的事情。如今,路上的众人纷纷传言,说有一位叫程大人的。考察这些传言,恐怕此人又要成为国家的祸患。陛下应该高度防范,公开设立禁令,深思赵娆、霍玉的往事以作为借鉴。今天圣上的心意恳切至诚,想要明辨邪正。但是听说太尉张颢是霍玉所推荐的,光禄勋伟璋有贪污之名,还有长水校尉赵玹、屯骑校尉盖升,都是受到一时的宠爱,而获得荣华富贵。(陛下)应该想想小人在位掌权的过失,然后考虑一下(让他们)退身让贤会带来的福祉。臣看到廷尉郭禧纯朴稳重,光禄大夫桥玄聪明通达且品行端方正直,原太尉刘宠忠诚老实恪守正道。这些人都应成为替国家出谋划策的主要人物,应多多向他们请教。宰相大臣是君主的四肢,应当委派给他们职务并让他们负责,如此优劣就能分辨清楚,而不应该听信小吏的话,给大臣罗织罪名。此外,那些尚方百工技艺的制作,鸿都门学诗歌辞赋的文章,都可以暂且停止了,以表示圣上现在只忧虑国事。《诗经》上说:"畏惧上天震怒,不敢戏嬉安逸。"上天的儆戒实在不可当作儿戏。(以上这些内容)你我君臣之间如果不严守机密,那么对皇上而言就有泄露密言的警戒,对臣下来说就有杀身之祸。希望陛下保藏好臣的奏表,不要让尽忠的官吏,受到奸佞小人的怨恨与仇视。"

【原文】章奏,帝览而叹息,因起更衣①,曹节于后视之,悉宣语②左右,事遂漏露③。其为邕所裁黜④者,皆侧目⑤思报。初,邕与司徒刘郃⑥素不相平,而叔父卫尉质⑦,又与将作大匠阳球⑧有隙⑨,球即中常侍程璜⑩女夫⑪也。璜遂使人飞章⑫言,邕质数以私事请托于郃,郃不听,邕含隐切⑬,志欲相中伤⑭。于是下邕,质于洛阳狱,劾以仇怨奉公⑮,议害大臣,大不敬,弃市⑯。事奏,中常侍吕强⑰愍邕无罪,请之。帝亦更思其章,有诏减死一等,与家属钳徙朔方⑱,不得以赦令⑲除⑳。

【注释】①更衣:古时大小便的婉辞。②宣语:宣,尽。语,告诉。③漏露:泄露。④裁黜:犹罢黜(废除排斥)。⑤侧目:斜目而视,形容愤恨。⑥司徒刘郃:司徒,官名。汉哀帝元寿二年,改丞相为大司徒,与大司马、大司空并列三公。东汉时改称司徒。刘郃,东汉后期官员,为东汉河间王宗室,光禄大夫刘儵之弟。⑦叔父卫尉质:卫尉,官名,战国时代开始设置,秦汉相沿,为九卿之一,秩禄中二千石,掌管宫门警卫,汉景帝时一度改称中大夫令。质,蔡质,字子文,陈留圉(今河南杞县)人,蔡邕叔父,灵帝时任卫尉,以罪下狱死。⑧将作大匠阳球:将作大匠,官名,掌管宫室修建之官。阳球,字方正,渔阳泉州人,性严厉,好申、韩之学。⑨有隙:有嫌隙,有怨恨。⑩程璜:东汉桓帝、灵帝时期宦官,中常侍,司徒刘郃娶其养女。程璜收受贿赂,排挤忠良,以其资格老而作威作福,被人喻为"程大人"。⑪女夫:女婿。⑫飞章:迅急上奏章。⑬隐切:犹怨恨。⑭中伤:诬蔑别人使受损害。⑮仇怨奉公:仇怨,仇恨、怨恨。奉公,奉行公事。⑯弃市:《礼记·王制》："刑人于市，与众弃之。"后以"弃市"专指死刑。⑰吕强(?～公元184年)：东汉宦官，字汉盛，成皋(今荥阳)人。⑱钳徙朔方：钳，古刑罚，以铁器钳束人的颈项、手、足。徙，贬谪、流放。朔方，郡名，西汉武帝时置，郡治朔方县(今内蒙古杭锦旗北)，东汉废朔方县，移郡治于临戎(今磴口北)。⑲赦令：旧时君主发布的减免罪刑或赋役的命令。⑳除：免去，免除。

【译文】蔡邕的奏章送达后，灵帝看完，叹息不已。因灵帝起身如厕，曹节便从后面偷看了奏章的内容，并将其中的内容都告诉了左右之人，事情就这样被泄露了。那些被蔡邕所抨击排斥的人，都对他侧目而视，想着要报复他。当初，蔡邕与司徒刘郃一向不和，而他的叔父卫尉蔡质又与将作大匠阳球有嫌隙，阳球是中常侍程璜的女婿。程璜就使人迅速上奏，说蔡邕、蔡质多次向刘郃以私事相嘱托，刘郃没有答应，蔡邕就心怀怨恨，总想借机中伤。蔡邕、蔡质因此被投入洛阳监狱，判处他们因公报私仇，谋害大臣，犯了大不敬之罪，应该弃市处死。事情上奏后，中常侍吕强怜悯蔡邕本来无罪，就为他求情，灵帝此时也重思蔡邕的奏章，就下诏将蔡邕减除死刑一等，他与家属受(髡)钳之刑而被流放到朔方，并且不得因赦令而免罪。

左雄传

【原文】左雄①,字伯豪,南郡②人也。举孝廉,拜议郎。时顺帝新立,朝多阙政③,雄数言事④,其辞深切⑤。尚书仆射虞诩⑥,以雄有忠公⑦节,上疏荐之曰:"臣见方今公卿以下,类多拱默⑧,以树恩为贤,尽节⑨为愚,至⑩相戒曰:'白璧不可为,容容⑪多后福。'伏见议郎左雄,数上封事,至引陛下身遭难厄⑫以为敬戒⑬,实有'王臣蹇蹇⑭'之节、周公谟⑮成王之风,宜擢⑯在喉舌之官⑰,必有匡弼⑱之益。"

【注释】①左雄(?~公元138年):字伯豪,少有大志,聪明好学,知识渊博,品性笃厚,善助邻里,誉满郡县。在任时实行考试选官制度,对完善科举制度做出了贡献。②南郡:据《汉书·地理志》:"南郡,秦置,高帝元年更为临江郡,五年复故。景帝二年复为临江,中二年复故。莽曰南顺。属荆州。"③阙政:有缺陷或弊病的政治措施。④言事:古代专指向君王进谏或议论政事。⑤深切:真挚,恳切。⑥尚书仆射虞诩:见前传。⑦忠公:忠诚公正。⑧拱默:亦作"拱嘿"。拱手缄默。⑨尽节:尽心竭力,保全节操。多指赴义捐生。⑩至:连词。承接上文,表示下文是上文引出的结果。犹以至、以至于。⑪容容:随众附和。⑫难厄:犹危难。⑬敬戒:警戒,戒备。⑭蹇蹇：忠直貌。蹇，通"謇"。《易·蹇》："六二：王臣蹇蹇，匪躬之故。"高亨注："謇謇，直谏不已也。"王弼注："执心不回，志匡王室者也。"⑮谟：谋划，谋虑。⑯擢：举拔，提升。⑰喉舌之官：比喻掌握机要、出纳王命的重臣。后亦以指尚书等重要官员。⑱匡弼：匡正辅佐，纠正补救。

【译文】左雄，字伯豪，南郡人。被举为孝廉，官拜议郎。当时，顺帝刚刚即位，朝廷政务中有不少弊病，左雄多次上书言事，言辞非常恳切。尚书仆射虞诩认为左雄有忠诚公正的节操，于是上疏推荐他说："臣看到当今公卿以下的官员，大多都是拱手缄默的人。他们以树立私恩为贤能，以尽忠保节为愚蠢，以至于互相之间告诫说：'不可做那无眼的白玉，随众附和的人多有后福。'臣发现议郎左雄多次上密奏（讨论国事），甚至引用陛下亲身遭遇的危难来警戒陛下，确实有为人臣子直言忠谏的节操，有当年周公为成王尽心谋划的风范。应当提拔他到重要官员的职位上，必然能起到匡正国事辅佐陛下的作用。"

【原文】由是拜尚书令，上疏陈事曰："臣闻柔远和迩①，莫大宁民②。宁民之务，莫重用贤。用贤之道，必存考黜③。大汉受命④，虽未复古⑤，然至于文景，天下康乂⑥，诚由玄靖宽柔⑦、克慎官人⑧故也。降⑨及宣帝，兴于仄陋⑩，综覈名实⑪，知世所病⑫，以为吏数变易，则下不安业⑬；久于其事，则民服教化。其有治理⑭者，辄以玺书⑮勉励，增秩⑯赐金。是以吏称其职，民安其业。汉世良吏，于兹为盛。故能降来仪⑰之瑞，建中兴⑱之功。

汉初至今，三百余年，俗浸彫敝⑲，巧伪滋萌⑳，下饰其诈，上肆其残。典城百里㉑，转动无常，各怀一切㉒，莫虑长久。谓杀害不辜㉓为威风、聚敛整辩㉔为贤能，以修己安民为劣弱㉕、奉法循理为不治。髡钳之戮㉖，生于睚眦㉗；覆尸㉘之祸，成于喜怒。视民如寇仇㉙，税㉚之如豺虎。监司㉛见非不举，闻恶不察，观政于亭传㉜，责成于期月㉝，言善不称德，论功不据实，虚诞㉞者获誉，拘检者离毁㉟。州宰不覆㊱，竞共辟召㊲。或考奏捕治㊳，而亡不受罪㊴，会赦行赂㊵，复见洗涤。朱紫㊶同色，清浊㊷不分。故使奸猾枉滥㊸，轻忽去就㊹，拜除㊺如流，缺动㊻百数。特选横调㊼，纷纷不绝，送迎烦费㊽，损政伤民。和气未洽㊾，灾眚不消，咎皆在此。臣愚以为乡部亲民㊿之吏，皆用儒生清白㉒，任㉝从政者，宽其负算㊾，增其秩禄㊿，吏职满岁㊺，宰府州郡㊻，乃得辟举㊼。如此，威福㊽之路塞，虚伪之端㊾绝，送迎之役㊿损，赋敛㉒之源息，循理㊻之吏得成其化，率土㊼之民各宁其所。"

【注释】①柔远和迩：柔远，安抚远人或远方邦国。迩，近。②宁民：安民，使人民安定。③必存考黜：存，立、设置。考黜，考绩以定黜陟。④受命：受天之命。⑤复古：恢复旧的制度、习俗等。⑥康乂：安治。⑦玄靖宽柔：玄靖，亦作"玄静"，谓清静无为的思想境界。宽柔，宽缓和柔。⑧克慎官人：克，能够。官人，选取人才给以适当官职。⑨降：表示从过去某时直到现在的一段时期。⑩仄陋：卑微。盖指宣帝幼年遭巫蛊之祸，曾下狱，家人亦蒙难，后为祖母史家收养，长期长于民间，故云。⑪综覈名实：亦作"综核名实"。对事物进行综合考核以察其名称和实际是否符合。一般用于吏治。⑫病：弊，不利。⑬安业：安于本业。⑭治理：指理政的成绩。⑮玺书：

秦以后专指皇帝的诏书。⑯增秩：增俸，升官。⑰来仪：谓凤凰来舞而有容仪，古人以为瑞应。语出《书·益稷》："箫韶九成，凤皇来仪。"孔颖达疏："箫韶之乐作之九成，以致凤皇来而有容仪也。"⑱中兴：中途振兴，转衰为盛。⑲俗浸彫敝：浸，副词，逐渐。彫敝，奢靡败坏。⑳巧伪滋萌：巧，虚伪、欺诈。滋萌，滋生萌发。㉑典城百里：典城，亦作"典成"，主掌诉讼案件。百里，古时一县所辖之地，因以为县的代称，此借指县令。㉒一切：权宜，临时。㉓不辜：指无罪之人。㉔聚敛整辩：聚敛，搜刮财货。整辩，《后汉书》原文作"整辨"。整辨，一本作"整办"，指整治、办理。㉕劣弱：衰弱，懦弱。㉖髡钳之戮：髡钳，古代刑罚，谓剃去头发，用铁圈束颈。戮，惩罚。㉗睚眦：嗔目怒视，瞪眼看人。借指微小的怨恨。㉘覆尸：尸体倒地。多指被杀或被杀者。㉙寇雠：仇敌，敌人。㉚税：征收或交纳赋税。㉛监司：负有监察之责的官吏。汉以后的司隶校尉和督察州县的刺史、转动使、按察使、布政使等通称为监司。㉜观政于亭传：观政，察知政情。亭传，古代供旅客和传递公文的人途中歇宿的处所。㉝责成于期月：责成，指令专人或机构负责完成任务。期月，一整年。李贤注："期，匝也。谓一岁。"㉞虚诞：荒诞无稽。㉟拘检者离毁：拘检，检束、拘束。离，遭受、遭遇。后多作"罹"。毁，毁谤、诋毁。㊱州宰不覆：州宰，指州刺史。覆，审察、查核。㊲辟召：征召。㊳考奏捕治：考，按问、刑讯。奏，臣子对帝王进言陈事。捕治，逮捕治罪。㊴亡不受罪：亡，逃跑、出逃。受罪，承受罪责。㊵会赦行赂：会，副词，恰巧、适逢。赦，宽免罪过。行赂，犹行贿。㊶洗涤：除去（罪过、积习、耻辱等）。㊷朱紫：红色与紫色。比喻正与邪、是与非、善与恶。㊸清浊：本指清水与浊水，比喻人事的优劣、善恶、高下等。㊹枉滥：枉法恣肆。㊺轻忽去就：轻忽，轻率随便。去就，离去或接近、担任官职或不担任官职。㊻拜除：拜授官职。㊼动：往往，常常。㊽特选横调：特选，指对官吏的特别选拔。调，李贤注："调，征也。"㊾烦费：大量耗费。㊿洽：周遍，广博。㉕亲民：亲自治理民众。㉖清白：旧称未做过所谓卑贱职业。这样的人及其后代始得从政或应试当官。㊼任：李贤注："任，堪也。"㊾负算：负欠的口钱（一种人口税）。后泛指负欠的租税。李贤注："负，欠也。算，口钱也。"㊿秩禄：俸禄。㊶满岁：任职期满。㊷宰府州郡：宰府，宰相办公之所。州郡，本为州和郡的合称，亦泛指地方上，亦指州郡的长官。㊸辟举：征召荐举。㊹威福：语出《书·洪范》："惟辟作福，惟辟作威。"孔颖达疏："惟君作福得专赏人也，惟君作威得专罚人也。"原指执政者的赏罚之权，后多谓当权者妄自尊大，恃势弄权。㊺端：方面，种类。㊻役：事。㊼赋敛：征收赋税。㊽循理：依照道理或遵循规律。㊾率土："率土之滨"之省。谓境域之内。

【译文】由此左雄官拜尚书令。他上书陈述政事说："臣听说安抚远方和睦近处，再没有比使人民安定更重大的了。使人民安定的关键，没有比任用贤人更重要的了。任用贤者的办法，是一定要设立考核与罢免的制度。大汉受天命建立王朝，虽说未能恢复古代的制度，但是到了文帝、景帝时期，天下安宁康乐，实在是由于实行清净无为、宽缓和柔的政策，能慎重地选贤授官的缘故啊！后来到宣帝时，他生长于卑微的环境，因此能够综合地考察事物的名实是否相符，知道时弊的所在，认为官吏如果经常调换，百姓就不会安于本业；官吏长期忠于职事，人民就会服从教化。对那些卓有政绩的官员，就下诏书给予勉励，给他们增加秩俸、赏赐钱财。因此官吏各称其职，人民安居乐业。汉朝优秀的官吏，以宣帝时期为最多，所以出现了凤凰来舞的祥瑞，建立了振兴汉室的功业。汉初至今已有三百多年，社会风气逐渐奢靡败坏，奸巧伪诈的现象慢慢萌生。在下者掩饰他的欺诈行径，在上者放任自己的残暴行为。典城、县令等地方官员调动频繁，人人都心怀权宜之计，谁也不做长

久的打算。(他们)认为杀害无辜的人是威风,以搜刮聚敛财富为贤能,把修正自己安抚人民看成是懦弱,把奉守法令循理办事当做是无能。遭受髡钳的刑罚,只是因为一点小小的怨恨;遭受杀身之祸,仅是产生在喜怒之间。看待百姓如同贼寇和仇敌,向他们征收赋税却像豺虎。掌管监察的官吏看到非法行为也不检举,听到罪恶之事也不加详察。考察政情却只居于亭传(而不实地考察),责令下属要在一年之内就要完成上级的任务。对人的称赞与他的德行不相称,对功劳的评定与事实不相符;弄虚作假的人获得赞誉,谨守规矩的人遭到毁谤。(对这些人)刺史不进行审查,就竞相征召任用。有的人要被审查参奏、逮捕查办,却因逃跑而没有受到惩罚,逢到大赦或通过行贿,其罪名又被清除掉了。正邪不辨,清浊不分,所以使得奸猾之人枉法放肆,随便地离任或就职,拜官授职像流水一样频繁。官府的缺员往往有百余数,特殊的选拔和横征暴敛纷繁不息;(官吏的)送往迎来耗废巨大,损害政事伤害百姓。和谐的气氛没能周遍天下,灾殃祸患未能消除止息,过失全都在这个方面。臣认为乡里直接管理民众的官员,都应该任用清白的儒生为处理政事的人,宽免他们所欠的租税,增加他们的俸禄。官员任职期满,宰府州郡才能征召荐举他们。这样一来,当权者作威作福的道路就会被阻塞,弄虚作假的萌芽也就会杜绝,送来迎往的事会减少,横征暴敛的源头也会止息。依理办事的官吏,于是得以完成他们的教化,天下的人民,也能够各安其所了。"

【原文】帝感其言,申下有司,考其真伪。雄之所言,皆明达治体①，而宦竖②擅权，终不能用。雄复谏曰："臣闻人君莫不好忠正而恶谗谀，然而历世之患，莫不以忠正得罪、谗谀蒙幸③者，盖听忠难，从谀易也。夫刑罪，人情之所甚恶；贵宠，人情之所甚欲。是以世俗为忠者少，而习④谀者多。故令人主数闻其美，稀⑤知其过，迷而不悟，至于危亡也。"

【注释】①明达治体：明达，对事理有明确透彻的认识、通达。治体，治国的纲领、要旨。②宦竖：对宦官的贱称。③幸：亲幸，宠爱。④习：习惯，习惯于。⑤稀：少，不多。

【译文】顺帝有感于左雄的进言，将它下发给有关部门，考核其内容的真假。左雄上奏的话，都是明晓通达治国要领之言，但由于当时宦官专权，最终没有被采用。左雄又进谏说："臣听说君主没有不喜好忠正而厌恶谗谀的。然而历代的祸患，没有不是忠正者获罪、谗谀者受宠的。大凡听从忠言难，顺从谄谀之言容易。刑罚罪责是人情所极其厌恶的，尊贵宠信是人情所极其向往的。因此世上奉行忠正的人少而习惯谄谀的人多，所以让人主常常听到自己美好的方面，却很少知道自身的过失，执迷不悟，直至危亡。"

周举传

【原文】周举①，字宣光，汝南②人也。为尚书。时三辅③大旱，五谷灾伤④，天子亲自策问⑤，举对曰："夫阴阳闭隔⑥，则二气否塞⑦。二气否塞，则人物不昌⑧。人物不昌，则风雨不时⑨。风雨不时，则水旱成灾。陛下处唐虞之位，未行尧舜之政，变文帝世祖之法，而循亡秦奢侈之欲，内积怨女⑩，外有旷夫⑪。今皇嗣⑫不兴，东宫⑬未立，伤和逆理，断绝人伦之所致也。非但陛下行此而已，竖宦⑭之人，亦复虚以形势，威侮良家⑮，取女闭之⑯，至有白首殁⑰无配偶，逆于天心。昔武王入殷，出倾宫之女⑱；成汤遭灾，以六事克己⑲。自枯旱以来，弥历年岁⑳，未闻陛下改过之效，徒劳至尊，暴露风尘㉑，诚无益也。又下州郡祈神致请㉒。昔齐有大旱，景公欲祀河伯㉓，晏子㉔谏曰：'夫河伯，以水为城国，鱼鳖㉕为人民。水尽鱼枯，岂不欲雨？自是㉖不能致也。'陛下所行，但务其华，不寻其实，犹缘木希（希作求）鱼㉗，却行求前㉘也。诚宜推信革政㉙，崇道变惑㉚，出后宫不御㉛之女，理天下冤枉之狱，除大官重膳㉜之费。臣才薄智浅，不足以对，惟陛下留神裁察㉝。"以举为司徒。

【注释】①周举（公元105年～公元149年）：字宣光，东汉汝南汝阳人。周举其貌不扬，而博学洽闻，为儒者所宗，故京师为之语曰："《五经》从横周宣光。"②汝南：古属豫州。汉高帝二年（公元前205年）始建汝南郡，郡治在上蔡。东汉永平十五年，汝南郡为国，封皇子畅为汝南王。建初四年，国除为郡。③三辅：本指西汉治理京畿地区的三个职官的合称，亦泛称京城附近地区。④五谷灾伤：五谷，五种谷物。《周礼·天官·疾医》："以五味、五谷、五药养其病。"郑玄注："五谷，麻、黍、稷、麦、豆也。"后以五谷为谷物的通称，不一定限于五种。灾伤，由天灾人祸招致的损害。⑤策问：以经义或政事等设问要求解答以试士。⑥闭隔：关闭，隔绝。⑦否塞：闭塞不通。⑧人物不昌：人物，人与物。不昌，不昌明、不昌盛。⑨不时：不适时，不合时。⑩怨女：指已到婚龄而无合适配偶的女子。⑪旷夫：无妻的成年男子。⑫皇嗣：皇子。⑬东宫：太子所居之宫；亦指太子。⑭竖宦：指宦官。⑮威侮良家：威侮，陵虐侮慢。良家，汉时指医、巫、商贾、百工以外的人家，后世称清白人家为良家。⑯取女闭之：取女，娶妻。闭，关押、幽禁。⑰殁：亦作"歾"。死，去世。⑱昔武王入殷，出倾宫之女：出，释放。倾宫，巍峨的宫殿，望之似欲倾坠，故称。⑲成汤遭灾，以六事克己：李贤注引《帝王纪》曰："汤伐桀，后大旱七年，洛川竭，使人持三足鼎祝于山川曰：'政不节邪？使人疾邪？苞苴行邪？谗夫昌邪？宫室荣邪？女谒行邪？何不雨之极也！'"克己，谓克制私欲，严以律己。⑳弥历年岁：弥历，久经、经历。年岁，犹年月。岁，年。㉑徒劳至尊暴露风尘：至尊，用为皇帝的代称。暴露，露在外面，无所遮蔽。皇帝举行罪己之仪，向天忏悔，但精诚未至，效果未彰，徒劳于形式，暴露于外受风尘之苦而已。㉒致请：致，表达。请，祷祝。㉓景公欲祀河伯：景公，齐景公。河伯，传说中的河神。《庄子·秋水》："于是焉，河伯欣然自喜，以天下之美为尽在己。"陆德明《庄子释文》："河伯姓冯，名夷，一名冰夷，一名冯迟……一云姓吕，名公子，冯夷是公子之妻。"㉔晏子：晏婴（公元前578年~公元前500年），字仲，谥平，习惯上多称平仲，又称晏子，夷维（今山东莱州）人。春秋后期重要的政治家、思想家、外交家。㉕鱼鳖：鱼和鳖。泛指鳞介水族。㉖自是：自然是。㉗缘木希鱼：即"缘木求鱼"。指爬上树去捉鱼，比喻行动和目的相反，劳而无所得。语出《孟子·梁惠王上》。㉘却行求前：谓以倒退求前进，比喻方法不对，因而不可能达到目的。却行，倒退而行。语本《韩诗外传》。㉙推信革政：推信，推重信服。革政，谓改革政令。㉚惑：乱，昏乱。㉛御：与女子交合。㉜大官重膳之费：大官，即太官。掌皇帝膳食及燕享之事。重膳，两个或两个以上的菜肴，泛指丰盛的膳食。㉝裁察：裁断审察。

【译文】周举，字宣光，汝南郡人。他担任尚书的时候，京都地区大旱，五谷遭灾，顺帝亲自进行策问，周举回答说："阴阳隔绝，二气就会闭塞不通。阴阳二气不通，人与物就不会昌盛。人与物不昌盛，风雨就会不合时宜。风雨不适时，就会产生水旱的灾害。陛下居于唐尧、虞舜一样的君位，却不能施行尧舜的政治；改变了文帝、光武帝的法度，而追循亡秦奢侈的贪欲。宫内积聚了（很多不能婚嫁的）怨女，宫外却还有很多无妻的旷夫。当今皇室子孙不兴，太子尚未确立，这都是因为伤害了天地本有的和气、违逆了阴阳交感的道理，断绝了（夫妇的）人伦之道所造成的啊！不仅仅是陛下这样做，就是宦官们，也都虚以男子的形体，咸逼侮慢良家（妇女），把她们娶来禁闭在家中，以致于有白首寿终都没有配偶者，完全违背了天意。过去周武王攻入殷都，释放了宫中的女子；成汤遭受旱灾时，以六件事来反思约束自己。自从大旱以来，已有年月，没有听到陛下改过的成效，白白让皇上暴露于风尘之中，实在是没有什么益处。陛下又下令让各州郡向神明祈祷求雨。从前齐国遭到大旱，齐景公想祭祀河伯，晏子进谏说："河伯以水为他的国家城池，以鱼鳖为他的人民，水干了，鱼鳖就会死亡，他难道不希望下雨吗？河伯自然是无法降雨啊！"陛下的行为只致力于浮华的形式，而不探求内在的实质，这就好比想爬到树上去捉鱼、用后退而求前进。确实应该推行诚信，改革政事，崇信道义，改变昏乱的局面。释放后宫没有婚配的宫女，申理天下冤枉的案件，取消太官丰盛膳食的费用。臣才薄智浅，不足以应对策问，只希望陛下能用心裁断审察。"于是周举被任命为司徒。

李固传

【原文】李固①,字子坚,汉中②人也。阳嘉二年③,有地动山崩④、火灾之异,公卿举固对策⑤,诏又特问当世之敝、为政所宜。固对曰:"臣闻王者,父天母地,宝有山川。王道得,则阴阳和理;政化乖⑥,则崩震为灾。斯皆关之天心效于成事者也。夫治以职成,官由能理。古之进⑦者,有德有命⑧;今之进者,唯财与力。伏闻诏书,务求宽博⑨,疾恶严暴⑩。而今长吏⑪,多杀伐致声名⑫者,必加迁赏⑬;其存宽和,无党援⑭者,辄见斥逐⑮。是以淳厚之风不宣,雕薄⑯之俗未革。虽繁刑重禁,何能有益?前孝安皇帝⑰,变乱旧典⑱,封爵阿母⑲,因造妖孽⑳,使樊丰㉑之徒,乘权放恣㉒,侵夺主威,改乱适嗣㉓,至令圣躬㉔狼狈,亲遇其难。既拔自困殆㉕,龙兴㉖即位,天下喁喁㉗,属望风政㉘。积弊㉙之后,易致中兴,诚当沛然㉚思惟善道。而论者犹云,方今之事,复同于前。臣伏从山草㉛,痛心伤臆㉜。今宋阿母㉝,虽有大功勤谨㉞之德,但加赏赐,足以酬其劳苦,至于裂土开国㉟,实乖旧典。夫妃后之家,所以少完全㊱者,岂天性当然?但以爵位尊显,专总㊲权柄,天道恶盈,不知自损,故至颠仆㊳。先帝宠遇阎氏，位号太疾⁴⁰，故其受祸，曾不旋时⁴¹。今梁氏戚为椒房⁴²，礼所不臣⁴³，尊以高爵，尚可然也。而子弟群从⁴⁴，荣显⁴⁵兼加。永平建初⁴⁶故事，殆⁴⁷不如此。宜令步兵校尉冀⁴⁸及诸侍中，还居黄门⁴⁹之官，使权去外戚，政归国家，岂不休⁵⁰乎？又宜罢退宦官，去其权重⁵¹，裁⁵²置常侍二人，省事⁵³左右；小黄门五人，给事⁵⁴殿中。如此，则论者厌塞⁵⁵，升平⁵⁶可致也。"

【注释】①李固（公元94年～公元147年）：东汉大臣，汉中南郑（今属陕西）人，少好学。后因对策指斥时政，要求"权去外戚、政归国家"，为议郎。历任荆州刺史、太山太守，政称天下第一。②汉中：即汉中郡，位于陕西省西南部，为秦初三十六郡之一，郡治初设南郑（今陕西汉中），西汉初迁至西城（陕西安康市汉江北岸中渡台）。东汉建武元年至六年，郡治改迁南郑（在今陕西省汉中市南郑县附近）。③阳嘉二年：公元133年。东汉顺帝刘保的第二个年号。④地动山崩：地动，地震。山崩，悬崖、陡坡上巖石和砂土突然破裂、崩落的现象。⑤对策：亦作"对册"。古时就政事、经义等设问，由应试者对答，称为对策。⑥政化乖：政化，政治和教化。乖，反常、谬误。⑦进：进仕，出仕。⑧有德有命：李贤注："命，爵命也。言有德者乃可加爵命也。"（爵命，封爵受职。）⑨宽博：谓心胸开阔，能容人。⑩严暴：严酷暴虐。⑪长吏：指州县长官的辅佐。《汉书·百官公卿表》："县有丞、尉，秩四百石至二百石，是为长吏。百石以下有斗食、佐史之秩，是为少吏。"⑫致声名：致，求取、获得。声名，名声。⑬迁赏：升职和赏赐。⑭党援：结援相助的党与。⑮斥逐：驱逐。⑯雕薄：雕，浮华、虚夸。薄，虚假刻薄、不诚朴宽厚。⑰孝安皇帝：汉安帝刘祜。⑱变乱旧典：变乱，变更、使紊乱。旧典，旧时的制度、法则。⑲阿母：李贤注："阿母王圣。"⑳妖孽：指物类反常的现象，古人以为是不祥之兆。㉑樊丰：安帝时宦官。㉒乘权放恣：乘权，利

用权势。放恣，放纵。㉓改乱適嗣：《后汉书》原文作“改乱嫡嗣”。李贤注：“谓顺帝为太子时，废为济阴王。”㉔圣躬：犹圣体。臣下称皇帝的身体。亦代指皇帝。㉕困殆：困苦危急。㉖龙兴：喻王者兴起。㉗喁喁：仰望期待貌。㉘属望风政：属望，期望。风政，指政绩。㉙积弊：谓长期艰危。㉚沛然：充盛貌，盛大貌。李贤注：“沛然，宽广之意。”㉛伏从山草：伏，居、栖身。从，介词，在、由。山草，犹言山野草莽，借指在野未仕。㉜臆：心间。㉝宋阿母：李贤注：“谓宋娥也。”㉞大功勤谨：惠栋曰：“大功谓谋立帝，勤谨谓娥为乳母也。”勤谨，勤劳谨慎。㉟裂土开国：裂土，分封土地。开国，古代指建立诸侯国。㊱完全：保全。㊲天性当然：天性，犹天命，指上天的意旨或上天安排的命运。当然，应当这样。㊳专总：独揽。㊴颠仆：颠，倾覆、灭亡。仆，颓败，亦指颓败的事物。㊵先帝宠遇阎氏，位号太疾：先帝，指汉安帝刘祜。宠遇，帝王给予的恩遇。阎氏，指以安帝皇后阎姬为主的阎氏外戚。位号，爵位与名号。疾，快速、急速。㊶旋时：很短的时间，顷刻间。㊷梁氏戚为椒房：顺帝时，皇后梁妠，为梁商之女、梁冀之妹。椒房，后妃的代称。李贤注：“椒房者，皇后所居，以椒泥涂也。”㊸不臣：谓不以臣属视之。㊹群从：指堂兄弟及诸子侄。㊺荣显：荣华显贵。㊻永平、建初：永平，汉明帝年号。建初，汉章帝年号。㊼殆：大概。㊽步兵校尉冀：步兵校尉，官名，汉武帝置，八校尉之一，掌上林苑门屯兵，秩比二千石。冀，梁冀。㊾黄门：官名。本秦官，汉因之。因给事黄门，故名。后为非宦者充任的黄门侍郎、给事黄门侍郎等官的简称。㊿休：美善。(51)权重：犹权力，大权。(52)裁：通“才”。仅仅。(53)省事：视事，处理政务。(54)给事：供职。引申为侍奉。(55)厌塞：压倒，镇住。(56)升平：太平。

【译文】李固，字子坚，汉中人。顺帝阳嘉二年，国家发生地震、山崩和火灾等灾异现象，公卿推举李固回答皇帝的策问。后来皇帝又下诏书特意询问当时的弊端和治理国家所应做的事务。李固对答道：“臣听说王者把上天当作父亲，把大地当作母亲，以山川为宝物。王道通行，阴阳就会调和；政治教化乖乱，就会产生山崩地震的灾害。这都是关乎天意民心，被往事所证明的现象啊。天下大治要靠设官分职来实现，官职要由有治理能力的人来担任。古代出仕的人，有德者才可封爵受职；如今出仕的人，只凭着钱财和势力。臣听说陛下颁布诏书（为政）力求宽厚博爱，憎恶严酷和暴虐。可是当今的官吏中好杀伐以求取名声的人，必然得到升迁和奖赏；那些心存宽和又没有同党相助的人，往往遭到驱逐。所以淳厚的社会风气得不到宣扬，浮华刻薄的陋习没能够革除。即使是有繁苛的刑罚、严厉的禁令，又能有什么益处呢？以前孝安皇帝改变了旧时的制度，给他的乳母封赏爵位，从而造成了异常现象的出现，让樊丰这种人倚仗权力横行霸道，侵夺了君主的权威，改变了太子的嫡嗣之位，致使皇上处境狼狈，身临危难。陛下既然从困难危险中脱身，登上天子之位，天下人景仰期待，希望能出现好的政治形势。在长期的艰难危急之后，容易形成中兴的局面，确实应当考虑宽广地实施善政。可是有的议论者仍说如今的世道，还是和以前一样。臣栖身于民间，（听到这样的说法）感到十分伤心。如今阿母宋娥尽管有谋立皇上的大功和勤劳谨慎的德行，但（皇上）给她的赏赐已足够报答她的劳苦了，至于给她封地建国，实在有违以往的典章制度。妃后之家，之所以很少有能够保全的，难道是天命就该如此吗？只是因为他们爵高位显，独揽大权啊！天道厌恶盈满，他们因不知自行收敛克制，所以才导致倾覆灭亡。先帝宠幸阎皇后，让她的地位和名号升得太快，所以很快就招致灾祸。当今梁氏的女儿为皇后，按礼法不应当作臣下看待，封给她高贵的爵位，还是可以的。

但是梁氏的诸多子弟，都赐给他们荣华显贵，永平、建初时期的先例，并不是这样。应该让步兵校尉梁冀和各位侍中，仍然退居黄门之官，使权力离开外戚之手，朝政归于国家，这难道不是好事吗？还应该罢免、斥退宦官，收回他们掌握的大权，只设置常侍二人，事奉左右；设小黄门五人，在殿中供职。这样，议论者（的言论）可以平息，升平之世就会到来了。"

【原文】顺帝览其对，多所纳用，即时出阿母还第舍①，诸常侍悉叩头谢罪，朝廷肃然②。以固为议郎。冲帝③即位，为大尉④，与梁冀参录⑤尚书事。帝崩，固以清河王蒜⑥，年长有德，欲立之。梁冀不从，乃立乐安王子缵，是为质帝⑦。冀忌帝聪惠，恐为后患，遂令左右进鸩⑧。帝崩，固伏尸号哭，推举⑨侍医，冀虑其事泄，大恶之。因议立嗣，固与司徒胡广⑩、司空赵戒⑪、大鸿胪杜乔⑫，皆以为清河王蒜，明德著闻⑬，又属最尊亲⑭，宜立为嗣。先是蠡吾侯志⑮取冀妹，冀欲立之。众论既异，愤愤⑯不得意，而未有以相夺。中常侍曹腾⑰等闻，而夜往说冀曰："将军累世有椒房之亲，秉摄万机⑱，宾客纵横⑲，多有过差。清河王严明，若果立，则将军受祸不久矣，不如立蠡吾侯，富贵可长保也。"冀然⑳其言。明日重会公卿，冀意气凶凶㉑，而言辞激切㉒，自胡广、赵戒以下，莫不慑惮㉓之，皆曰："惟大将军令。"而固独与杜乔，坚守本议，冀厉声罢会。固复以书劝，冀愈激怒，乃说太后㉔先策免㉕固，竟立蠡吾侯，是为桓帝。后岁余，甘陵刘文、魏郡刘鲔㉖，各谋立蒜为天子，梁冀因此诬固与文、鲔共为妖言，下狱。门生勃海㉗王调贯械㉘上书，证固之枉；河内㉙赵承等数十人，亦腰鈇锧㉚，诣阙通诉㉛。太后明之，乃赦焉。及出狱，京师市里㉜，皆称万岁。冀闻之大惊，畏固名德㉝。终为己患，乃更据奏前事，遂诛之。临命（命作终）。与胡广、赵戒书曰："固受国厚恩，是以竭其股肱，不顾死亡，志欲扶持王室，比隆㉞文、宣。何图一朝，梁氏迷谬㉟，公等曲从㊱，以吉为凶，成事㊲为败乎？汉家衰微从此始矣。公等受主厚禄，颠而不扶㊳，倾覆大事，后之良史，岂有所私？固身已矣，于义得矣，夫复何言！"广、戒得书悲惭，长叹流涕。州郡收固二子基、慈，皆死狱中。

【注释】①第舍：宅第，住宅。②肃然：指安定平静，秩序良好。③冲帝：汉冲帝，刘炳（公元143年～公元145年），东汉第八位皇帝，在位仅半年，享年三岁。冲帝在位时，由外戚梁氏把持朝政，梁冀飞扬跋扈，朝廷腐败，民不聊生。谥法云"幼小在位曰冲"。④大尉：即太尉。⑤参录：参与总领。录，总领。东汉尚书之权超过三公，自安帝、顺帝后，大将军及三公执政的都加录尚书事。后来帝后家专政，三公仅得参预，故称"参录"。⑥清河王蒜：刘蒜，清河恭王延平子嗣。冲帝崩，征蒜诣京师，将议为嗣。会大将军梁冀与梁太后立质帝，罢归国。蒜为人严重，动止有度，朝臣太尉李固等莫不归心焉。⑦立乐安王子缵，是为质帝：汉质帝刘缵（公元138年～公元146年），东汉第九位皇帝，汉章帝玄孙，于公元145年即位，在位时间不到一年，便被梁冀毒死，谥号"孝质皇帝"，葬静陵。⑧遂令左右进鸩：《后汉书·梁冀传》："帝少而聪慧，知冀骄横，尝朝群臣，目冀曰：'此跋扈将军也。'冀闻，深恶之，遂令左右进鸩加煮饼，帝即日崩。"进鸩，进毒酒。鸩，传说中的一种毒鸟。以羽浸酒,饮之立死,亦指鸩羽浸制的毒酒。⑨推举:劾举推究。⑩胡广:东汉大臣,居朝为官五十多年,居公相位三十多年,历事安、顺、质、冲、桓、灵六位皇帝。⑪司空赵戒:司空,官名。汉改御史大夫为大司空,与大司马、大司徒并列为三公,后去大字为司空,历代因之。赵戒,字志伯,蜀郡成都人。⑫杜乔(?~公元147年):字叔荣,东汉河内林虑(今河南林州)人。与李固并称"李杜"。详见后传。⑬著闻:著名,闻名。⑭又冣尊亲:《通鉴》胡三省注:"蒜于质帝为兄,尊也;同出乐安王宠,亲也。"冣,音最,古同"最"。⑮蠡吾侯志:即刘志,后来之汉桓帝。章帝曾孙,蠡吾侯刘翼之子。⑯愤愤:气愤不平。⑰曹腾:东汉宦官。字季兴,沛国谯人。⑱秉摄万机:秉,握。摄,假代、代理。万机,指帝王日常处理的纷繁的政务。亦泛指执政者处理的各种政务。⑲纵横:多貌。⑳然:正确,认为正确。㉑意气凶凶:意气,情绪。凶凶,气势凶猛貌。㉒激切:激烈直率。㉓慴悼:畏惧。㉔太后:即顺帝皇后梁妠,乃梁冀之妹。㉕策免:帝王以策书免官。㉖甘陵刘文,魏郡刘鲔:甘陵,在邢台市清河县南部。魏郡,秦朝时属于邯郸郡、河内郡管辖,西汉建立,汉高帝十二年(公元前195年)置魏郡,辖十八县,东汉辖十五县,郡治都在邺,属冀州。刘文、刘鲔,生平均不详。㉗勃海:勃海郡,最早设立于汉高帝五年,属幽州。东汉改由冀州管辖。治南皮(今河北南皮东北)。辖今天津及河北、山东各一部分。㉘贯械:戴上刑具。㉙河内:汉高祖二年,改殷国为河内郡,位于太行山东南与黄河以北,领十六县。㉚腰鈇锧:腰,佩在腰上。鈇锧,音夫至,亦作"鈇质",古代斩人的刑具。锧,垫在下面的砧板。㉛诣阙通诉:诣阙,谓赴朝堂。通诉,犹申诉。㉜市里:街市里巷。㉝名德:名望与德行。㉞比隆:同等兴盛。㉟迷谬:亦作"迷缪"。迷惑谬误。㊱曲从:委曲顺从。㊲成事:成功。㊳颠而不扶:颠,倒仆。扶,扶持、护持。

【译文】 顺帝看了李固的对策后,大多都加以采纳施行,立刻令阿母出宫,回到其宅第。诸常侍都叩头谢罪,朝廷肃然安定。后任命李固为议郎。冲帝刘炳即位后,李固为太尉,和梁冀一起参与总领尚书事。(不久)冲帝驾崩。李固因清河王刘蒜年长而有德行,打算立他为皇帝,梁冀不答应,于是立安乐王的儿子刘缵为帝,这就是质帝。梁冀忌恨质帝聪明,担心他成为后患,于是让左右进献毒酒。质帝去世,李固趴在皇上的尸体上大哭,劾举审问侍奉皇上的御医。梁冀害怕事情泄露,对李固非常憎恨。于是商议立嗣之事,李固与司徒胡广、司空赵戒、大鸿胪杜乔都认为清河王刘蒜以德才兼备而闻名,又是与皇室血统最近最年长的一位,应该被立为继承人。在此以前,蠡吾侯刘志娶了梁冀的妹妹,梁冀想立刘志为帝。但是大家的意见和他的想法不一致,梁冀心中愤愤不平,但还没有办法来改变。中常侍曹腾等人听到这个消息,就连夜前往劝说梁冀道:"将军家世代都是皇亲国戚,执掌朝廷大权。您的宾客众多,大多都曾犯有过失。清河王严肃公正,若果然立为皇帝,那将军您很快就会遭受灾祸了。不如立蠡吾侯为皇帝,这样可以长久地保有富贵。"梁冀认为这个说法很对。第二天重新召集公卿商议,梁冀气势汹汹,而且言辞激烈强硬,自胡广、赵戒以下的大臣,没有不惧怕梁冀的,都说:"听从大将军的命令。"而只有李固和杜乔坚持原来的意见。梁冀厉声喝令停止会议。李固又写信劝说梁冀,梁冀更加发怒,就劝说太后先下策书罢免李固,最终立了蠡吾侯,就是桓帝。过了一年多,甘陵刘文、魏郡刘鲔都谋划立刘蒜为天子,梁冀因此诬陷李固与刘文、刘鲔共同造谣生事,将李固投入监狱。李固的门生勃海人王调自带刑具上书,证明李固是被冤枉的;河内郡赵承等数十人也都腰束铁锁到朝廷(为李固)申诉。太后明白了实情,于是赦免了李固。等李固出狱时，京师的大街小巷都高呼万岁。梁冀听到后大为惊慌，害怕李固的声名德行最终会成为自己的祸患，于是又在以前刘文、刘鲔的事上大做文章，终于将李固杀害了。李固临死前，给胡广、赵戒写信说："我李固受到国家的厚恩，因此竭尽作为国家大臣的职责，不顾及个人的生死，立志希望能够帮助皇室，想让朝廷达到像文帝和宣帝时一样兴盛，怎会想到梁氏一时执迷不悟（诬陷我），你们也跟着委曲顺从，因而把吉祥变为凶祸、把成功变为了失败呢？汉王朝的衰微从此开始了。你们身受朝廷的厚禄，国家将倾却不匡扶。以后优良的史官，岂能（对你们）有所偏私？我李固的生命是结束了，但得到了道义，还有什么可说的！"胡广、赵戒接到书信后感到悲伤惭愧，深深叹息痛哭流涕。地方州郡的官员拘捕了李固的两个儿子李基、李慈，他们后来都死在了狱中。

杜乔传

【原文】杜乔①，字叔荣，河内人也。汉安元年②，以乔守③光禄大夫。梁冀子弟五人，及中常侍等，以无功并封。乔上书谏曰："陛下越从藩臣④，龙飞⑤即位，天人属心⑥，万邦攸赖⑦。不急忠贤之礼，而先左右之封，伤善害德，兴长⑧佞谀。臣闻古之明君，褒⑨罚必以功过；末代暗主⑩，诛赏各缘⑪其私。今梁氏一门，宦者微孽⑫，并带无功之绂⑬，裂劳臣之土⑭，其为乖滥⑮，胡可胜言！夫有功不赏，为善失其望；奸回不诘⑯，为恶肆其凶。故陈质斧⑰，而民靡畏；班⑱爵位，而物⑲无劝⑳。苟遂㉑斯道，岂伊㉒伤政为乱㉓而已，丧身亡国，可不慎哉！"书奏，不省。先是李固见废，内外丧气㉔，群臣侧足㉕而立，唯乔正色，无所回桡㉖，由是朝野瞻望㉗焉。冀愈怒，遂白㉘执系㉙之，死狱中，与李固俱暴尸㉚于城北。

【注释】①杜乔（？～公元147年）：东汉三李杜之一，为官正直，不与贪官同流合污，最终在牢狱中身陨，后世称"世载弦直"。②汉安元年：公元142年。东汉顺帝刘保的第四个年号。③守：犹摄。暂时署理职务。多指官阶低而署理较高的官职。④越从藩臣：此指顺帝刘保为安帝太子时，遭谗，被废为济阴王。安帝崩,立北乡侯刘懿为帝,数月,少帝崩,众人拥立济阴王刘保为帝,是为顺帝。越,超过,从后面赶到前面。藩臣,拱卫王室之臣。⑤龙飞:指帝王的兴起或即位。《易·乾》:"飞龙在天,利见大人。"孔颖达疏:"若圣人有龙德,飞腾而居天位。"⑥属心:犹言归心。⑦万邦攸赖:万邦,所有诸侯封国,后引申为天下、全国。攸,助词,所。赖,依靠、凭借。⑧兴长:犹提倡、助长。⑨襃:亦作"裒"。嘉奖,称赞。与"贬"相对。⑩暗主:昏昧的君主。⑪缘:凭借,依据。⑫微孽:庶孽(妃妾所生之子)贱子。李贤注:"《公羊传》曰:'臣仆庶孽之事。'何休注云:'孽,贱子也,犹树之有孽生也。'"⑬绂:系官印的丝带。也代指官印。⑭裂劳臣之土:裂,割裂、分裂。劳臣,功臣。⑮乖滥:错杂不当。⑯奸回不诘:指奸恶邪僻的人或事。诘,查究、究办。⑰质斧:《后汉书》原文作"资斧",亦作"资鈇"。利斧。李贤注引《汉书音义》:"资,利也。"⑱班:本指分瑞玉,见《说文·珏部》。引申为赐予或分给。⑲物:人;众人。⑳劝:奖勉,鼓励。㉑遂:顺应,符合。㉒伊:发语词,无义。㉓为乱:作乱,造反。㉔丧气:意气颓丧,因事情不顺利而情绪低落。㉕侧足:形容因敬重或畏惧而不敢正立。㉖回桡:犹回挠(屈服)。㉗朝野瞻望:朝野,朝廷与民间。瞻望,仰望、仰慕。㉘白:禀报,陈述。㉙执系:执,拘捕。系,拘囚、拘禁。㉚暴尸:暴露尸骸。

【译文】 杜乔,字叔荣,河内郡人。汉安元年,杜乔暂时代理光禄大夫之职。梁冀的子弟五人和中常侍等人没有功劳却都受到封赏。杜乔上书谏诤道:"陛下从藩王之位龙飞一跃而即皇帝位,天人归心,为天下所仰赖。但却不急于对忠正贤明的人给以礼遇,反而先给左右近臣封赏,这样的行为伤害了善心与德行,助长了邪佞和谄媚的风气。臣听说古代的明君,奖赏和惩罚必定是按照功过来施行。到了末世的昏庸君主,惩罚和奖赏都凭借他们的私情。如今梁氏一门,包括宦官和(梁氏门中)姬妾所生的贱子,毫无功劳却都佩带着印绶,分封了本应属于功臣们的封地,这种乖违错乱的现象,哪里能说得完!有功劳而不被封赏,做好事的人就会感到失望;奸邪之事不被查办,作恶的人就敢于胡作非为。所以(即使)摆出锋利的斧头,百姓也不感到害怕;颁赏爵位,大众也不会受到劝勉。如果按照这种方法去做,岂只是损害政事造成叛乱而已,甚至会丧身亡国,怎么可以不慎重呢?"谏书上奏后,皇帝没有理睬。在此以前,李固被罢免,朝廷内外都感到灰心丧气,群臣都害怕得侧足而立,只有杜乔神色庄重,一点也不屈服。从此朝野都很仰慕他。梁冀越发恼怒,于是上奏,将杜乔逮捕。杜乔死在狱中,和李固一起被暴尸于城北。

【原文】论曰:顺、桓之间,国统三绝①,太后称制②,贼臣虎视③。李固据位持重④,以争大义⑤,确乎而不可夺⑥。岂不知守节⑦之触祸⑧?耻夫覆折⑨之伤任也。观其发正辞,及所遗梁冀书,虽机失谋乖⑩,犹恋恋⑪而不能已。至矣哉,社稷之心乎!其顾视⑫胡广、赵戒,犹粪土也。

【注释】①国统三绝:指顺帝、冲帝和质帝皆早崩而无嗣。国统,君主一脉相传的统绪,犹正统。②称制:代行皇帝的职权。③虎视:谓如虎之雄视,有伺机攫取之意。④持重:担负重大任务。⑤大义:正道,大道理。⑥确乎而不可夺:确,李贤注:"确,坚貌也。"夺,用强力使之动摇、改变,亦谓由于强力而动摇、改变。⑦守节:坚守节操。⑧触祸:遭受祸殃。⑨覆折:倾覆摧折。⑩乖:不顺利,不如意。⑪恋恋:依依不舍。⑫顾视:转视,回视。

【译文】论曰:"顺帝到桓帝之间,国家大统三次中断(三位皇帝接连去世)。太后代行皇帝之权,贼臣虎视眈眈。李固居高位而承担大任,以此争取大义,意志坚定而不可改变。难道他不知道坚守节操会遭受祸殃吗?他是耻于国家倾危有伤于朝廷托付的重任啊!看他发表的正义言辞和写给梁冀的书信,虽然(在拥立皇帝这件事上)错失时机,谋划不顺,但(他为国家的忠正之心)仍然念念不曾停止,真是做到了极致!再回头看看胡广、赵戒之辈,真是犹如粪土一般啊。"

史弼传

【原文】史弼①，字公谦，陈留②人也。为北军中候③。是时桓帝④弟勃海王悝⑤，素行险辟⑥，僭傲多不法⑦。弼惧其骄悖⑧为乱，乃上封事⑨曰："臣闻帝王之于亲戚，爱虽隆⑩，必示之以威；体虽贵，必禁之以度⑪。如是和睦之道兴⑫，骨肉之恩遂⑬。昔周襄王⑭恣⑮甘昭公⑯，孝景皇帝⑰骄梁孝王⑱，二弟阶宠⑲，终用勃慢⑳。卒周有播荡㉑之祸，汉有爰盎㉒之变。窃闻勃海王悝，凭至亲之属，恃㉓偏私㉔之爱，失奉上之节，有僭慢之心㉕，外聚㉖剽轻㉗不逞之徒，内荒酒乐，出入无常㉘，所与群居㉛，皆有口无行㉜，或家之弃㉝子，或朝之斥臣㉞，必有羊胜㉟、伍被㊱之变。州司不敢弹纠㊲，傅相不能匡辅㊳。陛下隆于友于㊴，不忍遏绝㊵，恐遂滋蔓㊶，为害弥大㊷。

【注释】①史弼：东汉末年陈留考城人。父史敞，顺帝时以佞辩至尚书、京兆尹。弼迁尚书，出为平原相。②陈留：郡名。汉武帝时置，约在今河南省开封市一带。③北军中候：官名。东汉所置。掌监北军五营，秩六百石。五营指屯骑、越骑、步兵、长水、射声五校尉所统宿卫兵。④桓帝：汉桓帝刘志，东汉第十位皇帝，汉章帝曾孙，在位二十一年。⑤悝：桓帝弟蠡吾侯刘悝，为勃海王。延熹八年，悝谋为不道，有司请废之，帝不忍，乃贬为陶王，食一县。⑥素行险辟：素，平素、向来、旧时。险辟，阴险邪僻。⑦僭傲多不法：僭傲，骄横非礼。不法，不合法度、违法。⑧骄悖：傲慢悖逆。⑨封事：密封的奏章。古时臣下上书奏事，防有泄漏，用皂囊封缄，故称。⑩隆：深，深厚。⑪度：法度，规范。⑫兴：兴起。⑬遂：如愿。⑭周襄王（？～公元前619年）：周惠王子。惠王病死后继位。在位三十三年。⑮恣：放纵，此处指骄惯。⑯甘昭公：周惠王之子，周襄王之同母弟。谥昭，故称甘昭公。襄王四年（公元前649年）夏，甘昭公召扬邑、拒邑、泉邑、皋邑戎人以及伊、雒之戎一同讨伐京师，攻入王城，焚烧东门。次年，襄王为此讨伐甘昭公。甘昭公逃到齐国。⑰孝景皇帝：汉景帝刘启。汉文帝刘恒第四子。⑱骄梁孝王：骄，通"娇"，宠爱、娇惯。梁孝王，刘武（公元前184年～公元前144年），与兄长汉景帝同为窦太后所生，汉文帝次子，曾仗母后疼宠和梁国土地广大准备争夺皇储之位。⑲二弟阶宠：二弟，指甘昭公和梁孝王。阶宠，犹怙宠，指凭借着他人的宠爱。⑳终用勃慢：终，到底、终究。用，连词，因而、因此。勃慢，亦作"悖慢""悖嫚"，违逆不敬、背理傲慢。㉑播荡：流离动荡。㉒爰盎（？～公元前148年）：字丝，西汉楚人。文帝时为郎中，以建言有名。景帝时与晁错有隙，吴楚反，帝用盎谋诛错，拜盎为太常。后因事为梁王所怨，被刺而死。㉓恃：依赖，凭借。㉔偏私：袒护私情，不公正。㉕失奉上之节：奉上，侍奉君主。节，礼节。㉖僭慢：越分而轻慢。㉗聚：会合，聚集。㉘剽轻：轻薄，轻浮。㉙不逞之徒：《左传·襄公十年》："司马、堵氏、侯氏、子师氏皆丧田焉。故五族聚群不逞之人，因公子之徒以作乱。"后因称犯法为非的人为不逞之徒。㉚内荒酒乐，出入无常：在内放纵饮酒作乐，出入没有一定之规。㉛群居：众人共处。㉜有口无行：有虚言而无德行。㉝弃：厌弃，唾弃，嫌弃。㉞斥臣：被废免或贬逐之臣。㉟羊胜（？～公元前148年）：西汉文士，齐（今山东东部）人。吴楚七国之乱后，梁孝王招延四方文士，他与公孙诡、邹阳皆游于梁。梁孝王怨袁盎等阻景帝立己为嗣，乃与他及公孙诡合谋，刺杀袁盎等议臣十余人。后景帝遣使至梁搜捕，欲治其罪。梁孝王迫令他自杀。㊱伍被：西汉初年淮南王刘安的谋士。㊲州司不敢弹纠：州司，犹州官。弹纠，犹弹劾。㊳傅相不能匡辅：傅相，古称辅导国君、诸侯王之官。汉诸侯国有太傅，景帝中五年令诸侯王不得治国，改丞相曰相，通称傅相。匡辅，匡正辅助。㊴隆于友于：隆，深、深厚。友于，《书·君陈》："惟孝友于兄弟。"后即以"友于"为兄弟友爱之义。㊵遏绝：阻止禁绝。㊶滋蔓：生长蔓延。常喻祸患的滋长扩大。㊷为害弥大：为害，造成祸害。弥，益、更加。

【译文】史弼，字公谦，陈留郡人。任北军中候。这时候桓帝的弟弟渤海王刘悝平素行为阴险乖僻，骄横非礼，常搞越礼犯法的事。史弼怕他犯上作乱，于是密奏说："臣听说帝王对于亲属，虽然厚爱他们，也一定要显示自己的威严；尽管他们身分高贵，也一定要用法度来加以约束。像这样，和睦之道才能得以发扬，骨肉恩情才可以实现。从前周襄王放纵甘昭公、孝景皇帝骄惯梁孝王，这两位弟弟凭借宠爱，最后因此傲慢悖逆，致使周室有动荡的祸乱，汉朝有爱盎被刺杀的事变。我私下听说，渤海王刘悝，借着和皇帝是至亲的关系，凭着特殊的宠爱，失去了奉敬皇上的礼节，有不守本分的动向，在外结集一些轻浮违法乱纪的人，在内放纵沉溺于酒乐，出入没有一定之规。所共处的人，都有口无行。这些人有的是被家庭唾弃的（逆子），有的是被朝廷斥逐的官吏，（长此以往）必定会出现像羊胜劝梁孝王篡位和伍被劝淮南王谋反的的事变。州官不敢弹劾纠查，傅相不能匡正辅佐，陛下因兄弟情深而不忍心加以制止劝阻。恐怕这样发展下去，为害更大啊！"

【原文】"乞露臣奏①，宣示百僚②，诏公卿③，平处④其法。法决罪定⑤，乃下不忍⑥之诏。如是，则圣朝⑦无伤亲之讥⑧，勃海⑨有享国⑩之庆⑪。不然⑫，惧大狱⑬将兴，使者相望⑭于路矣。不胜愤懑⑮，谨冒死以闻⑯。"帝以至亲，不忍下其事。后悝竟坐逆谋⑰，贬为瘿陶王。

【注释】①乞露臣奏：乞，请求。露，显露、暴露。奏，臣子上帝王的文书。②宣示百僚：宣示，宣布、公布。百僚，亦作"百寮"，百官。③诏公卿：诏，皇帝下达命令。公卿，泛指高官。④平处：评判裁决。⑤法决罪定：决，判决。定，确定。⑥不忍：不忍心，感情上觉得过不去。⑦圣朝：尊称本朝。亦作为皇帝的代称。⑧讥：讥刺，非议。⑨勃海：同"渤海"，指渤海王刘悝。⑩享国：犹享世。⑪庆：福泽。⑫不然：连词。相当于"否则"。⑬大狱：重大的案件。多指牵涉面广而处罚严厉者。⑭相望：互相看见。形容接连不断。极言其多。⑮不胜愤懑：不胜，非常、十分。愤懑，亦作"愤满""愤闷"，抑郁烦闷。⑯谨冒死以闻：谨，谨慎、慎重。冒死，不顾生命危险。闻，指使君主听见。谓向君主报告。⑰悝竟坐逆谋：竟，终于、到底。坐，犯罪、判罪。逆谋，叛逆的阴谋。

【译文】"乞请公布臣的奏章，让百官看看，下令让公卿评判裁决，等到依法判决定罪之后，再下发不忍心惩办而予以赦免的诏令。这样做，就不会有讥讽皇上伤害至亲的非议，而渤海王刘悝也有继续享有封国的福庆。否则，恐怕大狱将兴，（办理逆案的）使者将会不绝于路了。臣非常愤懑，谨此冒死上报。"桓帝因为与刘悝是至亲关系，不忍心将此事交付大臣讨论。后来刘悝终于犯了谋逆之罪，被贬为瘿陶王。

【原文】弼迁①河东太守②，当举孝廉③。弼知多权贵④请托⑤，乃豫敕断绝书⑥属⑦。中常侍侯览⑧，果⑨遣⑩诸生⑪赍书请之⑫，并求假盐税⑬，积日⑭不得通⑮。生乃说以他事谒⑯弼，而因⑰达⑱览书。弼大怒曰："太守忝荷重任⑲，当选士⑳报国，尔何人而诈伪无状㉑。"命左右引出，楚捶㉒数百，即日㉓考杀㉔之。侯览大怨，遂诈作飞章㉕，下司隶㉖，诬弼诽谤。槛车征㉗，下廷尉㉘诏狱㉙，得减死罪一等。

【注释】①迁：晋升或调动。②河东太守：河东，郡名。秦置，郡治安邑，在今山西夏县北。太守，官名，为一郡最高的行政长官。③举孝廉：举，推荐、选用。孝，指孝悌者；廉，清廉之士。指选拔人才。始于汉代，在东汉尤为求仕者必由之途。④权贵：旧时指官高势大的人。⑤请托：谓以私事相嘱托。⑥乃豫敕断绝书：豫，预先、事先。敕，古时自上告下之词。汉时凡尊长告诫后辈或下属皆称敕。断绝，犹拒绝。书，指书信。⑦属：同"嘱"，嘱托。⑧中常侍侯览：中常侍，职官名，东汉时，专用宦官充任，负责传达诏令和掌理文书。简称为"常侍"。侯览（？～公元172年），东汉宦官，任官期间诬陷张俭、李膺、杜密等为党人，造成党锢之祸。⑨果：果然。⑩遣：派遣，差遣。⑪诸生：众弟子。⑫赍书请之：赍书，携带书信。请，拜谒。⑬求假盐税：假，借。盐税，政府对产销食盐所征的税，旧时称盐课。⑭积日：累日，连日。⑮不得通：通，到达、通到。此处指不得见面。⑯谒：晋见，拜见。⑰因：介词，趁、乘。此处为趁机之意。⑱达：送到，传送。⑲太守忝荷重任：太守，史弼自谓。忝，常用作谦词。荷，承担、担负。⑳选士：泛指选拔人才。㉑诈伪无状：诈伪，弄虚作假、伪装假冒。无状，谓行为失检，没有礼貌。㉒楚捶：杖笞，拷打。㉓即日：当日。㉔考杀：拷问击杀。㉕诈作飞章：诈，作假。

作，撰写。飞章，报告急变或急事的奏章。㉖下司隶：下，交付、发给。司隶，官名。汉武帝置司隶校尉，领兵一千二百人，捕巫蛊，督察大奸猾。后罢其兵，改察三辅、三河、弘农七郡。哀帝时称司隶，东汉复旧称，仍察七郡。㉗槛车征：槛车，用栅栏封闭的车，用于囚禁犯人或装载猛兽。征，谓收捕。㉘廷尉：官名，掌刑狱。㉙诏狱：关押钦犯的牢狱。

【译文】史弼迁升河东郡太守，在主持选拔孝廉的时候，他知道会有很多权贵向他来走门路，就事先下令断绝书信嘱托。正好中常侍侯览果然派弟子拿着书信请见史弼，并要求借盐税。可是接连几天书信也递不进去。侯览弟子就解释说因有另外的事要见史弼，见面后趁机拿出了侯览的书信。史弼大怒说道："太守身负国家重任，应当选拔人才报效国家，你是什么人？竟敢搞诈骗行为！"于是命令手下将其拉出，打了几百板子，并在当日经过拷问就杀掉了。侯览非常怨恨，于是伪造奏章发给司隶，诬陷史弼有诽谤之罪，用囚车前往押载，将史弼交付廷尉，投入关押钦犯的大牢。最后得免于死罪。

陈蕃传

【原文】陈蕃①,字仲举,汝南②人也。为太尉③(旧无为太尉三字。补之)时,小黄门赵津④、南阳⑤大猾张泛⑥等奉事中官⑦,乘势犯法。二郡太守刘瓆、成瑨⑧,考案⑨其罪,虽经赦令⑩,而并竟考杀之⑪。宦官怨恚⑫,有司承旨⑬,遂奏瑨、瓆,罪当弃市⑭。又山阳⑮太守翟超没入⑯中常侍侯览财产,东海相⑰黄浮⑱诛杀下邳令徐宣,超、浮并坐髡钳⑲,输作左校。蕃与司徒刘矩⑳、司空刘茂,共谏请瑨等,帝不悦。有司劾奏㉑之,矩、茂不敢复言。

【注释】①陈蕃(?~公元168年):东汉汝南平舆人。为人方峻疾恶,对汉末士大夫崇尚气节的风气影响很大。②汝南:汝南郡。郡治在平舆(今河南省平舆县北),辖境约在今河南东南、安徽阜阳一带。③太尉:官名。秦至西汉设置,为全国军政首脑,与丞相、御史大夫并称三公。汉武帝时改称大司马。东汉时太尉与司徒、司空并称三公。④小黄门赵津:小黄门,汉代低于黄门侍郎一级的宦官。赵津,人名。⑤南阳:郡名。秦置,包有河南省旧南阳府和湖北省旧襄阳府。⑥大猾张泛:大猾,亦作"大滑",大奸、大恶人。张泛,人名。⑦奉事中官:奉事,侍候、侍奉。中官,宦官。⑧刘瓆、成瑨:刘瓆任太原太守,成瑨任南阳太守。⑨考案:拷问查究。⑩赦令:旧时君主

发布的减免罪刑或赋役的命令。⑪而并竟考杀之:并,副词,一起、一同。竟,终于、到底。考杀,拷问击杀。⑫怨恚:怨恚,怨恨。⑬承旨:亦作"承指"。逢迎意旨。⑭弃市:《礼记·王制》:"刑人于市,与众弃之。"本指受刑罚的人皆在街头示众,民众共同鄙弃之。后以"弃市"专指死刑。⑮山阳:山阳郡。约在今河南省修武县境。⑯没入:谓没收财物、人口等入官。⑰东海相:东海,郡名。相,古官名,汉时诸侯王国的实际执政者,地位相当于郡太守。⑱黄浮:东汉汝南人,桓帝时为东海相。⑲髡钳:古代刑罚。谓剃去头发,用铁圈束颈。⑳刘矩:东汉大臣。字叔方,沛国萧(今安徽萧县)人。桓帝时,曾为太尉,忠心辅政,号为贤相。㉑劾奏:向皇帝检举官吏的过失或罪行。

【译文】陈蕃,字仲举,汝南郡人。担任太尉的时候,小黄门赵津、南阳恶霸张泛等,巴结宦官,仗势犯法,南阳、太原两郡太守刘瓆、成瑨审理他们的罪状,尽管已经有朝廷的赦令,然而最终还是将他们一起杀了。宦官们怀恨在心,有关官员秉承宦官的旨意,于是上奏皇帝说刘瓆、成瑨罪应处死。另外山阳太守翟超没收了中常侍侯览的财产,东海相黄浮诛杀了下邳县令徐宣,翟超和黄浮因此受到髡钳的刑罚,送到左校署服劳役。陈蕃和司徒刘矩、司空刘茂一同谏请开释刘瓆等人,桓帝很不高兴。有关官员弹劾他们,刘矩、刘茂不敢再说话了。

【原文】蕃乃独①上疏曰:"臣闻齐桓②修霸,务为③内政④。今寇贼在外,四支⑤之疾;内政不理,心腹之患⑥。臣寝⑦不能寐⑧,食不能饱,实忧左右日亲,忠言以疏,内患渐积⑨,外难方深⑩。陛下超从列侯,继承天位。小家畜产⑪百万之资,子孙尚耻失其先业⑫，况乃产兼天下⑬，受之先帝，而欲懈怠以自轻忽⑭乎？诚不爱己，不当念先帝得之勤苦邪？前⑮梁氏五侯⑯，毒遍海内⑰，天启⑱圣意，收⑲而戮之，天下之议，冀当小平⑳。

【注释】①独：单独，独自。②齐桓：齐桓公。③为：治理。④内政：国家内部的政治事务。⑤四支：四肢。⑥心腹之患：比喻隐藏在内部的严重祸害。也泛指最大的隐患。⑦寝：睡，卧。⑧寐：入睡。⑨内患渐积：内患，国内的祸害忧患。渐积，逐渐发展、积聚。⑩外难方深：外难，犹外患。方，表示某种状态正在持续或某种动作正在进行。深，深重、严重。⑪小家畜产：小家，低微人家、穷苦人家。畜产，积蓄财产。⑫先业：先人的事业。⑬况乃产兼天下：况乃，何况、况且。兼，整个拥有。⑭轻忽：轻视忽略。⑮前：以前。⑯梁氏五侯：指同时封侯的五人。东汉大将军梁冀擅权，其子梁胤、叔父梁让及亲属梁淑、梁忠、梁戟皆封侯。⑰毒遍海内：毒，祸患、祸害。遍，遍及。海内，国境之内、全国。⑱启：开导，启发。⑲收：拘捕。⑳冀当小平：冀，希望、盼望。当，应该、应当。小，稍、略。平，平安、太平。

【译文】陈蕃于是独自上疏说："臣闻齐桓公修霸业，首先致力于治理好内政。当今寇贼在外，犹如四肢的疾病；内政不理，好比心腹的隐患。臣睡不着觉，吃不好饭，实在是担心陛下身边的小人一天天跟您亲近，忠直之言因此被疏远，内患日渐积聚，外患日渐加深。陛下是从列侯的身分，继承了天子之位。一般人家积蓄百万的家业，子孙们还以失其先祖的家业为耻，何况陛下的家业是整个天下，继承于先帝，想要懈怠而轻视忽略吗？即使不爱惜自己，（难道）不应当想想先帝取得天下时的勤苦吗？以前梁家五位列侯，祸害遍及海内，上天启发您做出圣明的决断，把他们逮捕处决

了,天下人的议论是希望国家应当稍稍平定啊!"

【原文】"明鉴①未远,覆车②如昨③,而近习之权④,复相扇结⑤。小黄门赵津、大猾张泛等,肆行贪虐⑥,奸媚⑦左右,前太原太守刘瓆、南阳太守成瑨,纠⑧而戮之。虽言赦⑨后不当⑩诛杀,原其诚心⑪,在乎去恶⑫而小人道长⑬,荧惑⑭圣听,遂使天威⑮为之发怒。如加刑谪⑯,已为过甚⑰,况乃重罚,令伏欧刀乎⑱!又前山阳⑲太守翟超、东海⑳相㉑黄浮㉒,奉公不挠㉓,疾恶如雠㉔,超没侯览财物,浮诛徐宣之罪,并蒙刑坐㉕,不逢赦恕㉖。览之纵横㉗,没财已幸㉘;宣犯衅过㉙,死有余辜㉚。昔丞相申屠嘉召责邓通㉛,洛阳令董宣折辱公主㉜,而文帝从而请之,世祖㉝加以重赏,未闻二臣有专命㉞之诛。而今左右群竖㉟,恶伤党类㊱,妄相交构㊲,致此刑谴㊳。闻臣是言,当复啼诉㊴陛下,深宜㊵割塞㊶近习㊷豫政㊸之源㊹,引纳㊺尚书㊻朝省㊼之事,简练清高㊽,斥黜佞邪㊾。如是天和于上,地洽㊿于下,休祯符瑞52,岂远乎哉!陛下虽厌毒53臣言,人主有自勉强54,敢以死陈55。"

【注释】①明鉴:明显的鉴戒或借鉴。②覆车:比喻失败的教训。③昨:前一天,隔天。④近习之权:近习,指君主宠爱亲信的人。权,威势。⑤复相扇结:复,又。相,交互、互相。扇结,煽动勾结。⑥肆行贪虐:肆行,谓恣意妄为。贪虐,贪婪暴虐。⑦奸媚:诡诈谄媚。⑧纠:惩治。⑨赦:宽免罪过。⑩不当:不该。⑪原其诚心:原,推究、考究。诚心,诚恳的心意。⑫去恶:去,去掉、除去。恶,恶人、坏人。⑬小人道长:《周易》否卦《象》:"内阴

286

而外阳，内柔而外刚，内小人而外君子，小人道长，君子道消也。”⑭荧惑：炫惑（迷乱）。⑮天威：上天的威严，上天的威怒。此处指皇帝的威严。⑯刑谪：刑罚。⑰过甚：过分。⑱令伏欧刃乎：令，使。伏，此处指死于。欧刃，春秋时著名剑工欧冶子所铸的剑。此处指刑刀。⑲山阳：山阳郡。⑳东海：郡名。秦置。楚汉之际也称郯郡。治所在郯（今山东郯城北）。㉑相：古官名。汉时诸侯王国的实际执政者，地位相当于郡太守。㉒黄浮：见前注。㉓奉公不挠：奉公，奉行公事，不徇私。不挠，亦作“不桡”，不弯曲，形容刚正不屈。㉔疾恶如雠：同“疾恶如仇”。痛恨坏人坏事像痛恨仇敌一样。㉕刑坐：犹连坐。谓旧时犯法者的家属、亲族和邻居等连带受刑罚。㉖赦恕：赦免宽恕。㉗纵横：肆意横行，无所顾忌。㉘幸：幸运。㉙舋过：罪过，过失。㉚死有余辜：谓虽死不足抵其罪。形容罪大恶极。㉛昔丞相申屠嘉召责邓通：文帝时，太中大夫邓通受宠，居文帝旁有怠慢之礼。丞相申屠嘉见后召邓通至丞相府，责之曰：“通小臣，戏殿上，大不敬，当斩。”邓通顿首，至于出血。㉜洛阳令董宣折辱公主：董宣，字少平，陈留圉（今河南杞县南）人。任洛阳令时，光武帝刘秀的姐姐湖阳公主的奴仆仗势杀人，董宣拦住湖阳公主的车，令奴下车而杀之。公主诉于刘秀，刘秀令其向公主叩头谢罪，董宣拒不低头。刘秀令人强按之，也不能使其俯首。京师豪族贵戚莫不畏之，号为“卧虎”。㉝世祖：即东汉开国皇帝光武帝刘秀。㉞专命：不奉上命而自由行事。㉟群竖：一群小人。㊱党类：犹党与。㊲交构：互相构陷。㊳刑谴：刑罚。㊴是言：这些话。㊵当复啼诉：啼，悲哀地哭泣。诉，告诉、诉说。㊶宜：应该。㊷割塞：犹杜绝。㊸近习：指君主宠爱亲信的人。㊹豫政：参与政事。豫，通“与”。㊺源：根源。㊻引纳：招致接纳。㊼尚书：官名。始置于战国时，或称掌书，尚即执掌之义。东汉时正式成为协助皇帝处理政务的官员。㊽朝省：朝见。㊾简练清高：简练，谓淘汰洗练，撮取精要。清高，清正高洁之士。㊿斥黜佞邪：斥黜，亦作“斥绌”，弃逐、黜免。佞邪，指奸邪之人。(51)洽：和谐，融洽。(52)休祯符瑞：吉祥的征兆。指帝王受命、天下大治的征兆。㊳厌毒：憎恨。㊴勉强：**尽力而为**。㊵**敢以死陈**：敢，谦词，犹冒昧。死陈，冒死进陈。

【译文】"明显的借鉴刚过不久，覆车的教训好像才发生在昨天，但是皇上身边掌权的小人，又互相煽动勾结。小黄门赵津、恶霸张泛等人，恣意妄为，贪婪暴虐，谄媚您身边的人。前太原太守刘瓆、南阳太守成瑨惩治诛杀了他们，虽说他们被赦免之后不应当诛杀，推究他们真诚的心意，目的在于去掉恶势力。可是小人的风气日盛，迷惑了您的视听，使您为之发怒。如果给刘瓆等人施加刑罚，已经很过分了，何况是重刑，让他们死于刀下呢！又有前山阳太守翟超、东海相黄浮，奉公不挠，疾恶如仇，翟超没收了侯览的财物，黄浮依罪诛杀了徐宣。（他们有如此功劳）反而一起获罪，得不到赦免和宽恕。侯览的肆意横行，没收其财物已算是幸运的；徐宣所犯的罪过，是死有余辜。以前丞相申屠嘉召责邓通，洛阳令董宣指责羞辱湖阳公主，然而文帝只是派人去请丞相释放（邓通），光武帝对董宣也加以重赏，从未听说申、董二臣因不奉圣旨而被诛杀的。而今您身边的一帮小人，深恨同党受到伤害，相互勾结陷害，因此（使忠臣）受到刑罚。（他们）听到臣这些话，必定再次向陛下哭诉，陛下实在应该杜绝亲信之臣干预政事的根源，引用采纳尚书朝见之事，考察举荐清正高洁之士，罢斥佞邪之徒。如果这样，天道和顺于上，大地融洽于下，吉祥符瑞的出现，难道还会远吗！陛下虽然厌恨臣说的这些话，但作为人主应该尽力而为，所以臣才敢冒死陈说。"

【原文】帝得奏愈怒，竟无所纳①；朝廷众庶②，莫不怨之。

宦官由此疾③蕃弥甚。李膺④等以党事下狱考实⑤，蕃因上疏谏曰："臣闻贤明之君，委心⑥辅佐；亡国之主，讳闻直辞⑦。故汤武虽圣，而兴⑧于伊⑨、吕⑩；桀⑪纣⑫迷惑，亡在失人⑬。由此言之，君为元首⑭，臣为股肱⑮，同体相须⑯，共成美恶⑰者也。伏见前司隶校尉⑱李膺、大仆⑲杜密⑳、大尉掾㉑范滂㉒等，正身无玷㉓，死心社稷㉔，以忠忤旨㉕，横加考案㉖，或禁锢闭隔㉗，或死徙非所㉘。杜塞㉙天下之口，聋盲㉚一代之人，与秦焚书坑儒㉛，何以为异？昔武王克殷㉜，表闾封墓㉝；今陛下临政㉞，先诛忠贤㉟。遇善何薄㊱？待恶何优㊲？夫谗人似实，巧言如簧㊳，使听之者惑、视之者昏㊴。夫吉凶之效㊵，在乎识善㊶；成败之机，在于察言㊷。

【注释】①纳：采纳。②朝廷众庶：朝廷，亦作"朝庭"，是君王接受朝见和处理政务的地方，此处借指朝臣。众庶，众民、百姓。③疾：厌恶、憎恨。④李膺（公元110年~公元169年）：字元礼，东汉颍川襄城（今河南省）人。桓帝时，为司隶校尉，当时太学生誉称为"天下模楷李元礼"。⑤党事下狱考实：党事，党锢之事。考实，考按实情。⑥委心：犹倾心。⑦讳闻直辞：讳闻，忌讳听到。直辞，忠直的言辞。⑧兴：兴起。⑨伊：伊尹，商初大臣。⑩吕：吕望，即姜太公。⑪桀：夏朝最后一个国王，名履癸，是中国历史上有名的暴虐、荒淫的国君之一。⑫纣：商代最后一位君主。中国历史上有名的暴君。桀和纣，泛指暴君。⑬失人：谓用人不当。⑭元首：头。⑮股肱：大腿和胳膊。⑯同体相须：同体，同一形体、共一形体。相须，亦作"相需"，互相依存、互相配合。⑰美恶：美丑，好坏。⑱前司隶校尉：前，原先的。司隶校尉，官名，为汉至魏晋监督京师和地方的监察官。⑲大仆：即太仆。官名。为天子执御，掌舆马畜牧之事。⑳杜密：字周甫，东汉颍川阳城（今郑

州登封)人,生年不详,卒于公元169年。东汉桓帝时,他与名士李膺齐名,时称李杜。太学生称誉杜密为"天下良辅杜周甫"。㉑大尉掾:大尉,即太尉。掾,官府中佐助官吏。㉒范滂(公元137年~公元169年):东汉官员。字孟博,汝南征羌(今河南漯河市召陵区)人。少厉清节,举孝廉。㉓正身无玷:正身,谓正直不阿。无玷,没有瑕疵、不受玷污。㉔死心社稷:死心,竭诚尽心。社稷,代指国家。㉕以忠忤旨:忤,违逆、触犯。旨,皇帝的诏书、命令。㉖横加考案:横加,肆意施加、无端施予。考案,拷问查究。㉗或禁锢闭隔:禁锢,谓禁止做官或参与政治活动。闭隔,关闭使隔绝。㉘非所:不是人能够正常生活的地方。指监狱、边荒之地等。㉙杜塞:堵塞、屏绝。㉚聋盲:喻使人耳目闭塞。㉛焚书坑儒:秦始皇三十四年(公元前216年),博士淳于越根据古制,建议分封皇族子弟。丞相李斯反对儒生以古非今、以私学诽谤朝政,建议除秦记、医药、卜筮、种树书外,民间所藏《诗》《书》和诸子百家书一律焚毁,谈论《诗》《书》者处死,以古非今者族诛,学习法令者以吏为师。此即为"焚书"。第二年,始皇下令坑东方术之士及其他学者四百六十余人,此即为"坑儒"。㉜武王克殷:武王,即周武王。克,战胜、攻取。殷,殷商。㉝表闾封墓:表闾,谓旌表闾里,以显彰功德。封墓,增修坟墓,以旌功勋。李贤注引《史记》:武王克殷,命毕公表商容之闾,闳夭封比干之墓。㉞临政:亲理政务。㉟先诛忠贤:先诛,首先诛杀。忠贤,忠臣贤士。㊱遇善何薄:遇,对待。善,善士、有德之士。薄,鄙薄。㊲待恶何优:待恶,对待恶人。优,引申为优厚,指给予好的待遇。㊳如簧:比喻善为巧伪之言。簧,笙中之簧片。㊴昏:昏聩、糊涂、迷乱。㊵效:效果,功效。㊶在乎识善:在乎,在于。识,认识、识别。善,善事。㊷察言:审察言论。

【译文】桓帝看了奏书之后愈加震怒,终究没有采纳。朝廷众臣,天下百姓,没有不抱怨的。宦官由此更加嫉恨陈蕃了。李膺等人因党锢之事下狱受审,陈蕃因此上疏谏诤说:"臣闻贤明的君主,倾心于辅佐之臣;亡国的君王,忌讳听忠直的言辞。所以商汤、周武王虽然是圣明的君主，但仍然是靠伊尹、周公的辅佐而兴盛起来的；夏桀、商纣昏惑，他们的失败在于用人不当。从这一点来说，君主是头，臣子是大腿和胳膊，同为一体，相互依存，荣辱与共。臣私下看到前司隶校尉李膺、太仆杜密、太尉掾范滂等人，身正而没有污点，竭诚尽心保卫社稷。（他们）因为忠言违背圣意，无端地被考问查究，有的被禁锢隔离审查，有的死亡或被流放到无法生活的地方。（像这样）堵塞天下人之口，闭塞一代人的耳目，这和秦始皇焚书坑儒，有什么不同！昔日周武王推翻殷商政权，还派人在商容（殷之遗臣）的里门刻石，增修比干的坟墓，以彰显他们的功德。而今陛下做了皇帝，却先诛杀忠臣贤士。对善良之人为何这样刻薄？对待罪恶者为何又这么优厚？谗奸之人看起来似乎很老实，而那张巧言利口却像笙簧一般，让听的人迷惑，让看到的人昏愦。吉和凶的效应，就在于能认清善事；成或败的关键，就在于审察言论。"

【原文】"人君者，摄①天地之政，秉②四海之维③，举动④不可以违圣法，进退⑤不可以离道规。谬言⑥出口，则乱及八方⑦，何况髡⑧无罪于狱、杀无辜于市乎！又青、徐炎旱⑨，五谷损伤⑩，人物流迁⑪，茹菽⑫不足，而宫女积于房掖⑬，国用尽于罗纨⑭，外戚私门⑮，贪财受赂。所谓禄去公室，政在大夫⑯。昔春秋⑰之末，周德衰微⑱，数十年间，无复灾眚者⑲，天所弃也。天之于⑳汉，恨恨无已㉑，故殷勤㉒示变，以悟陛下，除妖去孽，实在修德㉓。臣位列台司，忧责深重㉔，不敢尸禄惜生㉕，坐观成败㉖。如蒙采录㉗，使身首分裂㉘，异门而出，所不恨也。"帝讳其言切㉙，托以蕃辟召㉚非其人，遂策免之㉛。

【注释】①摄：统率，管辖。②秉：秉持。③维：纲纪，法度。④举动：举止，行动。⑤进退：举止行动。⑥谬言：妄言。⑦八方：四方和四隅。⑧髡：古代剃发之刑。⑨青徐炎旱：青徐，青州和徐州的并称。炎旱，炎热干旱。⑩损伤：伤害，损坏。⑪流迁：迁移流动。⑫茹菽：茹，蔬菜的总名。菽，豆类的总称。此处指吃穿用度。⑬积于房掖：积，积聚。房掖，掖庭，指宫中旁舍，为妃嫔居住的地方。⑭国用尽于罗纨：国用，国家的费用或经费。罗纨，泛指精美的丝织品。⑮私门：权势之家，权贵者。⑯禄去公室，政在大夫。⑰春秋：时代名。东周的前半期。⑱周德：周代的德治。⑲无复灾眚者：无复，不再。灾眚，灾殃，祸患。⑳于：对，对于。㉑悢悢无已：悢悢，眷念。无已，无了时。㉒殷勤：情意恳切。㉓修德：修养德行。㉔臣位列台司，忧责深重：位，职位。台司，指三公等宰辅大臣。忧，忧虑。责，责任、职责。深重，重大。㉕尸禄惜生：尸禄，犹尸禄素餐，谓空食俸禄而不尽其职，无所事事。惜生，爱护生命。㉖坐观成败：坐观，坐视、旁观。成败，成功与失败。㉗如蒙采录：蒙，敬词，承蒙。采录，采纳录用。㉘身首分裂：身首，躯干和头颅。分裂，分割。㉙讳其言切：讳，忌讳。切，激烈。㉚辟召：征召。㉛遂策免之：策免，帝王以策书免官。之，即陈蕃。

【译文】"作为天下人的君主，统理天下大事，掌握四海的纲维，举动不可以违背圣王之法，进退不可以背离自然规律。妄言一出口，祸乱就会延及八方，何况是髡无罪之人于监狱、杀无辜之人于市街呢？而且（如今）青州、徐州炎热干旱，五谷不收，人民流离失所，食用不足糊口。可是皇家的宫女聚满后宫，国家费用都花在宫女们穿的罗纨上面。外戚和权贵们，贪财受贿，所谓'国家政权离开君主，落在了大夫手中。'过去春秋末期，周代的德治衰微，数十年间没有发生灾异,那是上天已抛弃不理的缘故啊。上天对于汉室,眷恋不已,所以殷勤地显示灾变,来让陛下省悟。要除去妖孽,确实在于修养德行。臣身居三公高位,为自己责任重大而不安,不敢贪图俸禄、贪生怕死而坐视不管。如果臣的意见被采纳,即使身首异处,从不同的门出去,也不生怨恨心。"桓帝忌讳陈蕃的言辞太激烈,就推托说陈蕃征召的人不合适,于是下令罢免了他。

【原文】灵帝①即位,窦太后临期②,以蕃为太傅③录尚书事④(旧无以蕃至书事九字。补之)。蕃与后⑤父大将军窦武⑥,同心尽力,征用名贤⑦,共参政事,天下之士,莫不延颈⑧想望⑨太平。而帝乳母⑩赵娆,旦夕⑪在太后侧,中常侍曹节⑫、王甫⑬等,与共交构⑭,谄事⑮太后。太后信之,数出诏命,有所封拜⑯,及其支类⑰,多行贪虐⑱。蕃常疾⑲之,志诛中官⑳。会窦武亦有谋㉑。

【注释】①灵帝:刘宏(公元181年~公元234年),东汉章帝的玄孙,继桓帝立。在位时宠信宦官,戮杀忠臣,朝政日益凋败。②窦太后临期:窦太后,窦妙(?~公元172年),汉桓帝皇后。扶风平陵人。曾祖窦融,官大司徒;父窦武,官大将军。临期,《后汉书》作"临朝"。③太傅:三公之一。周代始置,辅弼天子治理天下。秦废。汉复置,次于太师。历代沿置,多以他官兼领。④录尚书事:官名。初置时称"领尚书事"。东汉永平十八年(公元75年),章帝初即位,以太傅赵熹、太尉牟融并录尚书事,用"录"代"领"始此。录为总领之意。录、领职事相近,而权位更重。后东汉每帝即位,常置太傅、录尚书事。⑤后:即窦太后。⑥窦武:生年不详,卒于公元168年,字游平,东汉茂陵(今陕西省东平县东北)人。桓帝窦后之父。桓帝崩,拥立

灵帝，官拜大将军，与陈蕃辅政，多辟名士，后因谋诛宦官事泄，遇害。⑦征用名贤：征用，征召任用。名贤，著名的贤人。⑧延颈：伸长头颈。引申指仰慕，渴望。⑨想望：希望。⑩乳母：奶妈。⑪旦夕：日夜；每天。⑫曹节：生年不详，卒于公元168年，字汉丰，南阳新野（今河南新野）人。由小黄门升中常侍，封长安乡侯，矫诏杀窦武、陈蕃。详见后文。⑬王甫：东汉大宦官，任长乐食监时，与曹节等劫持灵帝，杀窦武、陈蕃。后被揭发下狱，死于杖下，尸被磔。⑭交构：勾结。⑮谄事：逢迎侍奉。⑯封拜：赐爵授官。⑰支类：犹支属。⑱贪虐：贪婪暴虐。⑲疾：痛恨。⑳志诛中官：志，立志。诛，诛杀，除去。中官，宦官。㉑会窦武亦有谋：会，副词，恰巧；适逢。谋，谋虑；谋划。

【译文】灵帝刘宏即位，窦太后临朝听政，任用陈蕃为太傅兼任录尚书事。陈蕃与太后之父大将军窦武，齐心合力，征用有名之士，共同参与政事，天下的读书人没有不伸长脖子企望天下太平的。而灵帝的乳母赵娆，日夜在窦太后身边，中常侍曹节、王甫等人和她勾结在一起，逢迎太后。太后信任他们，多次颁发诏命给他们赐爵授官，就连这些人的旁系亲属，也多行贪婪暴虐之事。陈蕃非常痛恨他们，立志要诛杀宦官，恰好窦武也有这个想法。

【原文】蕃乃先上疏曰："臣闻言不直①而行不正②，则为欺③乎天而负④乎人；危言⑤极意⑥，则群凶侧目⑦，祸不旋踵⑧。钧⑨此二者，臣宁得祸，不敢欺天也。今京师嚣嚣⑩，道路喧哗⑪，言侯览、曹节等，与赵夫人⑫诸女尚书⑬，并乱天下，附从者升进⑭，忤逆者中伤⑮。方今一朝群臣，如河中木耳⑯，泛泛东西⑰，耽禄畏害⑱。陛下前始摄位⑲，顺天行诛⑳，苏康、管霸㉑，并伏其辜㉒。是时天地清明，人鬼欢喜。奈何数月，复纵左右㉓。元恶㉔大奸，

294

莫此之甚㉕。今不急诛㉖，必生变乱㉗，倾危社稷㉘，其祸难量。"太后不纳。蕃因与窦武谋之，及事泄，曹节㉙等矫诏㉚诛武等。遂令收㉛蕃，即日㉜害之。

【注释】①不直：不公正，不正直。②行不正：行，行为。不正，不端正；不正派；不正当。③欺：欺骗。④负：辜负。⑤危言：直言。⑥极意：尽意；尽心。⑦群凶侧目：群凶，众奸；众凶逆。侧目，斜目而视，形容愤恨。⑧祸不旋踵：祸，祸患。旋踵，掉转脚跟。形容时间短促。⑨钧：考量，衡量。⑩京师嚣嚣：京师，此指国都。嚣嚣，喧哗貌。⑪喧哗：亦作"喧哗"，声音大而杂乱。⑫赵夫人：即赵娆。⑬女尚书：官内女官名。东汉、三国魏、后赵石虎宫中都有女尚书，原理批阅官外奏章、文书等。⑭附从者升进：附从者，依附顺从的人。升进，晋升官位。⑮忤逆者中伤：忤逆，冒犯；违抗。中伤，受伤；受害。⑯如河中木耳：河中木，河中之木。耳，语气词，表示肯定语气或语句的停顿与结束。⑰泛泛东西：泛，漂浮。东西，或东或西，谓方向不定。⑱耽禄畏害：耽禄，迷恋禄位。畏害，谓畏忌其害己。⑲前始摄位：前，先前。始，开始。摄位，代理君位。⑳顺天行诛：顺天，顺从天意。行诛，讨伐；杀戮。㉑苏康、管霸：皆为桓帝时中常侍。㉒并伏其辜：伏，通"服"，承受；承当。辜，罪。㉓复纵左右：复，又；再。纵，放纵；听任。㉔元恶：大恶之人；首恶。㉕莫此之甚：莫，没有。此，这。甚，厉害；严重。㉖今不急诛：今，现今。急，赶紧。㉗必生变乱：必，必定。一定。变乱，由战争或暴力行动所造成的混乱。㉘倾危社稷：倾危，倾覆；倾侧危险。社稷，国家的代称。㉙曹节：详见后文介绍。㉚矫诏：假托诏令。㉛收：拘捕。㉜即日：当日。

【译文】陈蕃于是首先向太后上疏说："臣听说言语不正直、行为不端正，就会做出欺骗上天、辜负世人的事来，正直的言辞毫无保留的说出来，众奸逆就会（愤恨的）斜目而视，祸患马上会到来。衡量这两者，臣宁愿得祸也不敢欺骗上天啊。现在京师喧嚣，道路喧哗，都传说侯览和曹节等人，与赵夫人（赵娆）等宫中女官，一起扰乱天下。依附顺从他们的人就可升进，冒犯违抗他们的人就会被伤害。当今满朝群臣，好像河中漂浮的木头一样，随流向东向西，贪图禄位，畏惧受害。陛下开始摄位之时，顺应上天之意施行诛杀，苏康、管霸一起伏法。当时天地清明，人鬼都欢喜。为什么才过了几个月，又放纵左右了呢？首恶大奸，没有比这些人再厉害的了。现今如果不赶快处死他们，必然会发生祸乱。倾覆社稷的祸患就难以估量了。"窦太后没有采纳这一谏议，于是陈蕃和窦武合谋（诛杀宦官）。结果事情泄露了，曹节等假传圣旨诛杀了窦武等人，下令将陈蕃拘捕，当日就杀害了他。

【原文】论曰：桓灵①之代，若②陈蕃之徒③，咸能树立风声④，抗论僵俗⑤，而驱驰⑥嶮阨⑦（阮作厄）之中，与刑人腐夫⑧同朝争衡⑨。终取灭亡之祸者，彼非不能洁情志⑩、违埃雾也⑪，愍夫世士以离俗为高⑫，而人伦⑬莫能相恤也。以遁世为非义⑭，故屡退而不去⑮；以仁心为己任，虽道远而弥厉⑯。及遭值际会⑰，协策⑱窦武，自谓⑲万世一遇也，懔懔⑳乎伊、望之业矣㉑！功虽不终㉒，然其信义㉓足以携持㉔世心。汉代乱而不亡，百余年间，数公之力也㉕。

【注释】①桓、灵：指汉桓帝和汉灵帝。②若：如；像。③徒：同类的人。④风声：教化；好的风气。⑤抗论僵俗：抗论，谓在言论上相抗衡。僵俗,同"情俗",昏乱的流俗。⑥驱驰:喻奔走效力。⑦峻阨:峻厄,险要;险阻。⑧与刑人腐夫:与,和。刑人,特指宦官。腐夫,太监。太监皆腐身,故称。⑨争衡:较量轻重;比试高低。⑩彼非不能洁情志:彼,即前文"陈蕃之徒"。非不能,并非不能。洁,修整。情志,感情志趣。⑪违埃雾也:违,避开。埃雾,即尘雾,喻世俗的污浊。⑫愍夫世士以离俗为高:愍,怜悯;哀怜。夫,代词,那些。世士,当世之士;文士。离俗,避开俗世。谓隐居。高,清高;高尚。⑬人伦:人与人之间的关系。特指尊卑长幼之间的等级关系。⑭以遁世为非义:遁世,避世隐居。非义,不义,不合乎道义。⑮故屡退而不去:屡,多次。退,罢黜;贬退。不去,不离开。⑯弥厉:弥,更加。厉,"励"的古字,劝勉。⑰及遭值际会:及,待,等到。遭值,遭遇,遭逢。际会,机遇;时机。⑱协策:犹协助。⑲自谓:自认为。⑳憭憭乎:严正貌,刚烈貌。㉑伊、望之业矣:伊,伊尹。望,吕望(姜太公)。业,功业。㉒不终:没有结果;没有到底。㉓信义:信用和道义。㉔携持:扶持。㉕数公之力也:数,犹几。表示不定的少数。公,对尊者的敬称。力,本谓制法成治之功,后泛指功劳。

【译文】论赞说:桓、灵时期,像陈蕃这些人,都能树立好的风气,批评昏乱的不良风俗,而他们奔走效力于艰难险恶的环境中,跟宦官同朝较量。但最终遭受灭亡之祸的原因,不是他们不能洁身自好,躲避世俗的污浊啊!可叹世间士人以避开俗世为清高,而对人伦之事却没有人顾念。陈蕃等人认为逃避世俗是不义之举,所以多次被贬退而不离开;以弘扬仁爱之心为己任,虽然任重道远但更加坚强。等碰到机会时,便协助窦武,自认为是万世一遇的机会,庄严的心情如同成就伊尹、太公望那样的宏伟大业!功业虽然最终没有成就,然而他们的信义足以维系民心,汉代乱而不亡,有百余年之久,就是有赖于这样的臣子们鼎力支撑。

窦武传

【原文】窦武①,字游平,扶风②人。拜城门校尉③。清身疾恶④。时国政多失,内官⑤专宠,李膺⑥、杜密⑦等为党事⑧考逮⑨。上疏谏曰:"臣闻明主不讳讥刺之言⑩,以探幽暗之实⑪;忠臣不恤⑫谏争之患,以畅万端⑬之事。是以君臣并熙⑭,名奋⑮百世。臣岂敢怀禄逃罪⑯,不竭其诚!陛下初从藩国⑰,爰登帝祚⑱,天下逸豫⑲,谓当中兴⑳。自即位以来,未闻善政㉑。梁、孙、寇、邓,虽或诛灭,而常侍黄门㉒,续为祸虐,欺罔㉓陛下,竞行谲诈㉔,自造制度,妄爵非人㉕,朝政日衰,奸臣日强。臣恐二世之难㉖,必将复及,赵高㉗之变,不朝则夕。近者奸臣牢修,造设㉘党议㉙,遂收前司隶校尉李膺、太仆㉚杜密、御史中丞㉛陈翔㉜、太尉掾范滂等,逮考㉝连及㉞数百人,旷年㉟拘录㊱,事无效验㊲。臣惟㊳膺等,建忠抗节㊴,志经王室,此诚陛下稷㊵、契㊶、伊㊷、吕㊸之佐,而虚㊹为奸臣贼子之所诬枉㊺,天下寒心,海内失望。惟陛下留神澄省㊻,时见理出,以厌㊼人鬼喁喁之心㊽。

【注释】①窦武:东汉末年外戚、大臣。详见前注。②扶风:古郡名。

位于陕西省岐山县东南,南临渭水。③城门校尉:官名。西汉置。掌京师城门屯兵。④清身疾恶:清身,谓清廉公正,以身作则。疾恶,憎恨坏人坏事。⑤内官:宦官,太监。⑥李膺:见前注。⑦杜密:见前注。⑧党事:党锢之事(详见附录)。⑨考逮:考,弹劾;纠举。逮,逮捕。⑩明主不讳讥刺之言:明主,贤明的君主。不讳,不隐讳。讥刺之言,讥刺的谏议。⑪以探幽暗之实:探,探求。幽暗,昏暗不明。实,实际;事实。⑫不恤:亦作"不卹",不忧悯;不顾惜。⑬万端:亦作"万耑"。形容方法、头绪、形态等极多而纷繁。⑭熙:兴盛。⑮奋:发扬。⑯岂敢怀禄逃罪:岂敢,犹言怎么敢。怀禄,留恋爵禄。逃罪,逃免于罪;逃避罪责。⑰藩国:古称分封及臣服之国。⑱爰登帝祚:爰,助词,无义,用在句首或句中,起调节语气的作用。帝祚,帝位、皇位。⑲逸豫:犹安乐。⑳中兴:中途振兴;转衰为盛。㉑善政:清明的政治;良好的政令。㉒常侍黄门:常侍,官名。皇帝的侍从近臣。黄门,汉有黄门令、小黄门、中黄门等,侍奉皇帝及其家族,皆以宦官充任。㉓欺罔:欺骗蒙蔽。语出《论语·雍也》:"可欺也,不可罔也。"㉔竞行谲诈:竞,副词,争着;争相。谲诈,狡诈;奸诈。㉕妄爵非人:妄爵,乱授官职。非人,谓不够格、不称职的人。㉖二世之难:指秦二世胡亥因施暴政,引起农民起义。胡亥遭权臣宦官赵高逼迫自杀事。㉗赵高:秦时宦官。始皇崩于沙丘,赵高伪造遗诏,赐死太子扶苏,立胡亥为二世,杀李斯,自为丞相,专权用事,旋又弑二世,立子婴,后为子婴所诛。㉘造设:制设。㉙党议:朋党之间的争论、非议。㉚太仆:官名。周官有太仆,掌正王之服位,出入王命,为王左驭而前驱。秦汉沿置,为九卿之一,为天子执御,掌舆马畜牧之事。㉛御史中丞:官名。汉以御史中丞为御史大夫的助理。外督部刺史,内领侍御史,受公卿章奏,纠察百僚,其权颇重。东汉以后不设御史大夫时,即以御史中丞为御史之长。㉜陈翔:字仲麟,汝南邵陵人也,与刘表、范滂、孔昱、范康、檀敷、张俭、岑晊并称"江夏八俊"。㉝逮考:逮捕拷问。㉞连及:牵连涉及。㉟旷年:多年,长年。㊱拘录:拘禁;逮捕。㊲效验:成效;效果。㊳惟:思

考;思念。㊴抗节:坚守节操。㊵稷:后稷,周之先祖。相传姜嫄践天帝足迹,怀孕生子,因曾弃而不养,故名之为"弃"。虞舜命为农官,教民耕稼,称为"后稷"。㊶契:人名。传说中商的祖先,为帝喾之子。舜时佐禹治水有功,任为司徒,封于商,赐姓子氏。㊷伊:伊尹。商汤大臣,名伊,一名挚,尹是官名。相传生于伊水,故名。是汤妻陪嫁的奴隶,后助汤伐夏桀,被尊为阿衡。㊸吕:吕望(姜太公)。即周初人吕尚。尚年老,隐于渔钓,文王出猎,遇于渭滨,与语大悦,曰:"吾太公望子久矣。"故号之曰太公望。后世亦称吕望。㊹虚:副词。凭空,毫无根据。㊺诬枉:诬陷冤枉。㊻澄省:明察。㊼厌:满足。㊽喁喁:仰望期待貌。

【译文】窦武,字游平,扶风郡人。任城门校尉。为人清正,憎恨恶行。当时国政多有失误,宦官专权得宠,李膺、杜密等人受党锢之嫌被审捕。窦武上疏劝谏说:"我听说开明的君主不忌讳讥刺的谏议,以便从中探明暗处的真实情况;忠臣不顾及谏争的祸患,来疏通复杂万端的事情。因此君臣和睦相处,名声流传百世。臣岂敢只想到俸禄而逃避罪过,不竭尽忠诚!陛下初从藩国登上皇位时,天下团结安乐,被称为是中兴之世;但即位以来,没有听到有什么好的政策。梁冀、孙寿、寇荣、邓万代虽说已经被诛灭,但是常侍、黄门却继续作恶,欺骗陛下,竞相伪诈,自定法制,乱授官爵给不够格的人,朝政一天天衰败,奸臣势力一天天强大起来。臣恐怕秦二世胡亥之难必将又要来到;赵高的事变,早晚又要发生。近来奸臣牢修,捏造党事之议,于是逮捕了前司隶校尉李膺、太仆杜密、御史中丞陈翔、太尉掾范滂等人,同时逮捕拷问被牵连者数百人。(这些人)常年被关押拘禁着,而事情并没有找到证据。我认为李膺等人衷心高节,立志辅佐王室,这些人的确是陛下如同稷、契、伊尹、吕望一样的辅佐之臣，但是却被奸臣贼子枉屈诬陷，令天下人寒心、百姓失望。希望陛下用心察审澄清，赶快查处原委，来满足人鬼殷切期盼的心情。"

【原文】臣闻近臣①尚书令陈蕃、仆射胡广②，尚书朱寓、荀绲③、刘祐④、魏朗⑤、刘矩⑥、尹勋⑦等，皆国之贞士⑧、朝之良佐⑨。尚书郎张凌（凌作陵）。妠皓、范范作苑康、杨乔、边韶、戴恢等，文质彬彬⑩，明达国典⑪。内外⑫之职，群才并列。而陛下委任⑬近习⑭，专树饕餮⑮，外典州郡⑯，内干心膂⑰。宜以次贬黜⑱，抑夺⑲宦官欺国之封，案⑳其无状㉑诬罔之罪㉒，信任忠良，平决臧否㉓。使邪正毁誉，各得其所；宝爱㉔天官，唯善是授。如此，咎征㉕可消，天应可待。间者㉖有嘉禾㉗、芝草㉘、黄龙㉙之见，夫瑞㉚生必于嘉士㉛，福至实由善人，在德为瑞，无德为灾。陛下所行，不合天意，不宜称庆㉜。"书奏，因以疾上还城门校尉、槐里侯印绶。帝不许，有诏原㉝李膺、杜密等。其冬，帝崩。

【注释】①近臣：指君主左右亲近之臣。②胡广：公元91年至公元172年在世，字伯始，东汉中期的大臣。③荀绲：颍川颍阴的东汉名士荀淑的次子，荀彧的父亲。曾任济南相。④刘祐：字伯祖，中山安国人也。灵帝初，陈蕃辅政，曾为河南尹。及蕃败，被罢免，卒于家。⑤魏朗：卒于公元169年，字少英，籍上虞。年轻时任县吏。受"党锢之祸"牵连免职。⑥刘矩：生卒年不详。字叔方，沛国萧人也。矩少有高节，太尉胡广举矩贤良方正，四迁为尚书令。⑦尹勋：巩县人，字伯元。延熹年间，大将军窦武，欲大诛宦官，引刘瑜与勋共谋，事败，自杀于狱中。⑧贞士：志节坚定、操守方正之士。⑨良佐：

贤能的辅佐。⑩文质彬彬:亦作"文质斌斌",文华质朴配合得宜,既有文彩,又很朴实。⑪明达国典:明达,对事理有明确透彻的认识;通达。国典,国家的典章制度。⑫内外:指朝廷和地方。⑬委任:信任,信用。⑭近习:指君主宠爱亲信的人。⑮专树饕餮:专,单,只是。树,培养;造就。饕餮,传说中的一种贪残的怪物,此处比喻性情贪婪的人。⑯外典州郡:外典,谓在外掌管(军政事务)。州郡,州和郡的合称。亦泛指地方上。⑰内干心膂:内干,在宫内掌管。心膂,喻重要的部门或职任。⑱宜以次贬黜:宜,应当;应该。以次,按次序。贬黜,降职或免去官爵。⑲抑夺:剥夺;强行夺取。⑳案:通"按",查办;审理。㉑无状:谓罪大不可言状。㉒诬罔:欺骗。㉓平决臧否:平决,判断处理。臧否,善恶;得失。㉔宝爱:珍爱。㉕咎征:过失的报应;灾祸应验。㉖间者:近来。㉗嘉禾:生长奇异的禾,古人以之为吉祥的征兆。亦泛指生长茁壮的禾稻。㉘芝草:灵芝。菌属。古以为瑞草。㉙黄龙:古代传说中的动物名。谶讳家以为是帝王之瑞征。㉚瑞:祥瑞。古人认为自然界出现某些现象是吉祥之兆。㉛嘉士:犹善人也;德才兼优的人。㉜称庆:道贺。㉝原:动词,赦免。

【译文】"臣听说您身边的大臣尚书令陈蕃,仆射胡广以及尚书朱寓、荀绲、刘祐、魏朗、刘矩、尹勋等人,都是国家的忠贞之士,辅佐朝廷的良才。尚书郎张陵、妫皓、苑康、杨乔、边韶、戴恢等人,文雅而又朴实,通晓国家典章制度。朝廷内外的职官,人才济济,而陛下却信任身边的宠幸之人,专门起用贪残之人,在外掌管州郡大权,在内干预朝廷中枢大权。应该按次第把他们贬职或驱逐,剥夺宦官凭借欺骗得来的封赏,审判他们胡作非为、欺君罔上之罪。应信任忠良,公平地裁决善恶得失,让邪恶与正直,毁谤与赞誉都名副其实。珍爱官位,只授予善良正直的人。如果能这样做,灾难的征兆就能够消失,自然的感应就会到来。近日以来,有嘉禾、芝草、黄龙这些祥瑞产生，必然是由于有德才兼备的人士出现，福气实在是来自善人。有德行就会有祥瑞，无德行就会感召灾异。陛下所行，不合天意，不应该道贺。"奏书上奏以后，窦武就称病请求辞官，交还城门校尉、槐里侯的印绶。桓帝没有准许，下诏书赦免李膺、杜密等人。这年冬天，桓帝驾崩。

【原文】灵帝①立，拜②武为大将军③，常居禁中④。武既辅朝政，常有诛翦⑤宦官之计⑥，太傅陈蕃亦素⑦有谋⑧。武乃白太后曰："故事⑨，黄门、常侍但当给事省内⑩，典⑪门户，主近署财物耳⑫。今乃使与政事而任权重⑬，子弟布列⑭，专为贪暴⑮。天下匈匈⑯，正以此故⑰。宜悉诛废⑱，以清朝廷。"长乐五官史朱瑀，盗发武奏，骂曰⑲："中官⑳放纵者，自可诛耳。我曹何罪，而当尽见族灭㉑？"因大呼曰："陈蕃、窦武，奏白㉒太后废帝，为大逆㉓。"曹节㉔闻之，惊起白帝㉕，请出御德阳前殿㉖。拜王甫㉗为黄门令㉘，甫将虎贲㉙、羽林㉚追围武，武自杀，枭首㉛洛阳都亭。收捕宗亲、宾客、姻属，悉诛之。迁太后于云台也。

【注释】①灵帝：汉灵帝，刘宏。详见前注。②拜：授官，封爵。③大将军：古代武官名。为将军最高称号，多由贵戚担任，统兵征战并掌握政权。④禁中：指帝王所居宫内。⑤诛翦：亦作"诛剪"或"诛揃"，剪除。⑥计：计虑；考虑。⑦素：平素；向来。⑧谋：谋虑；谋划。⑨故事：先例，旧日的典章制度。⑩给事省内：给事，供职。省内，王宫禁地以内。⑪典：掌管。⑫主近署财物耳：主，掌管。近署财物，谓少府所掌中藏府尚方内省诸署也。耳，语气词。⑬任权重：任，承当；担当。权重，犹权力，大权。⑭布列：分布陈列；遍布。⑮贪暴：贪婪暴虐。⑯匈匈：即讻讻，动乱，纷扰。⑰正以此故：以，连词，因为，由于。此故，这个缘故。⑱诛废：诛杀贬斥。⑲长乐五官史朱瑀盗发武奏：长乐，指长乐宫。史，《后汉书集解》刘昭云："是史当作吏。"盗发，私自开拆。武奏，窦武的奏书。⑳中官：宦官。㉑我曹何罪而当尽见族灭：我曹，我们。见，被。族灭，谓一人犯罪，整个家族、亲属被诛灭。㉒奏白：犹奏陈。㉓大逆：危害君父、宗庙、宫阙等罪行为"大逆"，为"十恶"之一。㉔曹节：见宦者传。㉕惊起白帝：惊起，惊吓而起。白，禀报；陈述。㉖请出御德阳前殿：请，请求；要求。出御，帝王车驾临幸。德阳，德阳殿。㉗王甫：宦官。详见前注。㉘黄门令：西汉少府属官有此职，东汉因之。秩六百石，宦者充任，主省中诸宦者。㉙虎贲：勇士之称。贲，通"奔"。㉚羽林：汉代禁卫军。意为国羽翼，如林之盛，为皇帝之护卫。㉛枭首：斩首并悬挂示众。

【译文】 灵帝即位，拜窦武为大将军，经常居住在宫中。窦武既已经开始辅佐朝政，常有诛灭宦官的打算，太傅陈蕃一直也有这一想法。窦武就向窦太后谏议说："旧日制度规定，黄门、常侍只应当供职于王宫禁地以内，主管门户，管理宫内衙署的财物，现在却让他们参与政事，享有大权，子弟做官的布满宫内，专门做贪婪暴虐的事。天下动乱不安，正是因为这个缘故，应当将他们全部诛灭、废黜，以此整顿朝廷。"长乐宫五官史朱瑀偷看了窦武的奏疏，骂道："那些放肆无形的宦官，自然可以诛杀。我们这些人有什么罪，而要全部被灭族？"因而大声疾呼说："陈蕃、窦武，奏明太后要废掉皇帝，犯大逆不道之罪。"曹节等人听了这话十分震惊，报告灵帝，请灵帝出宫到德阳前殿，拜王甫为黄门令，王甫带领虎贲、羽林军追捕包围窦武，窦武自杀，在洛阳都亭悬首示众。他的宗亲、宾客、姻属，全部被逮捕杀掉。窦太后被迁往云台。

图书在版编目(CIP)数据

后汉书 / (南朝宋) 范晔著；中华文化讲堂注译.
-- 北京：团结出版社，2017.2
（谦德国学文库）
ISBN 978-7-5126-4743-5

Ⅰ.①后… Ⅱ.①范…②中… Ⅲ.①中国历史—东汉时代—纪传体②《后汉书》—注释③《后汉书》—译文 Ⅳ.①K234.204.2

中国版本图书馆CIP数据核字(2016)第311683号

出版：团结出版社
（北京市东城区东皇城根南街84号 邮编：100006）
电话：(010) 65228880　65244790　（传真）
网址：www.tjpress.com
Email：65244790@163.com
经销：全国新华书店
印刷：三河市祥达印刷包装有限公司

开本：148×210　1/32
印张：10
字数：230千字
版次：2017年6月　第1版
印次：2017年9月　第2次印刷

书号：978-7-5126-4743-5
定价：30.00元